国家社科基金(17BTY071)研究成果

“健康中国”战略引领下我国学校体育场地的空间分布特征研究

孙成林◎著

湘潭大學出版社
XIANGTAN UNIVERSITY PRESS

图书在版编目（CIP）数据

“健康中国”战略引领下我国学校体育场地的空间分布特征研究 / 孙成林著. -- 湘潭 : 湘潭大学出版社, 2024. 11. -- ISBN 978-7-5687-1592-8

Ⅰ. G818.2

中国国家版本馆 CIP 数据核字第 2024D691B1 号

“健康中国”战略引领下我国学校体育场地的空间分布特征研究

“JIANKANG ZHONGGUO” ZHANLÜE YINLING XIA

WOGUO XUEXIAO TIYU CHANGDI DEKONGJIAN FENBU TEZHENG YANJIU

孙成林 著

责任编辑：肖　迪　牛敬丹
封面设计：张博雅
出版发行：湘潭大学出版社
社　　址：湖南省湘潭大学工程训练大楼
电　　话：0731-58298960 0731-58298966（传真）
邮　　编：411105
网　　址：http://press.xtu.edu.cn/
印　　刷：长沙创峰印刷有限公司
经　　销：湖南省新华书店
开　　本：787 mm×1092 mm 1/16
印　　张：14.25
字　　数：298 千字
版　　次：2024 年 11 月第 1 版
印　　次：2024 年 11 月第 1 次印刷
书　　号：ISBN 978-7-5687-1592-8
定　　价：58.00 元

目录

CONTENTS

第一章 绪 论

在全面推进教育强国、体育强国和建设“健康中国”的时代背景下，学校体育场地作为开展学校体育课堂教学、课外体育活动、课余体育训练、课余竞赛以及提高青少年健康素养的重要物质载体和基础，在学校体育的实践工作中发挥着十分重要的作用。因此，研究学校体育场地的可持续发展问题具有重要的理论和实践指导意义。本书利用第五次、第六次全国体育场地普查的基础数据，采用问卷调查法（网络调查和实地调查相结合）、探索性空间数据分析（ESDA）、数据包络分析法（DEA）等方法，对自“五普”以来我国市域学校体育场地和普通高校体育场地的建设现状、空间分布特征等问题进行了专门研究，为建设“健康中国”时代背景下学校体育场地的可持续发展和创新学校体育场地发展模式提供理论支持。

一、研究背景

（一）宏观背景

党的十八届五中全会将“健康中国”升级为国家战略，明确提出推进健康中国建设。习近平总书记在党的十九大报告中指出，实施健康中国战略。建设“健康中国”成为当前全面建设社会主义现代化国家、实现中华民族伟大复兴中国梦的重要举措。没有全民健康就无法实现全面小康[①]，而青少年健康是实现全民健康的重要内容和重点内容。诚然，学校体育是树立青少年生命观、运动观和健康观的重要手段，强化学校体育是实现“健康中国”战略的前提和基础，而体育场地作为开展学校体育建设的重要物质载体和保障，是提升青少年“健康素养”质量的关键因素和重要环节。因此，在“健康中国”战略背景下，研究自“五普”以来我国学校体育场地建设发展的模式有着重要的战略意义和现实指导意义。

① 许宝健，石伟. 没有全民健康，就没有全面小康［N］. 经济日报，2020-05-13（011）.

（二）中观背景

我国幅员辽阔，各地区间存在显著差异，东、中、西部地区经济发展的不平衡是客观存在的，各地区的地理环境、人口因素、经济发展的地区初始水平均存在差异，这是构成当前我国地区间经济差异、人口差异和学校发展差异以及学校体育场地建设差异的客观因素。地区间学校体育场地建设发展的不平衡、人口分布不均（我国人口密度分布的胡焕庸线客观存在）、地区间经济发展不平衡等问题要求各地区在国家提出建设"健康中国"和教育强国的背景下，从自身的角度出发，就学校体育场地的可持续发展进行再思考。

（三）微观背景

就学校体育场地自身发展而言，在不同经济发展地区、不同人口密度地区，如何建设好、发展好和充分利用好学校现有的体育场地，既能够发挥学校体育场地在学校体育工作中的物质基础作用，又能在全民健身、建设"健康中国"进程中发挥其对我国群众体育的重要引领、孵化、促进和保障作用，兼顾学校体育教育的特殊性及其对发展群众体育的补偿性，并充分发挥学校体育场地对全民健身体育场地的重要补充作用，进而使我国学校体育场地走上可持续发展道路，就不同经济发展水平地区和不同人口地区的学校而言，是一个需要从学校自身角度再去审视的问题。

二、国内外研究述评

（一）国内研究述评

在学界，学者们对教育系统体育场地的规划建设、运营管理和政策研制等问题进行了系统的研究，涌现出一些具有代表性的研究成果。梳理国内近期有关学校体育场地方面的学术研究成果，可归纳为以下四个方面：

一是学校体育场地发展现状与存在问题的研究，席玉宝、张吾龙、王健等学者对我国学校体育场地发展的现状进行了宏观研究，指出当前我国学校体育场地在场地器材配备上存在城乡差距、场地器材成人化等问题，并根据"第五次全国体育场地普查"数据进一步指出学校体育场地设施存在数量严重不足、达标率较低、场地类型单一、质量较差和对外开放率较低等问题，进而提出了促进学校体育场地可持续发展的建设性建议。

二是学校体育场地发展对策的研究，魏本好、许贵福、李晓天、张晓健、刘璐等学者通过对我国省域间学校体育场地对外开放的横向比较研究，同时结合"五普"数据分析得出：我国学校体育场地对外开放程度不高，开放率和开放类型由高到低依次是其他学校、高等院校、中小学、中专中技学校，并对学校体育场地对外开放的相关政策进行了专门分析，在城市社区与学校体育场地共享理念的基础上，提出促进学校体育场地对外开放的制度和政策制定的建设性建议，以促进学校体育场地的发展。还有部分学者对区域性的学校体育场地发展进行了专门研究，如石宏、马明珠、张学忠、谢晨、王菁等学者对我国不同区域学校体育场地的发展情况进行了专门研究，并结合国外学校体育场地建设与发展的经验，提出了符合我国不同区域实际的学校体育场地发展建议。更有部分学者关注农村学校体育场地的发展问题，如郝斌、焦卫宾、孟国荣、孔庆波、李艳茹等学者对我国农村学校体育场地发展的现状、器材设施的布局、达标率、体育场地的管理与维护等方面进行了专题研究，进而提出了提高农村学校体育场地使用率和管理水平的合理化建议。

三是学校体育场地相关政策的研究，王鹏、潘凌云、王健、张文鹏等学者从政策文本解读、政策制定、政策执行、政策分析等多维度对现行学校体育政策进行了专门研究，探析了现有政策在政策文本、政策制定和政策执行等方面存在的掣肘因素，进而提出学校体育政策建设的合理化建议。

四是学校体育场地提供社会服务的研究，刘瑞峰、梁慧超、刘勇、刘昕等学者从学校体育场地提供社会服务的可能性、可行性、动力所在和政策问题等方面进行多维分析，进而提出学校体育场地提供社会服务的可行性建议。可见，国内学者就学校体育场地进行了多维度和多角度的探索，已有研究成果对本书的研究具有重要的指导和借鉴意义，为本书研究奠定了一定的理论基础。

（二）国外研究述评

国外研究文献对学校体育场地发展的研究主要呈现在以下三个方面：

一是对学校体育场地建设的专门研究，Rich、Evans、Lisa、Stephen、Butterfield、Mason 等学者提出学校体育场地建设进行整体外包的建设方案，进而实现学校体育物质资源整体优化的社会效益。二是对学校残疾人群体体育设施建设的专门研究，Katsiyannis、Maag、Thorson 等学者研究指出学校要建设具有包容性、通用性的体育设施，并制定个性化的体育教育，以确保残疾儿童或青少年在学校享有参与体育的权利。三是对学校体育场地与社区体育场地共享的研究，Milton Keynes、Tracey Crouch 等学者通过采用体育设施设计规划模型、体育设施计算器等工具对一定区域的各类、各层级的体育设施需求进行总体评估，提出具体建设的地理位置，进而提出选择扩建或改建的体育设施方案，突出学校体育场地与社区体育设施进行融合、共享的建设思路。国外相关研究成果因体制不同及国情的差异，虽不能直接照搬，但其关于学校体育场地的建设方案、管理和运营理念，特别是学校与社会体育场地共享、共建的设计和运营思路对我国学校体育场地建设发展仍具有一定的启示和借鉴意义。

综上，尽管我国学校体育场地发展问题在理论研究和实践应用方面取得了一定的成效，但是，在国家提出建设"健康中国"的战略背景下，我国学校体育场地自"五普"以来的发展水平、发展方式、空间布局等关键性问题目前缺乏深入研究；同时，依据《国家学校体育卫生条件试行基本标准》《中小学校体育设施技术规程》等学校建设标准和技术规范要求，针对不同经济发展水平地区和人口数量的学校体育场地发展的实践探索较少，尤其缺乏从供给侧与需求侧的双侧改革入手的、经过实践检验的、适合不同经济发展水平和不同人口密度的学校体育场地发展模式的构建以及相关政策的研制。当前，亟须完善在建设"健康中国"战略引领下学校体育场地研究的理论框架，并根据不同经济发展水平地区和人口数量进行学校体育场地发展模式的探索和相关政策研制，为"健康中国"战略背景下我国学校体育场地的可持续发展提供方法论和实践经验。

三、研究方法

（一）调查法

通过问卷、访谈、典型区域考察（如江苏、浙江、上海等）的形式进行实证调查，了解国内局部区域学校体育场地发展的成功案例，汲取经验，为本书的研究获取实证材料和依据。

（二）数理统计法

运用 SPSS 和 EXCEL 等数据分析软件对"第五、第六次全国体育场地普查"的相关数据进行分析，从"纵、横"两个维度上整体反映我国学校体育场地建设发展的基本情况。

（三）平均中心分析

平均中心表示一组要素的地理中心（或密度中心），其横坐标为 $\bar{x}$，纵坐标为 $\bar{y}$①。平均中心可以用来反映一组数据的一般情况或平均水平，主要用于分析追踪数据分布的变化，表示一组数据的地理中心（或密度中心），反映一组数据（或要素）分布变化在空间上的转移特征，其横坐标 $\bar{x}$ 和纵坐标 $\bar{y}$ 的计算公式如下：

$$\bar{x} = \frac{\sum_{i=1}^{n} x_i}{n}, \quad \bar{y} = \frac{\sum_{i=1}^{n} y_i}{n}$$

① 王译著，黄亮. 2003—2018 年昆明市呈贡区土地利用动态变化时空特征分析［J］. 科学技术与工程，2019，19（28）：42-49.

公式中，$\bar{x}$ 和 $\bar{y}$ 分别代表要素的坐标，x_i 和 y_i 分别表示点要素 i 的横坐标和纵坐标，n 等于要素总和。

（四）核密度估计（Kernel Density Estimation，KDE）

核密度估计方法用于衡量地理事物点要素（或线要素）模式在空间上的分布特征、聚类形态以及集聚程度。KDE 分析法既可计算点要素的密度，也可计算线要素的密度，还可计算要素在其周围邻域中的密度，分析要素在空间上的分散、集聚程度，通常采用 Rosenblatt-Parzen 核估计方法计算核密度，计算公式如下①：

$$f(x) = \frac{1}{nh}\sum_{i=1}^{n} k\left(\frac{x - X_i}{h}\right)$$

公式中：k（）称为核函数；h 为带宽；（$x-X_i$）表示估计值点 x 到事件 X_i 处的距离，带宽大小与核函数的数学形式是影响 KDE 的主要因素。

（五）空间自相关分析

空间自相关是指在给定一组要素及相关属性的情况下，检验要素在空间分布上是聚类、离散还是随机分布，用以判断要素在空间上的聚集特征，通常用 Z 值得分或 P 值统计显著性。Z 值得分和 P 值均与标准正态分布相关联，其中，Z 值得分表示标准差的倍数；P 值表示所观测空间模式是由某一随机过程创建而形成的概率。若 P 值不具有统计学显著性，则数据值的空间分布是随机分布；若 P 值具有统计学显著性，且 Z 得分为正值，则数据集中高值或低值在空间上呈聚类空间分布；若 P 值具有统计学显著性，且 Z 得分为负值，则数据集中高值或低值在空间上呈离散空间分布。在空间自相关分析中应用较广泛的莫兰指数（Moran's I），可用于测度全局空间自相关程度。Moran's $I>0$，表示空间正相关性，即观测数据较高（或较低）区域在空间上趋于显著聚集，I 值越大，空间聚集越显著；Moran's $I<0$，表示空间负相关性，即观测数据区域与周边区域的观测数据具有空间差异，I 值越小，空间差异性越显著；Moran's $I=0$，表示空间不相关，呈随机性分布②。

1. 全局空间自相关分析（Global Spatial Autocorrelation，GSA）

用以描述整个研究对象在空间上的关联程度，以表明整个研究对象在空间上的分布特征。全局空间自相关主要分析区域总体的空间关联和空间差异程度，通常用 Moran's I 来测量全局空间自相关程度，具体计算公式如下：

---

① 杨秋彬. 基于 POI 数据的体验型商业空间格局分析——以上海为例［D］. 华东师范大学，2018.

② 史海滨，吴迪，闫建文，等. 盐渍化灌区节水改造后土壤盐分时空变化规律研究［J］. 农业机械学报，2020，51（02）：318-331.

$$I = \frac{N}{S_0} \frac{\sum_{i=1}^{n}\sum_{j=1}^{n} W_{ij}(x_i - \bar{x})(x_j - \bar{x})}{\sum_{i=1}^{n}(x_i - \bar{x})^2}$$

公式中，Moran's I 的取值范围为［-1，1］，I 的绝对值越大表示空间自相关性越强，$I>0$，这说明观测值具有聚类趋势，且所观测数据在空间上存在正的自相关；$I<0$，这表示观测值具有离散趋势，且所观测数据在空间上存在负的自相关；$I=0$，则表明所观测数据在空间上不存在自相关，呈现随机分布①。

全局空间自相关用以整体描述研究对象的空间依赖程度，其最常用的关联指标是 Moran's I，构成的 Moran 散点图可划分为四种不同的区域空间差异类型：高高类型、高低类型、低低类型和低高类型，并根据高高类型与低低类型的占比，进而判断观测指标（或某一地区）是否存在显著的空间自相关性（即空间集聚特征）。

2. 局部空间自相关分析（Local Spatial Autocorrelation，LSA）

用以描述研究对象在区域空间上的关联程度，分析研究对象在区域空间上的关联和差异程度。局部空间自相关分析有两种方法测度：一是 Moran 散点图。观测数据的散点在 4 个象限的分布分别对应 4 种局部空间关联类型：散点分布在第一象限，为高高（H-H）关联，这表明 Moran 散点的高值区域被邻近高值散点所包围；散点分布在第二象限，为低高（L-H）关联，这表明 Moran 散点的低值区域被邻近的高值散点所包围；散点分布在第三象限，为低低（L-L）关联，这表明 Moran 散点的低值区域被邻近的低值散点所包围；散点分布在第四象限，为高低（H-L）关联，这表明 Moran 散点的高值区域被邻近的低值散点所包围。同时，高高关联和低低关联说明 Moran 散点具有空间正相关特性，而高低关联和低高关联则表明 Moran 散点在空间具有负相关特性②。二是局部空间关联指标（Local Indicators of Spatial Association，LISA）。通常用 Local Moran's I 的公式计算来求得：

$$I_i = Z_i \sum_{j=1}^{n} w_{ij} Z_j$$

公式中，$i \neq j$，Z_i 和 Z_j 分别为空间单元 i 和空间单元 j 上观测值的标准化值，W_{ij} 为空间权重；$I_i>0$，表明观测值存在正的局部空间自相关，且相似的值发生集聚；$I_i<0$，表明观测值存在负的局部空间自相关，且不相似的值发生集聚③。

局部空间自相关通常用 Local Moran's I 指标来反映，研究数据（或观测值）与其

① 杨秋彬. 基于 POI 数据的体验型商业空间格局分析——以上海为例［D］. 华东师范大学，2018.

② 宣国富，徐建刚，赵静. 基于 ESDA 的城市社会空间研究——以上海市中心城区为例［J］. 地理科学，2010，30（01）：22-29.

③ Anselin L. Local indicators of spatial association— LISA［J］. Geographical Analysis，1995，27（4）：93-115.

邻近单元呈现四种类型的空间关联关系（详见图 1.1）。

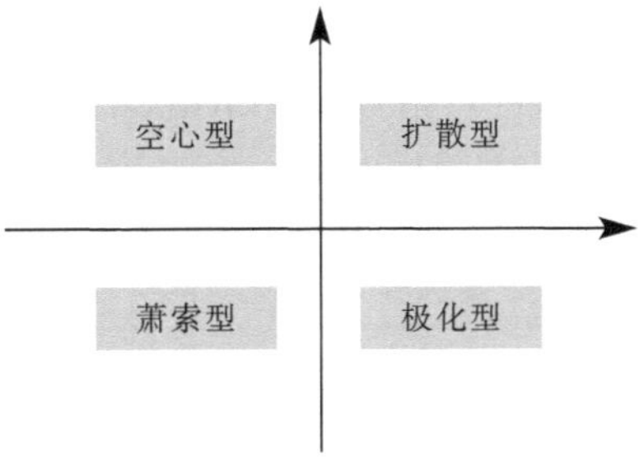

图 1.1　局部空间自相关关系图

具体而言，研究数据莫兰散点分布在第一象限为高高关联（扩散型）：表明某一个空间单元自身以及相邻空间单元的发展程度均较高，二者呈显著的正相关性，研究数据空间的扩散（或溢出）效应显著，在空间分布上呈现中心与四周均较高的关联特征；第二象限为低高关联（空心型）：表明某一个空间单元自身发展程度较低，而相邻空间单元的发展程度较高，二者呈负相关性，在空间分布上呈现中心低而四周高的关联特征；第三象限为低低关联（萧索型）：表明某一个空间单元自身以及相邻空间单元发展程度均较低，二者呈显著的正相关性，在空间分布上呈现中心与四周均低的关联特征；第四象限为高低关联（极化型）：表明某一个空间单元自身发展程度较高，而相邻某一个空间单元发展程度较低，二者呈负相关性，在空间分布上呈现中心高而四周低的关联特征。

（六）最邻近点指数分析（Nearest Neighbor Index，NNI）

表示点状要素在地理空间中相互邻近程度的地理指标①，是实际最邻近距离与理论最邻近距离的比值②，用以分析点要素的空间分布类型，其计算公式如下③：

$$R = \frac{\bar{r}}{r_E} \tag{1}$$

$$r_E = \frac{1}{2\sqrt{\frac{n}{A}}} = \frac{1}{2\sqrt{D}} \tag{2}$$

公式中，R 代表最邻近点指数，$\bar{r}$ 为表示邻近程度的平均最邻近距离（即实际最邻近距

① 吕振华，程绍文，刘粉. 长江经济带特色小镇空间分布及影响因素研究［J］. 华中师范大学学报（自然科学版），2019，53（05）：773-781.

② 张洪，石婷婷，鲍涵. 中国 5A 级旅游景区空间结构特征研究［J］. 华侨大学学报（哲学社会科学版），2019（04）：80-90.

③ 杨友宝，王荣成，李秋雨，等. 东北地区旅游资源赋存演化特征与旅游业空间重构［J］. 经济地理，2015，35（10）：194-201.

离），r_E 为点状要素遵循 Poisson 分布时的理论最邻近距离；A 为区域面积，n 为点状要素个数；D 为点要素分布密度。当最邻近点指数 $R<0.5$ 或 $R>1.5$ 时，点状要素分别呈现凝聚型和均匀型分布，当最邻近点指数 $0.5<R<0.8$ 时，点状要素为凝聚-随机型分布，当最邻近点指数 $0.8<R<1.2$ 时，点状要素呈现随机分布，当最邻近点指数 $1.2<R<1.5$ 时，点状要素趋于随机-离散分布①。

（七）地理集中指数分析

地理集中指数（G）反映了数据在地理空间地域上的集中程度，其公式如下：

$$G = 100 \times \sqrt{\sum_{i=1}^{n} \left(\frac{x_i}{T}\right)^2}$$

公式中，x_i 为某一区域的子区域 i 的地理事物数量，T 为该区域地理事物数量总和，n 为该区域子区域的个数；地理集中指数（G）介于 0 和 100 之间，G 越大，表明高校体育场地空间分布越集中，反之亦然。

（八）高/低聚类分析

高/低聚类（Getis-Ord General G）用来检验空间自相关的统计显著性，Z 值为正值，表示数据存在着高高集聚，Z 值为负值，则表示数据存在着低低集聚。

$$G = \frac{\sum_{i=1}^{n} \sum_{j=1}^{n} w_{i,j} x_i x_j}{\sum_{i=1}^{n} \sum_{j=1}^{n} x_i x_j}, \quad \forall j \neq i$$

公式中，G 的计算结果可采用随机分布或近似正态分布的标准化统计量 Z 来检验，Z 的计算公式为：

$$Z(G) = \frac{I - E(G)}{\sqrt{V(G)}}$$

（九）标准差椭圆分析（Standard Deviational Ellipse，SDE）

标准差椭圆分析法能够揭示空间数据的分布特征和演变过程，主要用于分析地理要素的空间扩散方向以及离散程度，是一种重要的空间计量分析方法②，其计算过程主要包括：

（1）计算椭圆的方差 SDE_x 和 SDE_y，椭圆的大小取决于方差大小，长半轴表示最

① 张洪，石婷婷，鲍涵．中国 5A 级旅游景区空间结构特征研究［J］．华侨大学学报（哲学社会科学版），2019（04）：80-90.

② 于琛，胡德勇，曹诗颂，等．近 30 年北京市 ISP-LST 空间特征及其变化［J］．地理研究，2019，38（09）：2346-2356.

大方差，短半轴表示最小方差。

$$SDE_x = \sqrt{\frac{\sum_{i=1}^{n}(x_i - \bar{x})^2}{n}}, \quad SDE_y = \sqrt{\frac{\sum_{i=1}^{n}(y_i - \bar{y})^2}{n}} \tag{1-1}$$

公式中，x_i 和 y_i 分别表示点要素 i 的横坐标和纵坐标，n 为点要素的总数，$\bar{x}$ 和 $\bar{y}$ 分别是平均中心的横坐标和纵坐标。

（2）计算椭圆的方向，以 X 轴为准，正北方（12 点方向）为 0 度，顺时针旋转，计算公式如下：

$$\begin{cases} \tan\theta = \dfrac{A + B}{C} \\ A = \left(\sum_{i=1}^{n}\tilde{x}_i^2 - \sum_{i=1}^{n}\tilde{y}_i^2\right) \\ B = \sqrt{\left(\sum_{i=1}^{n}\tilde{x}_i^2 - \sum_{i=1}^{n}\tilde{y}_i^2\right) + 4\left(\sum_{i=1}^{n}\tilde{x}_i\tilde{y}_i\right)^2} \\ C = 2\sum_{i=1}^{n}\tilde{x}_i\tilde{y}_i \end{cases} \tag{1-2}$$

公式中，$\tilde{x}_i$ 和 $\tilde{y}_i$ 分别为点要素 i 的横坐标和纵坐标与平均中心（$\bar{x}$，$\bar{y}$）的横坐标和纵坐标之差。

（3）计算横轴和纵轴的标准差 σ_x 和 σ_y：

$$\begin{cases} \sigma_x = \sqrt{2}\sqrt{\dfrac{\sum_{i=1}^{n}(\tilde{x}_i\cos\theta - \tilde{y}_i\sin\theta)^2}{n}} \\ \sigma_y = \sqrt{2}\sqrt{\dfrac{\sum_{i=1}^{n}(\tilde{x}_i\sin\theta + \tilde{y}_i\cos\theta)^2}{n}} \end{cases} \tag{1-3}$$

则标准差椭圆的方程为：

$$\left(\frac{x}{\sigma_x}\right)^2 + \left(\frac{x}{\sigma_y}\right)^2 = s \tag{1-4}$$

公式中，s 为置信度。

椭圆的长半轴表示的是数据分布的方向，短半轴表示的是数据分布的范围，短半轴越短，表示数据呈现的向心力越明显，短半轴越长，表示数据的离散程度越大。长短半轴的值差距越大，表示数据的方向性越明显；长短半轴越接近，表示方向性越不明显；长短半轴相等，就等于是一个圆了，则表示没有方向特征。

（十）冷热点分析（Cold and Hot Spot Analysis，CHSA）

用于识别数据具有统计显著性的高值（热点）和低值（冷点）的空间聚类分布状况，进而更好地辨别数据冷热点在空间上的差异与格局分布①，其计算公式如下②：

$$G_i^* = \frac{\sum_{i=1}^{n} w_{ij} x_j - \bar{X}\sum_{i=1}^{n} w_{ij}}{S\sqrt{\frac{n\sum_{i=1}^{n} w_{ij}^2 - (\sum_{i=1}^{n} w_{ij})^2}{n-1}}}$$

$$\bar{X} = \frac{\sum_{j=1}^{n} x_j}{n}$$

$$S = \sqrt{\frac{\sum_{j=1}^{n} x_j^2}{n} - (X)^2}$$

公式中，x_j是要素 j 的属性值，w_{ij}是要素 i 和 j 之间的空间权重，n 为数据点的总数。Getis-Ord G_i^* 计算每一个数据点的 Z 得分（即 G_i^*）和 P 值，Z 得分小于-1.65 或大于 1.65 时，方具有统计意义，Z 得分越大代表数据的聚集程度越高，按照 Z 得分可将数据冷热点聚集划分为热点区、次热点区、次冷点区和冷点区 4 种类型的空间分布格局。

（十一）数据包络分析

1978 年，由美国著名运筹学家 A. Charnes 和 W. W. Cooper 提出，以相对效率概念为基础，对一个多输入、多输出同类决策单元（Decision Making Unit，DMU）的有效性进行评价，它利用线性规划的方法，判断多个决策单元的投入规模是否适当，为决策单元之间的相对效率评价提供了一个有效方法③。DEA 分析方法的本质是判断决策单元是否落在生产可能集的生产前沿面上，而生产前沿面是由决策单元输入输出数据包络面的有效部分构成，这也是该方法被称为数据包络分析法的原因④。DEA 分析方法是一种非参数的数量分析方法，在经济管理学中的绩效考评、风险评估、组合与博弈、物流与供应链管理、资源优化配置、可持续发展评价等方面被广泛运用，它是一个重要的分析工具。

---

① 刘慧，朱国平. 近百年来南极磷虾分布冷热点的时空变动［J］. 应用生态学报，2020，31（03）：1015-1022.

② 程红霞，胡列群，林粤江. 近 50a 新疆沙尘暴冷热点的时空分布特征［J］. 干旱区资源与环境，2014，28（07）：100-104.

③ 马占新，马生昀，包斯琴高娃. 数据包络分析及其应用案例［M］. 北京：科学出版社，2013.

④ 魏权龄. 数据包络分析［M］. 北京：科学出版社，2004.

运用DEA方法进行评价时，为了获得一个可靠的分析结果，一般要进行以下几个步骤，并结合定性或定量分析（详见下图1.2）。第一步，明确问题阶段。根据问题的原始情况确定评价目标，辨识评价目标的影响因素，确定各影响因素的性质（包括：可变的或不变的、可控的或不可控的、主要的或次要的等），建立一个层次结构，对各影响因素进行定性分析与预测。第二步，建模计算阶段。建立评价指标体系，选择决策单元（DMU），收集和整理数据，确定参考集，选择适当的DEA模型进行计算。第三步，分析结果阶段。分析和比较计算结果，考察结果的合理性，找出投入决策单元效率不高的成因并提供改进的建议。

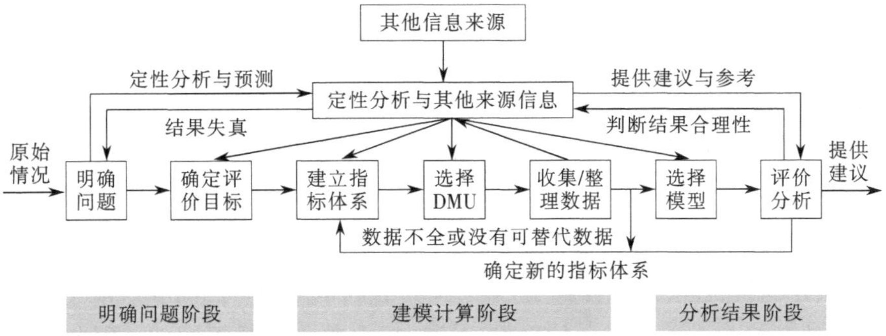

图1.2　DEA方法工作步骤流程图

四、研究内容

学校体育场地建设现状是本书的研究基础和逻辑起点，研究基于第六次全国体育场地普查（简称“六普”）的基础数据，根据研究需要，从中提取我国教育系统体育场地的相关数据，运用SPSS数据统计、平均中心、地理集中指数、标准差椭圆、冷热点、探索性空间数据分析（ESDA）等多种研究方法，从全国普通高校和全国市域中小学两个维度，并结合第五次全国体育场地普查（简称“五普”）中我国教育系统体育场地的相关数据，在兼顾数据的可获得性、代表性和独立性原则基础上通过纵向比较，分析自“五普”以来我国学校体育场地在建设数量、建设质量、建设规模、建设品质、场地类型、对外开放情况、经费投入等方面的发展变化，进而宏观把握和清晰勾勒出我国学校体育场地建设发展的全貌。在宏观掌握我国学校体育场地建设发展现状的基础上，从地理空间视角进一步探索我国学校体育场地的空间格局分布特征，并分析归纳出我国市域中小学体育场地的平均中心、核密度分布、标准椭圆长轴与短轴特点及体育场地冷热点的空间分布格局，进而从整体上清晰呈现自“五普”以来我国学校体育场地的建设发展特点和地理空间格局上的分布特征，为读者呈现出一幅我国学校体育场地建设状况、发展规模、空间布局的全景图，这应然地形成本书第二章我国学校体育场地发展现状和第三章我国市域学校体育场地空间分布特征的撰写逻辑。

我国幅员辽阔，南北差异较大，东中西部地区发展的不平衡客观存在，且存在着经济、文化、科技、人口、信息化、城镇化、人口数量、自然资源（水资源、生态环境等）等方面的差异化分布，鉴于此，为了准确、客观地呈现自“五普”以来我国市域中小学体育场地在空间格局上的分布特点，体现针对性和科学性，从我国不同地区的实际出发，分章表述是务实的撰写之举，这应然地形成本书第四章我国东北地区市域学校体育场地空间分布特征、第五章我国东部地区市域学校体育场地空间分布特征、第六章我国中部地区市域学校体育场地空间分布特征、第七章我国西部地区市域学校体育场地空间分布特征的相关内容。

教育是党之大计、国之大计。体育不仅是工具性意义上的有效教育手段，而且是本体性意义上促进健康的良方，“强身育人”是学校体育工作的使命①。高等教育是培养担当民族复兴大任的时代新人的重要阵地，高等教育办学水平是一个国家的实力和发展潜力的重要标志，而高校体育是塑造大学生强健体魄、健康身体和健全人格的重要手段。高等教育中的体育是体育教育的进一步发展（体育高端），基础教育中的体育是体育教育的发端或启蒙（体育发端）。虽然二者同根同源，但高等教育（普通高校体育）与基础教育（中小学体育）的培养目标和根本着力点是不同的，因此，高等院校与中小学体育场地建设发展亦存在着“和而不同”的特点。基于此，本书第八章对我国普通高校体育场地空间分布特征进行专章陈述。

学校体育场地建设效率是指一定的学校体育场地建设投入与该投入产生的对学校体育场地需求满足程度之间的对比关系，它是体育场地建设投入资源有效配置、有效利用、技术水平和管理水平的综合体现，体现体育场地投入的产出效率，凸显体育场地建设投入的经济性、合理性和有效性。本书的研究内容为进一步做好学校体育场地建设工作提供了学理支撑，并有助于充分发挥学校体育场地在助力全民健身、实现教育强国、体育强国和中华民族伟大复兴中国梦进程中的基础性、条件性和保障性作用。

---

① 孙成林，王健．我国学校体育场地建设效率研究［J］．武汉体育学院学报，2020，54（02）：44-52.

第二章　我国学校体育场地发展现状

第一节　研究数据和研究指标说明

学校体育场地的建设数量（或现有数量）、场地面积、用地面积、投资结构以及投资金额是影响学校体育场地建设发展必须关注的问题。鉴于此，本书综合考虑“五普”“六普”中所获得的教育系统体育场地基础数据，兼顾两次体育场地普查数据的一致性和可获得性原则，从中选取场地数量、用地面积、建筑面积、场地面积、投资结构、投资金额、场地发展水平、场地发展比重以及场地对外开放程度等指标，对我国学校体育场地自“五普”以来建设发展的情况进行整体描述，所选指标如下表（表 2.1）所示。

表 2.1　全国及省域学校体育场地发展指标①

类型	指标
全国	1. 体育场地数量：万人拥有场地的绝对数量和相对数量 2. 体育场地面积：人均场地面积的绝对数量和相对数量 3. 体育场地的用地面积：人均用地面积的绝对数量和相对数量 4. 投资金额和投资结构
省域	1. 发展水平： （1）学校体育场地的绝对数量 （2）学校万名学生拥有体育场地的相对数量 2. 发展比重： 学校体育场地占比=学校体育场地的数量/全国学校体育场地总量

① 魏德祥，王健．我国学校体育场地动态发展的特征分析——基于全国体育场地“五普、六普”的数据挖掘视角［J］．体育科学，2017，37（02）：16-27.

续表

类型	指标
省域	3. 对外开放程度： （1）学校场地不对外开放的占比情况 （2）学校场地部分对外开放的占比情况 （3）学校场地全天对外开放的占比情况

注：数据来源于第五、六次全国体育场地普查，全国和省域在校生数据来源于 2004、2013 年《中国统计年鉴》。

第二节　我国学校体育场地的发展状况

学校体育场地的建设数量（或现有数量）、场地面积、用地面积、投资结构以及投资金额是影响学校体育场地建设发展必须关注的问题。鉴于此，本书综合考虑"五普""六普"中所获得的教育系统体育场地基础数据，从体育场地的数量、面积（包括用地面积、建筑面积和场地面积）、体育场地的投资结构和投资金额以及体育场地的建设发展水平、发展比重和对外开放情况等方面，整体描述我国学校体育场地自"五普"以来动态发展变化的基本情况。2003、2013 年我国学校体育场地数据基本情况详见表 2. 2。

一、学校体育场地数量变化

自"五普"以来，我国学校体育场地在数量上发生了较大变化。据第六次全国体育场地普查统计数据显示，我国学校体育场地总数量为 575 985 个，场地类型达到 64 种（详见表 2. 4）。其中，篮球场（281 276 个）、占 48. 83%，小运动场（85 078 个）、占 14. 77%，乒乓球场（74 494 个）、占 12. 93%，排球场（35 886 个）、占 6. 23%，全民健身路径（18 884 个）、占 3. 28%，羽毛球场（17 627 个）、占 3. 06%，田径场（10 077个）、占 1. 75%，这七类场地在我国学校体育场地中所占比例较大，成了当前我国学校体育场地的主要场地类型。

表 2.2　2003、2013 年我国学校体育场地数据基本情况统计表①

类别		全国总体体育场地			全国学校体育场地			全国高校体育场地			全国中小学体育场地		
		2003 年	2013 年	2003—2013 年增长率（%）	2003 年	2013 年	2003—2013 年增长率（%）	2003 年	2013 年	2003—2013 年增长率（%）	2003 年	2013 年	2003—2013 年增长率（%）
场地数量（个）		812 118	1 642 410	102.24	558 044	660 521	18.36	28 741	49 750	73.10	500 370	584 865	16.89
万人拥有数量（个）		6.58	12.45	89.21	24.86	32.57	31.01	25.93	20.16	-22.25	23.45	32.84	40.04
场地面积（m^2）		1 324 495 427	3 932 245 914	196.89	899 988 684	1 349 630 590	49.96	51 771 268	112 139 969	116.61	805 429 409	1 179 863 247	46.49
人均场地面积（m^2）		1.03	1.46	41.75	4.01	6.66	66.08	4.67	4.54	-2.78	3.77	6.62	75.60
用地面积（m^2）		2 246 485 343	1 948 773 324	-13.25	1 614 173 241	1 056 176 082	-34.57	65 276 563	82 618 379	26.57	1 492 686 323	928 780 879	-37.78
投资金额（万元）		19 066 578	117 037 967	513.84	6 630 264	37 872 525	471.21	1 558 737	6 002 914	285.11	4 188 734	30 335 501	624.22
各类投资金额占比（%）	A	34.68	55.84	61.01	36.09	68.31	89.28	39.83	50.73	27.37	38.21	71.19	86.31
	B	54.08	35.88	-33.65	56.73	22.21	-60.85	55.98	44.97	-19.67	54.42	18.07	-66.80
	C	1.30	3.28	152.31	0.24	2.47	929.17	0.06	0.75	1 150	0.27	2.42	796.30
	D	2.39	2.80	17.15	3.10	4.16	34.19	1.18	0.82	-30.51	4.17	6.21	48.92
	E	7.55	2.20	-70.86	3.84	2.85	-25.78	2.95	2.73	-7.46	2.93	2.11	-27.99

注：数据来源于第五、六次全国体育场地普查，全国和省域在校生数据来源于 2004、2013 年《中国统计年鉴》；各类投资金额占比中 A 表示财政拨款，B 表示单位自筹，C 表示体彩公益金，D 表示社会捐赠，E 表示其他。

① 魏德样，王健．我国学校体育场地动态发展的特征分析——基于全国体育场地“五普、六普”的数据挖掘视角［J］．体育科学，2017，37（02）：16-27.

表 2.3　2003 年和 2013 年我国省域学校体育场地数据统计表

省（区、市）	学校场地总数(个)		万名学生拥有(个)		学校场地占比(%)		2013 年学校场地开放率(%)		
	2003 年	2013 年	2003 年	2013 年	2003 年	2013 年	不开放占比	部分开放占比	全天开放占比
全国	558 044	660 521	24. 86	32. 57	68. 71	40. 22	68. 41	23. 18	8. 41
北京	4 315	4 573	22. 56	21. 85	35. 64	22. 41	61. 48	31. 28	7. 24
天津	4 447	4 974	28. 08	31. 2	49. 7	30. 33	88. 4	9. 93	1. 67
河北	27 803	23 718	21. 94	22. 49	70. 42	36. 74	84. 28	7. 82	7. 90
山西	11 374	14 517	16. 85	24. 9	64. 2	21. 72	75. 23	13. 61	11. 16
内蒙古	15 869	11 065	42. 83	34. 46	75. 23	42. 68	84. 62	11. 85	3. 53
辽宁	19 903	20 011	32. 18	38. 21	74. 1	37. 61	83. 53	14. 1	2. 37
吉林	13 498	11 172	34. 5	34. 06	77. 06	52. 39	85. 23	11. 77	3
黑龙江	17 150	12 385	31. 32	29. 57	64. 58	43. 26	77. 11	14. 08	8. 81
上海	5 382	7 202	26. 72	34. 58	37. 31	18. 43	42. 6	53. 86	3. 54
江苏	24 937	39 566	20. 23	39. 32	61. 21	31. 59	59. 69	37. 18	3. 13
浙江	20 530	28 097	28. 38	37. 35	57. 24	22. 04	55. 76	37. 56	6. 68
安徽	18 650	32 746	15. 53	34. 47	79. 55	60. 75	36. 55	54. 04	9. 41
福建	19 112	21 582	30. 58	37. 78	63. 7	33. 99	83. 29	13. 57	3. 14
江西	14 754	33 397	19. 43	40. 06	64. 87	48. 64	68. 13	22. 91	8. 96
山东	31 968	37 487	21. 96	26. 72	67. 5	36. 7	75. 1	17. 99	6. 91
河南	28 441	47 151	14. 62	25. 61	76. 47	55. 67	60. 84	25. 28	13. 88
湖北	23 492	29 622	21. 75	38. 42	70. 92	36. 79	67. 61	20. 12	12. 27
湖南	20 646	28 406	19. 38	29. 2	70. 37	48. 82	61. 52	23. 09	15. 39
广东	47 319	56 814	28. 1	31. 57	60. 99	37. 6	63. 57	26. 4	10. 03
广西	31 782	38 722	37. 42	44. 62	73. 45	51. 27	88. 44	8. 46	3. 1
海南	5 740	4 932	35. 75	30. 8	61. 31	39. 89	49. 29	21. 04	29. 67
重庆	13 507	17 143	27. 4	36. 2	77. 85	41. 91	40. 74	35. 77	23. 49
四川	37 765	32 099	28. 32	26. 31	84. 61	46. 62	45. 17	44. 34	10. 49
贵州	18 164	22 722	24. 31	29. 88	84. 36	68. 96	66. 52	25. 42	8. 06
云南	26 721	27 652	37. 27	36. 47	65. 19	46. 43	91. 88	2. 49	5. 63
西藏	805	1 902	17. 67	33. 16	76. 16	28. 76	86. 64	6. 08	7. 28

续表

省（区、市）	学校场地总数（个）		万名学生拥有（个）		学校场地占比（%）		2013 年学校场地开放率（%）		
	2003 年	2013 年	2003 年	2013 年	2003 年	2013 年	不开放占比	部分开放占比	全天开放占比
陕西	15 803	14 875	20. 19	25. 15	82. 2	37. 09	71. 63	19. 14	9. 23
甘肃	17 433	17 586	32. 91	40. 9	79. 6	58. 22	78. 2	14. 54	7. 26
青海	2 645	3 656	31. 3	39. 03	72. 76	45. 12	96. 94	2. 56	0. 5
宁夏	4 387	5 610	39. 01	44. 46	63. 19	48. 3	87. 25	11. 96	0. 79
新疆	13 702	13 318	34. 22	34. 48	68. 13	43. 9	94. 51	2. 01	3. 48
最大值	47 319	56 814	42. 83	44. 62	84. 61	68. 96	96. 94	54. 04	29. 67
最小值	805	1902	14. 62	21. 85	35. 64	18. 43	36. 55	2. 01	0. 5

表 2. 4　我国学校体育场地类型和数量统计表

场地类型	场地数量（个）	场地类型	场地数量（个）	场地类型	场地数量（个）
体育场	4 526	台球房（馆）	224	乒乓球场	74 494
田径场	10 077	沙狐球房（馆）	2	棒/垒球场	37
田径（馆）	109	室内五人制足球场	2	室外射箭场	82
小运动场	85 078	网球房（馆）	96	室外轮滑场	141
体育馆	1 697	室内射箭场	20	板球场	7
游泳馆	694	室内冰壶场	1	木球场	8
跳水馆	3	室内轮滑场	10	地掷球场	188
室外游泳池	1 045	壁球房（馆）	2	室外门球场	671
室外跳水池	10	门球房（馆）	16	室外人工冰球场	5
综合（馆）	3 486	足球场	3 141	室外人工速滑场	21
篮球（馆）	3 709	室外五人制足球场	2 054	室外人工冰壶场	4
排球（馆）	277	室外七人制足球场	1 569	射击房（馆）	109
手球（馆）	15	篮球场	281 276	室外射击场	24
体操（馆）	688	三人制篮球场	6 407	水上运动场	9
羽毛球（馆）	2 203	排球场	35 886	室外人工滑雪场	5
乒乓球（馆）	7 607	沙滩排球场	269	室外人工攀岩馆	100
武术房（馆）	363	室外手球场	83	攀岩/冰馆	15
举重房（馆）	116	橄榄球场	3	城市健身步道	163

续表

场地类型	场地数量(个)	场地类型	场地数量(个)	场地类型	场地数量(个)
击剑房(馆)	76	室外网球场	7 183	全民健身路径	18 884
健身房(馆)	2 675	室外曲棍球场	24	户外活动营地	85
保龄球(馆)	11	羽毛球场	17 627	登山步道	15
摔跤/柔道/拳击/跆拳道/空手道房(馆)					558
合　计					575 985

注：数据来源于第六次全国体育场地普查（场地数量不包括火车头、部队场地情况）

2003—2013 年间我国体育场地快速发展，无论是体育场地的数量、质量还是场地的规模都得到了大幅度的提高①。然而，我国学校体育场地的建设发展却相对比较缓慢。由表 2.2 及表 2.3 可知：从绝对数量看，2003 年和 2013 年全国各类学校体育场地分别为558 044、660 521 个，10 年间只增长 18.36%，远远低于全国总体的增长水平（102.24%），全国学校体育场地占比分别为 68.71%、40.22%，下降了 28.49%；从相对数量看，2003 年和 2013 年万名学生拥有体育场地数量分别为 24.86、32.57 个，增长率为 31.01%，其远低于全国总体体育场地的万人拥有数量增长率（89.21%），而万名学生拥有体育场地数量的具体数值则远高于全国数量（2003、2013 年，全国总体万人拥有体育场地数量分别为 6.58、12.45 个）。

同时，高校（普通高等学校）和中小学两者的发展趋势并不一致。普通高校体育场地数量（绝对量）呈较快增长趋势，由 28 741 个增长至 49 750 个，增长率为 73.10%，增长率远高于中小学（16.89%），但高校万名学生拥有量（相对量）却出现“不升反降”现象，由 25.93 个下降至 20.16 个，增长率为-22.25%。中小学万名学生拥有量（相对量）发展快于高校，这与中小学在校生人数出现明显下降有关（2003 中小学在校生人数为 20 801.1 万人②，2013 年中小学在校生人数为 18 160.6 万人③）。

二、学校体育场地面积变化

自“五普”以来，学校体育场地面积发展相对较快，由 899 988 684 平方米增加至 1 349 630 590 平方米，增长率为 49.96%，但其增长水平仍然低于全国水平（196.89%）。从人均场地面积（相对量）角度看，2003、2013 年，全国学校体育场地人均面积由 4.01 平方米增加至 6.66 平方米，增长率为 66.08%，而全国总体人均场地

① 冯建中主编. 第六次全国体育场地普查数据汇编［M］. 国家体育总局体育经济师司，2015.

② 中华人民共和国国家统计局编. 中国统计年鉴 2004［M］. 北京：中国统计出版社，2004.

③ 中华人民共和国国家统计局编. 中国统计年鉴 2014［M］. 北京：中国统计出版社，2014.

面积则是由 1.03 平方米增加至 1.46 平方米，增长率只有 41.75%。可见，我国学校人均体育场地面积的具体数值和增长幅度都高于全国总体水平。截止到“六普”的时间节点，我国学校室内外体育场地的总用地面积为1 187 242 705.72平方米，总建筑面积78 542 676.10平方米，总场地面积为 922 461 046.41 平方米。其中，室内体育场地的用地面积为 37 135 097.35 平方米、占总用地面积的 3.13%，建筑面积为36 442 270.51平方米、占总建筑面积的 46.40%，场地面积为 19 078 635.46 平方米、占总场地面积的 2.07%。我国学校各类室内体育场地数量、类型、用地面积、场地面积和建筑面积及其所占比例情况详见下表 2.5。

表 2.5　我国学校室内体育场地类型、数量、面积及占比统计表

场地类型	场地数量		用地面积		建筑面积		场地面积	
	数量（个）	占比（%）	面积（米^2）	占比（%）	面积（米^2）	占比（%）	面积（米^2）	占比（%）
田径房（馆）	109	0.44	765 829.28	2.06	799 058.55	2.19	500 393.53	2.62
体育馆	1 697	6.86	9 627 822.82	25.93	8 034 320.76	22.03	3 669 286.42	19.23
游泳馆	694	2.81	2 044 619.43	5.51	1 696 209.96	4.65	870 303.17	4.56
跳水馆	3	0.01	4 023.00	0.01	2 530.00	0.01	2 101.00	0.01
综合房（馆）	3 486	14.09	10 532 879.46	28.36	10 664 395.56	29.26	5 600 131.84	29.35
篮球房（馆）	3 709	14.99	6 542 449.96	17.62	7 869 731.26	21.60	3 411 541.23	17.88
排球房（馆）	277	1.12	318 807.56	0.86	286 348.17	0.79	188 679.72	0.99
手球房（馆）	15	0.06	21 698.00	0.06	19 284.00	0.05	14 100.75	0.07
体操房（馆）	688	2.78	453 507.60	1.22	501 217.28	1.38	337 702.13	1.77
羽毛球（馆）	2 203	8.91	2 245 759.74	6.05	2 091 353.88	5.74	1 474 153.67	7.73
乒乓球（馆）	7 607	30.75	2 685 225.34	7.23	2 427 500.92	6.66	1 804 361.60	9.46
摔跤/柔道馆	558	2.26	276 031.95	0.74	284 261.84	0.78	171 065.41	0.90
举重房（馆）	116	0.47	25 202.61	0.07	30 376.72	0.08	20 636.80	0.11
击剑房（馆）	76	0.31	26 739.37	0.07	27 945.38	0.08	20 809.15	0.11
健身房（馆）	2 675	10.81	793 456.11	2.14	1 036 641.24	2.84	537 324.60	2.82
保龄球（馆）	11	0.04	15 138.50	0.04	10 361.12	0.03	5 978.00	0.03
台球房（馆）	224	0.91	51 569.99	0.14	50 815.75	0.14	36 171.95	0.19
沙狐球（馆）	2	0.01	280.00	0.00	199.77	0.00	161.77	0.00
室内五人足球场	2	0.01	3 080.00	0.01	2 500.00	0.01	3 013.00	0.02
网球房（馆）	96	0.39	215 454.33	0.58	190 967.37	0.52	139 765.79	0.73

续表

场地类型	场地数量		用地面积		建筑面积		场地面积	
	数量（个）	占比（%）	面积（米²）	占比（%）	面积（米²）	占比（%）	面积（米²）	占比（%）
壁球房（馆）	2	0.01	640.00	0.00	570.00	0.00	453.00	0.00
门球房（馆）	16	0.06	11 577.75	0.03	13 163.57	0.04	9 270.76	0.05
射击房（馆）	109	0.44	102 108.46	0.27	86 260.53	0.24	71 028.11	0.37
武术房（馆）	363	1.47	371 196.09	1.00	316 256.88	0.87	190 202.06	1.00
合计	24 738	100	37 135 097.35	100	36 442 270.51	100	19 078 635.46	100

注：数据来源于第六次全国体育场地普查（场地数量不包括火车头、部队场地情况）

我国学校室外体育场地的用地面积为 1 150 107 608.37 平方米，占总用地面积的 96.87%；建筑面积为 42 100 405.59 平方米，占总建筑面积的 53.60%；场地面积为 903 382 410.95 平方米，占总场地面积的 97.93%。各类室外学校体育场地的类型、数量、用地面积、建筑面积和场地面积及其占比情况详见下表 2.6。

表 2.6　我国学校室外体育场地类型、数量、面积及占比统计表

场地类型	场地数量		用地面积		建筑面积		场地面积	
	数量（个）	占比（%）	面积（米²）	占比（%）	面积（米²）	占比（%）	面积（米²）	占比（%）
体育场	4 526	0.82	100 518 804.63	8.74	10 219 155.80	24.27	80 914 778.89	8.96
田径场	10 077	1.83	182 533 442.94	15.87	7 818 799.14	18.57	154 432 812.11	17.09
小运动场	85 078	15.44	533 460 633.72	46.38	13 006 723.58	30.89	427 871 765.36	47.37
室外游泳池	1 045	0.19	2 234 883.73	0.19	504 031.33	1.20	1 361 032.80	0.15
足球场	3 141	0.57	21 996 477.29	1.91	1 391 805.62	3.31	16 914 613.53	1.87
室外五人制足球场	2 054	0.37	3 413 882.16	0.30	198 376.51	0.47	2 279 967.52	0.25
篮球场	281 276	51.03	230 079 810.65	20.01	6 353 592.23	15.09	172 446 354.75	19.10
三人制篮球场	6 407	1.16	3 198 819.97	0.28	126 051.75	0.30	2 393 934.30	0.26
排球场	35 886	6.51	16 235 259.42	1.41	429 905.47	1.02	11 181 276.65	1.24
沙滩排球场	269	0.05	177 295.05	0.02	8 155.34	0.02	125 603.51	0.01
室外手球场	83	0.02	115 038.78	0.01	4 427.50	0.01	78 516.60	0.01
沙滩手球场	2	0.00	1 608.00	0.00	608.00	0.00	1 412.00	0.00
橄榄球场	3	0.00	17 500.00	0.00	1 000.00	0.00	16 000.00	0.00
室外网球场	7 183	1.30	5 485 124.66	0.48	161 428.14	0.38	4 422 022.88	0.49

续表

场地类型	场地数量		用地面积		建筑面积		场地面积	
	数量（个）	占比（%）	面积（米²）	占比（%）	面积（米²）	占比（%）	面积（米²）	占比（%）
室外曲棍球场	24	0.00	72 621.10	0.01	2 630.00	0.01	68 971.70	0.01
羽毛球场	17 627	3.20	8 624 220.25	0.75	380 579.12	0.90	5 544 713.54	0.61
乒乓球场	74 494	13.51	23 589 833.89	2.05	882 106.71	2.10	15 309 226.94	1.70
棒/垒球场	37	0.01	299 414.00	0.03	15 795.00	0.04	223 252.66	0.02
室外射箭场	82	0.02	83 120.58	0.01	2 692.30	0.01	68 841.80	0.01
室外轮滑场	141	0.03	296 587.99	0.03	16 444.00	0.04	246 182.98	0.03
板球场	7	0.00	69 053.30	0.01	5 593.00	0.01	37 362.50	0.00
木球场	8	0.00	15 727.00	0.00	0	0.00	14 246.00	0.00
室外门球场	671	0.12	381 117.47	0.03	6 916.89	0.02	297 020.82	0.03
室外人工冰球场	5	0.00	32 262.28	0.00	0	0.00	12 306.00	0.00
室外人工速滑场	21	0.00	180 040.67	0.02	0	0.00	127 521.50	0.01
室外人工冰壶场	2	0.00	1 514.00	0.00	0	0.00	1 097.60	0.00
水上运动场	9	0.00	448 429	0.04	2 360	0.01	447 885	0.05
室外人工滑雪场	5	0.00	2 293 951	0.20	19 184.66	0.05	97 554	0.01
登山步道	15	0.00	371 166.00	0.03	211.00	0.00	263 558.00	0.03
城市健身步道	163	0.04	478 665.97	0.04	10 071.00	0.02	270 374.81	0.03
全民健身路径	18 884	3.43	6 935 285.42	0.60	180 265.13	0.43	1 055 355.28	0.12
地掷球场	188	0.03	120 004.38	0.01	1 723.29	0.00	92 990.33	0.01
室外跳水池	10	0.00	13 700.00	0.00	2 076.20	0.00	8 828.10	0.00
室外人工攀岩馆	100	0.02	136 510.90	0.01	16 203.34	0.04	99 759.27	0.01
室外射击场	24	0.00	103 274.22	0.01	11 079.54	0.03	75 345.22	0.01
户外活动营地	85	0.02	0	0.00	0	0.00	0	0.00
室外七人制足球场	1 569	0.28	6 092 527.95	0.52	320 414.00	0.76	4 579 926.00	0.51
合计	551 201	100	1 150 107 608.37	100	42 100 405.59	100	903 382 410.95	100

注：数据来源于第六次全国体育场地普查（场地数量不包括火车头、部队场地情况）

结合表 2.5、表 2.6 和表 2.7 统计可知：无论从体育场地的数量和类型来比较，还是从建设规模或体育场地的专项指标（如：场地面积、建筑面积和用地面积）来衡量，我国学校室外体育场地均远远大于室内体育场地，室外体育场地依旧是当前我国学校体育场地的主要场地形式。

表 2.7　我国学校室内外体育场地数量、面积及占比情况统计表

场地类型	场地数量		用地面积		建筑面积		场地面积	
	数量（个）	占比（%）	面积（米²）	占比（%）	面积（米²）	占比（%）	面积（米²）	占比（%）
室外场地	551 201	95.70	1 150 107 608.37	96.87	42 100 405.59	53.60	903 382 410.95	97.93
室内场地	24 738	4.30	37 135 097.35	3.13	36 442 270.51	46.40	19 078 635.46	2.07
总计	575 939	100	1 187 242 705.72	100	78 542 676.10	100	922 461 046.41	100

注：数据来源于第六次全国体育场地普查（场地数量不包括火车头、部队场地情况）

自“五普”以来，我国学校体育场地的用地面积在“五普”基础上减少了34.57%（2003 年学校体育场地用地面积为 1 614 173 241 平方米、2013 年为 1 056 176 082 平方米），同时，普通高校与中小学体育场地的用地面积发展变化不一致，呈现高校增加而中小学减少的现象（高校正增长〔26.57%〕，中小学负增长〔-37.78%〕）。特别值得注意的是，中小学用地面积在负增长的同时，其场地面积却由 2003 年的 805 429 409 平方米，增加至 2013 年的 1 179 863 247 平方米，增长率为 46.49%。同时，从当前我国学校体育场地发展的现状来看，尽管我国学校室内体育场地在数量、规模和体育场地专项指标上均低于室外体育场地，然而，值得注意的是，学校室内体育场地的建筑面积与室外体育场地的建筑面积所占的比例大体相当。数据统计显示，我国学校单个体育场地的平均用地面积为 2 061.30 平方米，平均建筑面积为 136.42 平方米，平均场地面积为 1 601.58 平方米。这一变化表明：自“五普”以来，我国学校室内体育场地的建设规模呈现不断增长之态势，这为资源节约型社会建设背景下学校充分利用现有土地的空间资源（地上、地下空间）建设体育场地提供了实践依据，这是二十年来，特别是近十年来我国学校体育场地建设的一个新特点。

三、学校体育场地投资情况

（一）投资结构变化情况

2003—2013 年间，单位自筹和财政拨款是我国学校体育场地建设主要的资金来源渠道，但是，它们的投资比例发生了较大改变。财政拨款资金的占比大幅提高，由“五普”期间的 36.09%提高到“六普”时期的 68.31%，而单位自筹资金的占比则大幅下降，由“五普”期间的 56.73%下降到“六普”时期的 22.21%。同时，社会捐赠资金和彩票公益金在普通高校和中小学体育场地建设中的资金占比存在差异。2003 年和 2013 年，中小学的社会捐赠占比分别为 4.17%、6.21%，呈现上升态势，而高等院

校的社会捐赠占比则由 2003 年的 1.18%下降至 2013 年的 0.82%；体彩公益金方面，2003 年中小学体彩公益金占比为 0.27%、2013 年为 2.42%，高校 2003 年体彩公益金占比为0.06%、2013 年为 0.75%，均为上升趋势，且中小学获得的额度也明显高于高校。

（二）投资金额变化情况

2003—2013 年间，我国学校体育场地的投资金额由 6 630 264 万元增加至 37 872 525 万元，增长率为 471.21%，略低于全国总体水平（513.84%）。如下图 2.1 所示，截至“六普”的时间节点，我国学校体育场地总投资额为 37 518 702 万元。其中，财政拨款 24 901 001 万元、占 66.37%，体育彩票公益金 917 082 万元、占 2.44%，单位自筹 8 362 372 万元、占 22.30%，社会捐赠 1 922 372 万元、占 5.12%，其他投资 1 415 875 万元、占 3.77%（注：数据来源于第六次全国体育场地普查，场地数量不包括火车头、部队场地情况）。财政拨款是学校体育场地的主要投资来源，其次是单位自筹，这两项占我国学校体育场地总投资的 88.67%。虽然我国学校体育场地的投资形式呈现多元态势，但政府投资依旧是学校体育场地建设的主要投资形式。我国学校体育场地建设对财政拨款具有较强的依赖性，社会力量投资建设学校体育场地的积极性有待进一步提高。

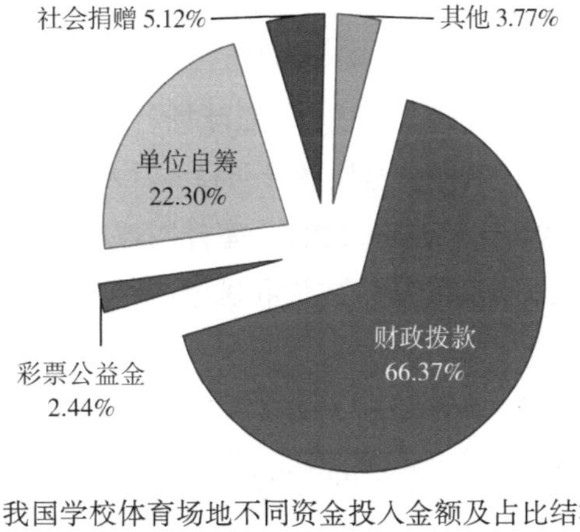

图 2.1　我国学校体育场地不同资金投入金额及占比结构示意图

四、学校体育场地分布情况

我国学校体育场地主要分布在高等院校、中专中技、中小学和其他教育系统单位等四种单位中。在现有的 575 985 个体育场地中，按照体育场地分布在不同教育系统中的数量从高到低进行排列，依次为：中小学各类体育场地 502 589 个，占 87.26%，高等院校 49 142 个，占 8.53%，中专中技 17 840 个，占 3.10%，其他教育系统 6 414 个，占 1.12%（详见图 2.2）。因此，中小学是我国学校体育场地的主要分布区域。

根据我国学校体育场地在各教育系统中的分布数量和占比情况，按照场地数量多少和占比由高到低进行排列，位列前10位的场地类型在高等院校的排序依次是：篮球场、排球场、室外网球场、田径场、体育场、全民健身路径、羽毛球场、综合房（馆）、乒乓球场、乒乓球房（馆）；在中专中技学校的排序依次是：篮球场、排球场、小运动场、乒乓球场、羽毛球场、田径场、全民健身路径、体育场、乒乓球房（馆）、室外网球场。

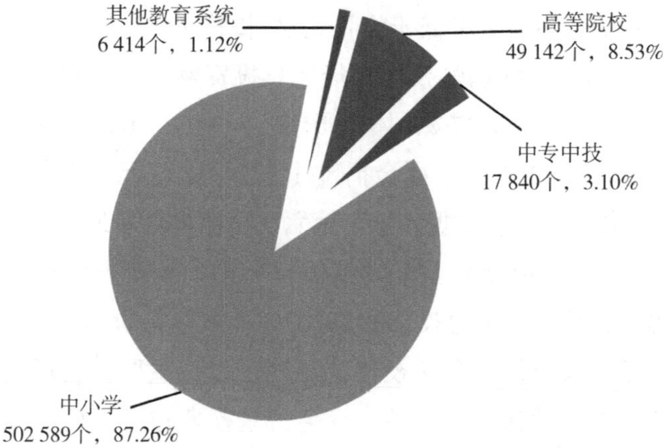

图 2. 2　我国学校体育场地整体分布情况及占比结构图

在中小学的排序依次是：篮球场、小运动场、乒乓球场、排球场、全民健身路径、羽毛球场、田径场、乒乓球房（馆）、三人制篮球场、篮球房（馆）；在其他教育系统的排序依次是：篮球场、小运动场、全民健身路径、乒乓球场、乒乓球房（馆）、健身房（馆）、羽毛球场、排球场、综合房（馆）、室外网球场（详见下表2. 8）。可见，篮球场、排球场、田径场（或小运动场）成为我国学校体育场地数量较多的场地，并成为我国教育系统主要的场地类型。

表 2. 8　我国学校体育场地在不同教育系统分布数量和占比情况统计表

场地类型	高等院校		中专中技		中小学		其他教育系统	
	数量（个）	占比（%）	数量（个）	占比（%）	数量（个）	占比（%）	数量（个）	占比（%）
体育场	1 285	2. 60	285	1. 59	2 895	0. 58	61	0. 94
田径场	1 119	2. 27	642	3. 59	8 198	1. 63	118	1. 81
田径房（馆）	25	0. 05	5	0. 03	75	0. 01	4	0. 06
小运动场	470	0. 95	1 344	7. 51	82 638	16. 42	626	9. 62
体育馆	525	1. 06	72	0. 40	1 056	0. 21	44	0. 68
游泳馆	197	0. 40	16	0. 09	439	0. 09	42	0. 65
跳水馆	3	0. 01	0	0	0	0	0	0

续表

场地类型	高等院校		中专中技		中小学		其他教育系统	
	数量（个）	占比（%）	数量（个）	占比（%）	数量（个）	占比（%）	数量（个）	占比（%）
室外游泳池	320	0.65	28	0.16	609	0.12	88	1.35
室外跳水池	5	0.01	2	0.01	3	0.00	0	0.00
综合房（馆）	910	1.84	159	0.89	2 254	0.45	163	2.50
篮球房（馆）	275	0.56	139	0.78	3 224	0.64	71	1.09
排球房（馆）	37	0.07	6	0.03	230	0.05	4	0.06
手球房（馆）	2	0.00	1	0.01	11	0.00	1	0.02
体操房（馆）	166	0.34	40	0.22	438	0.09	44	0.68
羽毛球房（馆）	264	0.53	109	0.61	1 751	0.35	79	1.21
乒乓球房（馆）	548	1.11	284	1.59	6 443	1.28	332	5.10
武术房（馆）	83	0.17	16	0.09	202	0.04	62	0.95
摔跤/柔道/拳击/跆拳道/空手道(馆)	83	0.17	19	0.11	364	0.07	92	1.41
体操房（馆）	166	0.34	40	0.22	438	0.09	44	0.68
武术房（馆）	83	0.17	16	0.09	202	0.04	62	0.95
举重房（馆）	7	0.01	7	0.04	96	0.02	6	0.09
击剑房（馆）	5	0.01	1	0.01	68	0.01	2	0.03
健身房（馆）	431	0.87	145	0.81	1 854	0.37	245	3.76
保龄球房（馆）	4	0.01	1	0.01	3	0.00	3	0.05
台球房（馆）	64	0.13	12	0.07	115	0.02	33	0.51
沙狐球房（馆）	2	0.00	0	0.00	0	0.00	0	0.00
室内五人制足球场	0	0.00	0	0.00	2	0.00	0	0.00
网球房（馆）	48	0.10	3	0.02	39	0.01	6	0.09
室内曲棍球（馆）	0	0.00	0	0.00	0	0.00	0	0.00
室内射箭场	0	0.00	1	0.01	17	0.00	2	0.03
室内冰壶场	0	0.00	0	0.00	1	0.00	0	0.00
室内轮滑场	3	0.01	0	0.00	5	0.00	2	0.03
壁球房（馆）	1	0.00	0	0.00	1	0.00	0	0.00
门球房（馆）	3	0.01	0	0.00	8	0.00	5	0.08
足球场	463	0.94	142	0.79	2 477	0.49	59	0.91

续表

场地类型	高等院校		中专中技		中小学		其他教育系统	
	数量（个）	占比（%）	数量（个）	占比（%）	数量（个）	占比（%）	数量（个）	占比（%）
室外五人制足球场	199	0.40	39	0.22	1 792	0.36	24	0.37
室外七人制足球场	107	0.22	33	0.18	1 410	0.28	19	0.29
篮球场	25 284	51.21	9 561	53.44	243 985	48.49	2 446	37.58
排球场	7477	15.14	1 603	8.96	26 599	5.29	207	3.18
沙滩排球场	118	0.24	3	0.02	145	0.03	3	0.05
室外手球场	21	0.04	0	0.00	62	0.01	0	0.00
沙滩手球场	0	0.00	0	0.00	1	0.00	1	0.02
橄榄球场	0	0.00	1	0.01	1	0.00	1	0.02
室外网球场	4 974	10.07	269	1.50	1795	0.36	145	2.23
木球场	2	0.00	0	0.00	6	0.00	0	0.00
地掷球场	63	0.13	13	0.07	111	0.02	1	0.02
室外门球场	227	0.46	24	0.13	318	0.06	102	1.57
室外人工冰球场	3	0.01	0	0.00	2	0.00	0	0.00
三人制篮球场	258	0.52	138	0.77	5 941	1.18	70	1.08
羽毛球场	969	1.96	739	4.13	15 680	3.12	239	3.67
乒乓球场	793	1.61	1 320	7.38	71 955	14.30	426	6.55
棒/垒球场	18	0.04	1	0.01	17	0.00	1	0.02
室外射箭场	12	0.02	15	0.08	54	0.01	1	0.02
室外滑轮场	76	0.15	3	0.02	56	0.01	6	0.09
板球场	2	0.00	0	0.00	5	0.00	0	0.00
室外人工速滑场	6	0.01	0	0.00	15	0.00	0	0.00
室外人工冰壶场	0	0.00	0	0.00	2	0.00	0	0.00
射击房（馆）	20	0.04	9	0.05	79	0.02	1	0.02
室外射击场	5	0.01	3	0.02	13	0.00	3	0.05
水上运动场	4	0.01	1	0.01	4	0.00	0	0.00
室内滑雪场	0	0.00	0	0.00	0	0.00	0	0.00
室外人工滑雪场	3	0.01	0	0.00	1	0.00	1	0.02
室外人工攀岩馆	63	0.13	5	0.03	20	0.00	12	0.18

续表

场地类型	高等院校		中专中技		中小学		其他教育系统	
	数量（个）	占比（%）	数量（个）	占比（%）	数量（个）	占比（%）	数量（个）	占比（%）
攀岩/冰馆	13	0.03	0	0.00	2	0.00	0	0.00
登山步道	6	0.01	1	0.01	8	0.00	0	0.00
城市健身步道	21	0.04	8	0.04	117	0.02	17	0.26
全民健身路径	1 031	2.09	568	3.17	16 803	3.34	482	7.41
室外曲棍球场	0	0.00	0	0.00	24	0.00	0	0.00
合计	49 372	100	17 892	100	503 179	100	6 508	100

注：数据来源于第六次全国体育场地普查（场地数量不包括火车头、部队场地情况）

五、学校体育场地运营模式

在我国学校体育场地的运营中，自主运营的体育场地数量为 572 626 个、占 99.4%，合作运营模式的体育场地数量为 1 861 个、占 0.3%；委托运营的体育场地数量为 1 498 个，占 0.3%。因此，自主运营是我国学校体育场地的主要运营模式。

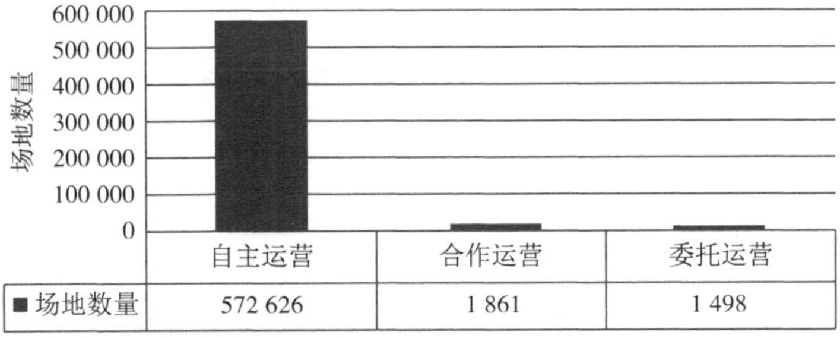

图 2.3　学校体育场地不同运营模式情况统计图

六、学校体育场地收支情况

我国学校体育场地 2013 年总收入为 1 369 491.38 万元。其中，高等院校实现收入 103 945.87 万元，占 7.59%；中专中技实现收入 25 745.2 万元，占 1.88%；中小学实现收入 1 181 871.06 万元，占 86.30%；其他教育系统实现收入 57 929.21 万元，占 4.23%。我国学校体育场地 2013 年总支出为 1 452 378.82 万元。其中，高等院校支出 130 717.35 万元，占 9.00%；中专中技支出 26 921.04 万元，占 1.85%；中小学支出 1 235 831.9万元，占 85.09%；其他教育系统支出 58 908.53 万元，占 4.06%。

我国学校体育场地 2013 年实现净收入-82 887.48 万元。其中，高等院校实现净收入-26 771.48 万元，中专中技实现净收入-1 175.84 万元，中小学实现净收入-53 960.84万元，其他教育系统实现净收入-979.32 万元。可见，我国学校体育场地整体运营处于亏损状态。

从单个体育场地的收支情况来看，学校单个体育场地的年均收入为 2.72 万元，支出为 2.89 万元，单个场地的年均净收入为-0.17 万元（详见下表 2.9）。

表 2.9　我国体育场地实际收入、支出、单个场地收支情况统计表

教育系统	场地数量（个）	实际收入		实际支出		实际净收入（万元）	单场年均收入	单场年均支出	单场年均净收支
		收入（万元）	占比（%）	支出（万元）	占比（%）				
高等院校	49 142	103 945.87	7.59	130 717.35	9.00	-26 771.48	2.12	2.66	-0.54
中专中技	17 840	25 745.2	1.88	26 921.04	1.85	-1 175.84	1.44	1.51	-0.07
中小学	502 589	1 181 871.1	86.30	1 235 831.9	85.09	-53 960.84	2.35	2.46	-0.11
其他教育系统	6 414	57 929.21	4.23	58 908.53	4.06	-979.32	9.03	9.18	-0.15
合计	575 985	1 369 491.38	100	1 452 378.82	100	-82 887.48	2.72	2.89	-0.17

注：数据来源于第六次全国体育场地普查（场地数量不包括火车头、部队场地情况）

第三节　我国学校体育场地发展取得的成绩

一、学校体育场地数量变化的比较

“六普”数据统计表明，我国学校体育场地数量为 575 985 个，2004 年“五普”场地普查公布的学校场地数量为 558 044 个。较之“五普”可知，我国学校体育场地数量增加了 17 941 个，增长了 3.22%，年均增长率为 0.32%，反映出我国学校体育场地建设呈现“逐年缓慢平稳增长”的发展态势。

二、学校体育场地种类变化的比较

“六普”数据显示，我国学校体育场地的场地类型是 64 种，“五普”时我国教育系统的体育场地种类有 56 种。我国学校体育场地种类在“五普”的基础上发生了变化，场地种类由 56 种增加到 64 种，其主要增加的场地类型是橄榄球场、沙滩排球、“三人制”篮球场、“五人或七人”制足球场、全民健身路径、户外活动营地、城市健身步道等场地。其中，全民健身路径建成 18 884 个、户外活动营地 85 个、城市健身步道 163

个，满足大众健身的体育场地是学校体育场地类型变化的主要成因。“六普”期间，学校体育场地建成了一批既满足青少年开展体育活动又满足大众健身的体育场地，在满足学校体育发展的基础上不断迎合群众健身对体育场地的需要，充分发挥着学校体育场地在全民健身中的重要代偿作用。

三、学校体育场地面积变化的比较

“六普”数据统计表明，我国学校体育场地的总用地面积为 1 187 242 705. 72 平方米，总建筑面积 78 542 676. 10 平方米，总场地面积为 922 461 046. 41 平方米；“五普”期间，我国教育系统的总用地面积为 1 614 173 241 平方米，总建筑面积为 26 200 884 平方米，总场地面积为 899 988 684 平方米。较之“五普”，我国学校体育场地的建筑面积增加了 52 341 792. 10 平方米、增长了 199. 77%，场地面积增加了 22 472 362. 41 平方米、增长了 2. 50%。与此同时，我国学校体育场地的用地面积较之“五普”却减少了426 930 535. 28平方米。学校体育场地的建筑面积和场地面积增加而用地面积减少，这亦是学校体育场地建设土地利用集约度提高的表现。因此，我国学校体育场地发展呈现“场地面积和建筑面积逐年增加、用地面积不增反降”的新变化。

四、学校体育场地投资情况的比较

“六普”数据统计表明，我国学校体育场地建设总投资额为 37 518 782 万元，其中，财政拨款 24 901 001 万元；“五普”统计表明，我国教育系统体育场地总投资额为 6 630 264 万元，其中，财政拨款 2 392 701 万元。较之“五普”我国学校体育场地建设的投资总额增加了 30 888 518 万元，增长了 465. 87%。我国学校体育场地投资呈现“投资总额逐年增加、经费来源依旧单一”的投资建设现状。

五、学校体育场地开放情况的比较

“六普”数据统计显示，在我国的 575 985 个学校体育场地中，不开放的体育场地数量达到 386 661 个，占总体数量的 67. 13%，部分时段开放的体育场地数量为136 981 个，占总体数量的 23. 78%，全天开放的体育场地为 52 343 个，占总体数量的 9. 09%。“五普”相关数据统计表明，我国学校共有体育场地 558 044 个，其中，全天开放的体育场地为 83 015 个、占总体数量的 14. 88%，部分开放的体育场地为 79 958 个、占总体数量的 14. 33%，不开放的体育场地个数为 395 071、占总体数量的 70. 80%[①]。较之

① 魏本好，席玉宝．学校体育场地对外开放的现状分析［J］．成都体育学院学报，2010，36（01）：83-86.

"五普"的相关数据，截至"六普"的时间节点我国学校体育场地对外开放率提高了3.66个百分点，但学校体育场地的总体开放率依旧不高。

第四节　我国学校体育场地建设发展存在的问题

自"六普"以来，我国学校体育场地在数量、质量、类型及场地建设品质等方面有了较大幅度的提高，但是，受限于学校体育场地基础建设的薄弱，当前学校体育场地在建设数量、质量、学生课外体育锻炼以及满足周边群众健身对体育场地的需求等方面还存在不足。目前，在我国学校体育场地建设发展中存在的问题可归纳为以下几个方面。

一、学校体育场地数量严重不足

根据"六普"结果统计显示，学校体育场地数量已达到660 521个，占全国体育场地总数的38.98%，其场地面积达到10.56亿平方米，占所有体育场地面积的53.01%，从绝对数量上看已具备一定规模，但是，我国学校体育场地数量的增长率较低，自"五普"以来到"六普"的时间节点，这期间我国教育系统体育场地的增长率为18.36%，远低于全国体育场地总体的增长水平（102.24%）；从相对量看，教育系统万名学生拥有体育场地数量在"五普、六普"的时间节点分别为24.86、32.57个，增长率为31.01%，增长率远低于全国总体万人拥有量的增长水平（89.21%）。

"六普"数据统计显示，中小学共有各类体育场地58.49万所，占学校体育场地总数的比例为88.55%；2013年教育统计年鉴数据显示，我国共有中小学29.3万所，平均每所学校不足两个体育场地。课题组实地调查可知，有25.3%的被调查学校现有体育场地不能满足学校体育教学工作的实际需要，学校体育场地建设还不能与学校体育工作对场地的需求相匹配（详见表2.10）。

表2.10　调查学校体育场地满足体育教学情况统计表

	完全满足	基本满足	一般	不能满足	完全不能满足
频率	17	121	56	73	22
百分比	5.9	41.8	19.4	25.3	7.6

二、学校体育场地达标率较低

学校体育场地建设的达标率是反映学校体育场地是否达到国家标准和要求的一

个重要度量指标，它是反映学校办学条件的重要客观指标。根据教育部统计，近年来学校体育场地和器材达标率呈现稳中有降的趋势，其中，小学体育场地达标率从2010 年到 2011 年就下降了 10 个百分点，初中场地达标率从 2007 年的 69. 24%下降到 2011 年的 62. 24%，高中体育场地从 2010 年到 2011 年一年下降了约 4 个百分点①。教育部出台的《国家学校体育卫生条件试行基本标准》和《普通高等学校体育场馆设施、器材配备目录》明确了学校体育场地和器材配置的基本标准，虽然教育部只是规定了达到办学条件的最基本条件，但是我国仍有相当一部分学校达不到办学的最基本条件，在很大程度上制约了学校体育活动的开展和青少年身体健康状况的改善。

三、学校体育场地类型单一

课题组调查发现，学校体育场地类型在 2—3 种的有 37. 7%，在 8 种以上的仅占样本量的 5. 5%（详见表 2. 11）。同时，“六普”数据统计结果显示，在符合“六普”条件的各种类型体育场地中，篮球场 281 276 个、占 51. 03%，小运动场 85 078 个、占15. 44%，乒乓球场 74 494 个、占 13. 51%，排球场 35 886 个、占 6. 51%，全民健身路径 18 884 个、占 3. 43%，羽毛球场 17 627 个、占 3. 20%，田径场 10 077 个、占1. 83%，这七类场地在我国学校体育场地中所占比例较大，约为 94. 95%，这七种类型场地成了当前我国学校体育场地的主要场地类型，也从侧面反映出学校体育场地类型较为单一。

表 2. 11 所调查学校体育场地类型、数量统计表

	1 种	2-3 种	4-5 种	6-7 种	8 种以上	缺失
频率	28	109	92	41	16	3
百分比	9. 7	37. 7	31. 9	14. 2	5. 5	1. 0

四、学校体育场地质量较差

课题组调查发现，学校有室内体育场地，特别是拥有体育馆或游泳馆的学校一般均为高校，我国拥有室内体育场地的学校占样本总量的 29. 8%，而 57. 6%的学校只有室外场地。国外资料表明，美国 90%的学校、日本 100%的公立小学拥有篮球、排球、足球、网球以及棒球场地和田径场；日本 90%的学校有体育馆、建有游泳池的学校占

① 教育部. 全国教育事业发展统计公报 2007—2011 [EB/OL]. http://www. moe. gov. cn/jyb_ sjzl/sjzl_ fztjgb.

50%①。此外，体育场地质量的好坏在很大程度上取决于经费投入的多少，根据"六普"数据，学校体育场地中室内体育场地面积仅占场地总面积的2.03%，学校室内体育场地数量仅占学校体育场地总量的4.30%，而全国室内体育场地数量的比例则是9.21%，这也从侧面反映出我国学校体育场地的质量较差。

第五节　我国学校体育场地建设发展的制约因素

我国学校体育场地的发展受到多方面因素的制约，既有来自外界因素的约束，亦有自身条件的限制。根据课题组的调查与分析，制约学校体育场地发展的因素最主要是地方政府对于学校体育场地的投入不足等多个方面（详见表2.12）。

表2.12　制约学校体育场地发展主要因素统计表

主要因素	得分	排序
政府对学校投入严重不足	3.94	1
地方经济条件太差、财政困难	3.52	2
学校无合适场地建设空间	3.45	3
学校对体育工作的不重视	3.44	4
学校领导不重视体育工作	3.27	5

根据上表所统计的制约我国学校体育场地发展的主要因素，本书主要从以下三个方面进行具体的说明。

一、地方政府对学校体育场地发展投入不足

地方政府对学校体育场地发展投入不足是制约学校体育场地发展的最主要因素。由于我国数量众多的中小学隶属于县区政府或乡镇一级政府，而县区和乡镇的财力最为薄弱，使得绝大多数基层地方政府由于自身财力的限制，对于教育经费的投入非常有限，这在很大程度上制约了学校体育场地的发展。根据课题组的调查，22.49%的学校多年来没有新建或扩建体育场地，37.37%的学校维修翻新或改造已经破损的体育场地（详见表2.13），这也从侧面反映出学校所在的当地政府教育经费投入不足的现象。地方政府对于学校体育场地发展的投入不足，严重制约了学校体育场地的发展。

① 李雪林．学校体育设施须注重趣味性［N］．文汇报，2009-10-13（007）．

表 2.13　学校新建、改建或维修体育场地情况统计表

	新建体育场	无新建体育场	维修体育场	无维修体育场
频率	159	130	216	73
百分比	27.51	22.49	37.37	12.63

二、学校体育场地发展空间受限

一方面，学校场地发展受限于地方政府财政经费投入的多少；另一方面，绝大多数学校（尤其是城市学校）又受到自身发展空间不足的局限。旧小区（社区）学校、重点中小学、城市中心学校受限于土地有限性导致体育场地建设受阻。根据课题组实地调研可知，目前，城市中的许多中小学普遍面临这一突出问题，尤其是北京、上海等一些发达地区，城市中小学面临的这一问题尤为突出，政府愿意投入资金改善学校的体育场地条件，但是，学校“建场无地”的现象较为凸显。

三、学校对体育场地发展重视不够

学校领导对体育，尤其是体育场地设施的重视程度是制约学校体育场地发展的重要因素。学校体育场地作为开展体育教学活动的重要物质条件，与体育课在学校的地位密切相关。受应试教育、升学率、高考率等因素的影响，部分学校领导将大量的资金投入到如何引进高水平的“文化课”教师、如何提高学校高考率和学校声誉方面，体育课程成为在追求升学率背景下被遗忘或忽视的课程，应然，对于开展体育课教学必不可少的体育场地建设重视程度不够。同时，体育场地建设需要占用大量资金，场地建成后期的日常维护、场地器材设施购置还需要资金投入，较之升学率、高考率等，体育对学校带来的显性回报或贡献较低，这也制约着学校领导在决策中加大对学校体育场地建设的资金投入。

第三章　我国市域学校体育场地空间分布特征

第一节　研究指标选取

依据“六普”学校体育场地的基础数据，运用 Google Earth 电子地图平台和高德地图，兼顾数据的可获得性、代表性和独立性原则，获取田径场、体育馆、乒乓球场、羽毛球场、篮球场以及网球场等六类学校体育场地的地理坐标信息，进而得到全国 31 个省（区、市）共计 370 个市 87 833 个市域中小学体育场地的 POI（Point of Interest）数据（详见表 3.1），各市人口数量、经济发展水平（GDP）、在校人数、教育经费等数据均来源于《中国城市统计年鉴 2013》和各级地方政府官方网站。

表 3.1　全国中小学体育场地 POI 基本情况统计表

省（区、市）	小学体育场地 POI	占比（%）	中学体育场地 POI	占比（%）	省（区、市）	小学体育场地 POI	占比（%）	中学体育场地 POI	占比（%）
北京	908	1.94	720	1.75	湖北	1 455	3.11	1 125	2.74
河北	996	2.13	1 819	4.43	湖南	2 840	6.08	2 475	6.02
天津	364	0.78	382	0.93	安徽	3 875	8.29	2 541	6.18
黑龙江	374	0.80	424	1.03	江西	849	1.82	1 157	2.82
辽宁	893	1.91	989	2.41	广西	2 305	4.93	2 020	4.92
吉林	474	1.01	641	1.56	贵州	590	1.26	941	2.29
山东	2 176	4.66	1 786	4.35	四川	3 747	8.02	2 706	6.58
重庆	817	1.75	812	1.98	新疆	378	0.81	563	1.37
山西	791	1.69	1 095	2.66	陕西	2 764	5.91	1 454	3.54

续表

省（区、市）	小学体育场地 POI	占比（%）	中学体育场地 POI	占比（%）	省（区、市）	小学体育场地 POI	占比（%）	中学体育场地 POI	占比（%）
河南	2 020	4. 32	2 528	6. 15	内蒙古	816	1. 75	747	1. 82
浙江	2 506	5. 36	1 973	4. 80	甘肃	400	0. 86	647	1. 57
上海	685	1. 47	583	1. 42	青海	108	0. 23	161	0. 39
江苏	3 078	6. 59	3 071	7. 47	云南	2 618	5. 60	1 774	4. 32
福建	1 494	3. 20	1 250	3. 04	西藏	184	0. 39	136	0. 33
广东	5 212	11. 15	3 944	9. 60	宁夏	601	1. 29	311	0. 76
海南	420	0. 90	320	0. 78					

第二节　我国市域学校体育场地的平均中心分析

运用 ArcGIS10. 2，依据全国中小学体育场地的 POI 点（以田径场为例），通过平均中心分析方法，得出我国学校体育场地的平均中心，并依据 31 个省（区、市）官网公布的常住人口总量和 GDP 总量，分析计算出全国的人口中心和 GDP 中心，进而得出我国学校体育场地平均中心、人口中心和经济发展中心的地理坐标位置（见表 3. 2）。

表 3. 2　我国学校体育场地平均中心、人口中心和经济发展中心地理空间点统计表

	地理空间点名称	经度	纬度	地理位置
小学	体育场地平均中心	112°49′46″E	31°0′17″N	湖北省荆门市京山市王家大塆
	全国人口中心	113°29′07″E	32°24′57″N	河南省南阳市桐柏县吴城镇大陈庄村
	全国经济发展中心	114°37′08″E	32°15′09″N	河南省信阳市罗山县东卜镇陈大寨村
中学	体育场地平均中心	113°13′20″E	31°37′00″N	湖北省随州市随县均川镇黄陂桥村
	全国人口中心	113°29′07″E	32°24′57″N	河南省南阳市桐柏县吴城镇大陈庄村
	全国经济发展中心	114°37′08″E	32°15′09″N	河南省信阳市罗山县东卜镇陈大寨村

由表 3. 2 可知，我国学校体育场地的平均中心、人口中心和经济发展中心“三中心”在空间地理位置上的坐标略有偏离，但是，“三中心”偏离程度较小，地理位置基本吻合，这表明我国学校体育场地建设发展与我国人口增长、经济发展的中心趋势明显，这为我国学校体育场地宏观配置建设资源提供了理论依据。

第三节　我国市域学校体育场地的核密度分析

为了整体了解我国学校体育场地在空间上的密度分布、分布格局和聚集程度，采用自然间断点分级法，运用核密度聚类分析，生成我国学校体育场地核密度分布可视图，并计算出我国学校体育场地在不同核密度值区的面积占比情况（见表3.3）。

表3.3　不同核密度值区学校体育场地面积占比统计表

	高值区	较高值区	中值区	较低值区	低值区
小学	0.86%	5.34%	13.8%	32.9%	47.1%
中学	2.06%	8.27%	15.83%	26.49%	47.35%

由表3.3可知：全国小学体育场地面积在低值区和较低值区占比较大、占样本总量的80.00%，而在中值区、较高值区和高值区体育场地面积占比较小、占样本总量的20.00%；中学体育场地面积在低值区和较低值区占样本总量的73.84%，中值区、较高值区和高值区体育场地面积占样本总量的26.16%。可见，全国市域学校体育场地面积分布整体呈现"核密度低值区密集分布、高值区稀疏分布"的分布特点。

我国小学体育场地高值区位于环渤海地区、长江中下游地区和珠江三角洲地区，并形成多个高值区中心；较高值区分布于山东、河南、安徽和浙江北部，湖北、四川和湖南东部，重庆西部、陕西中部和福建东南部；中值区位于辽宁、河北、山东、河南、湖北和湖南以及西部地区的四川、云南、广西、宁夏等地区，稀疏区位于黑龙江、吉林、内蒙古、海南、江西、新疆、甘肃、青海、西藏和贵州，并呈现明显的离散分布状态。

中学体育场地核密度高值区形成了四个独立中心，即："北京—天津—河北中东部"中心、"广州—深圳—东莞—珠海—佛山—中山—江门—惠州"中心、"江苏南—安徽东—浙江北—上海"中心和"河南中部郑州"中心，中学体育场地的核密度由高值区向外依次等级递减扩散，并形成以陕西省西安—咸阳—宝鸡市、四川省成都市—重庆市西北向东西两侧的11市、湖南省长沙—株洲—湘潭市、贵州省贵阳市、云南省昆明市为中心的中值区，低值区则成片分布于黑龙江省哈尔滨市东北部—内蒙古自治区北部—甘肃省武威市西北部—四川省阿坝藏族羌族自治州、甘孜藏族自治州西北部—云南省西北部以及迪庆藏族自治州西南、西双版纳傣族自治州为界线的广大地区。其中，青海、西藏、新疆、甘肃和海南全境为核密度低值区。

整体而言，我国学校体育场地核密度分布整体呈现"东高西低"的分布特征，体育场地高值区呈点状分布、中值区呈带状分布、低值区则成片分布，且高值区和较高值区体育场地面积占比较小，低值区和较低值区体育场地面积占比较大。同时，中小学体育场地核密度值区分布存在市域差异。

第四节　我国市域学校体育场地空间自相关分析

为了考察我国学校体育场地市域空间分布差异状况、聚类离散特征和空间自相关程度，判断体育场地在空间上的聚集特征，采用 Moran's I 指数来评估全局空间集聚特征，LISA 聚集图评价市域高低显著性水平的位置和范围。Moran's $I>0$，表示空间正相关性，即学校体育场地建设发展水平较高（或较低）区域在空间上趋于显著集聚，I 值越大，空间聚集越显著；Moran's $I<0$，表示空间负相关性，即该区域与周边区域学校体育场地具有空间差异，I 值越小，空间差异性越显著；Moran's $I=0$，表示空间不相关，呈随机性分布，而 LISA 聚集图则表示该点与邻近点属性值的空间集聚特性①。

一、学校在校生人数空间自相关分析

根据我国中小学体育场地的 POI 点，采用 Moran's I 指数来评估我国学校在校生人数的全局空间集聚特征，LISA 聚集图评价市域高低显著性水平的位置和范围，采用 GeoDa 软件生成我国中小学在校生人数的 Moran 散点图。

我国小学在校生人数 Moran's I 值为 0. 348 625，大于 0，这说明在我国空间分布聚集程度较大的城市及周边，其小学在校生人数亦较多，具有明显的空间正相关性。我国小学在校生人数的莫兰散点在四个象限内均有分布，在第一象限有小部分向外扩散的散点，而在第二、三、四象限分布较为集中，小学在校生人数莫兰散点整体分布较为集聚，小学在校生人数在我国城市小学中分布较为均匀，这说明全国各城市间小学在校生人数多极分化的现象不显著。

从地区看，高高值类型主要分布在重庆市，贵州省贵阳市、遵义市，福建省福州市、厦门市，湖南省岳阳市、怀化市，湖北省黄冈市、襄阳市，浙江省宁波市、台州市，河南省商丘市、平顶山市，河北省石家庄市、唐山市，江西省宜春市、吉安市，江苏省盐城市、无锡市，广东省揭阳市、惠州市，广西壮族自治区桂林市、河池市、

① 史海滨，吴迪，闫建文，等. 盐渍化灌区节水改造后土壤盐分时空变化规律研究［J］. 农业机械学报，2020，50（02）：318-331.

玉林市，山东省济南市、青岛市，安徽省六安市、安庆市，天津市，四川省资阳市、宜宾市，北京市，云南省昆明市、文山壮族苗族自治州，上海市等。

低高值类型主要分布在陕西省商洛市、汉中市，贵州省安顺市，福建省宁德市，湖南省湘潭市，湖北省十堰市、黄石市，浙江省舟山市、湖州市、丽水市，河南省济源市、三门峡市，河北省秦皇岛市，江西省景德镇市、新余市，江苏省泰州市、镇江市，新疆维吾尔自治区图木舒克市、克孜勒苏柯尔克孜自治州，广东省阳江市、潮州市、韶关市，广西壮族自治区防城港市、北海市、贺州市、崇左市，山东省东营市、日照市、威海市，安徽省马鞍山市、滁州市，四川省内江市、广安市、德阳市，云南省红河哈尼族彝族自治州等。

低低值类型主要分布在黑龙江省绥化市、牡丹江市、伊春市，青海省玉树藏族自治州、黄南藏族自治州、果洛藏族自治州、海北藏族自治州，陕西省榆林市、延安市，辽宁省葫芦岛市、鞍山市，西藏自治区林芝市、昌都市、阿里地区、日喀则市，甘肃省兰州市、嘉峪关市、金昌市，湖北省天门市、孝感市、仙桃市，海南省全境，新疆维吾尔自治区五家渠市、北屯市、博尔塔拉蒙古自治州、吐鲁番市、昌吉回族自治州，广东省珠海市，山西省朔州市，安徽省芜湖市、宣城市，宁夏回族自治区中卫市、银川市，四川省乐山市、绵阳市、凉山彝族自治州，吉林省白山市、通化市、延边朝鲜族自治州、白城市，内蒙古自治区呼伦贝尔市、乌海市、阿拉善盟、兴安盟、鄂尔多斯市、锡林郭勒盟，云南省玉溪市、楚雄彝族自治州、丽江市、大理白族自治州、德宏傣族景颇族自治州、怒江傈僳族自治州。

高低值类型主要分布在黑龙江省哈尔滨市，陕西省渭南市、西安市，辽宁省沈阳市、大连市，湖南省常德市，湖北省武汉市、荆州市，浙江省杭州市，江西省上饶市，江苏省南京市，新疆维吾尔自治区喀什地区、山西省太原市、运城市，安徽省合肥市、四川省南充市、成都市等，我国小学在校生人数空间关联关系在全国市域单元具体分布情况见表 3.4。

表 3.4　我国小学在校生人数空间关联关系市域分布情况统计表

空间关系	市域具体分布情况
高高关联	重庆市，贵州省贵阳市、遵义市、安顺市，福建省福州市、厦门市、泉州市、漳州市，湖南省岳阳市、怀化市，湖北省黄冈市，浙江省宁波市、台州市，河南省商丘市、信阳市、安阳市，河北省石家庄市、唐山市，江西省宜春市、吉安市，江苏省盐城市、南通市，广东省揭阳市、惠州市、深圳市、梅州市，广西壮族自治区桂林市、河池市、玉林市、柳州市、贵港市、南宁市、梧州市、百色市、钦州市，山东省济南市、青岛市、聊城市、济宁市，安徽省六安市、阜阳市，天津市，四川省资阳市、宜宾市、泸州市、达州市，北京市，云南省昆明市、文山壮族苗族自治州、曲靖市、昭通市，上海市

续表

空间关系	市域具体分布情况
低高关联	陕西省商洛市、汉中市，贵州省安顺市、六盘水市，福建省宁德市、龙岩市、三明市、南平市，湖南省湘潭市、张家界市，湖北省十堰市、随州市，浙江省舟山市、湖州市、丽水市、衢州市、嘉兴市，河南省济源市、三门峡市、焦作市、漯河市、鹤壁市，河北省秦皇岛市，江西省景德镇市、新余市、萍乡市、鹰潭市，江苏省泰州市、镇江市、扬州市，新疆维吾尔自治区图木舒克市、克孜勒苏柯尔克孜自治州、阿拉尔市，广东省阳江市、潮州市、韶关市、汕尾市、云浮市，广西壮族自治区防城港市、北海市，山西省晋中市、忻州市，山东省东营市、日照市、威海市，安徽省马鞍山市、滁州市，四川省巴中市、遂宁市，云南省红河哈尼族彝族自治州
高低关联	黑龙江省哈尔滨市，陕西省渭南市、西安市、咸阳市，辽宁省沈阳市、大连市，湖南省常德市，湖北省武汉市、荆州市，浙江省杭州市，江西省上饶市，江苏省南京市、常州市，新疆维吾尔自治区喀什地区，山西省太原市、运城市、临汾市、吕梁市，安徽省合肥市，四川省南充市、成都市，吉林省长春市
低低关联	黑龙江省绥化市、佳木斯市、鹤岗市、鸡西市、双鸭山市、齐齐哈尔市，青海省玉树藏族自治州，陕西省榆林市，辽宁省辽阳市、丹东市、铁岭市、阜新市、朝阳市、锦州市，西藏自治区林芝市、昌都市、阿里地区、日喀则市、山南市，甘肃省兰州市，湖北省天门市、孝感市、仙桃市、宜昌市、荆门市、潜江市，海南省全境，新疆维吾尔自治区五家渠市、北屯市、铁门关市、双河市、可克达拉市、昆玉市、阿勒泰地区、阿拉尔市、乌鲁木齐市、博尔塔拉蒙古自治州、石河子市、克拉玛依市、巴音郭楞蒙古自治州、伊犁哈萨克自治州、哈密市，广东省珠海市，宁夏回族自治区中卫市、银川市、固原市、吴忠市、石嘴山市，四川省乐山市、绵阳市、凉山彝族自治州、攀枝花市、甘孜藏族自治州、阿坝藏族羌族自治州、雅安市、广元市，吉林省白山市、通化市、延边朝鲜族自治州、白城市、辽源市、松原市、四平市、吉林市，内蒙古自治区呼伦贝尔市、乌海市、阿拉善盟、兴安盟、鄂尔多斯市、锡林郭勒盟、乌兰察布市、包头市、通辽市、巴彦淖尔市、呼和浩特市、赤峰市，云南省玉溪市、楚雄彝族自治州、丽江市、大理白族自治州、德宏傣族景颇族自治州、临沧市、西双版纳傣族自治州、迪庆藏族自治州、保山市、普洱市、怒江傈僳族自治州

为了进一步识别我国小学在校生人数的空间集聚情况，利用 GeoDa 软件，通过 Z 值（$P \leqslant 0.05$）显著性检验可知：通过 Z 值显著性检验的高高值区分布在贵州省遵义市、铜仁市、贵阳市，湖南省郴州市，河南省商丘市、信阳市，河北省衡水市，江西省南昌市、抚州市，江苏省连云港市、徐州市、南通市，广东省清远市，山东省泰安市，安徽省六安市、宿州市、亳州市、阜阳市，天津市，四川省资阳市、泸州市、达州市，北京市，云南省昭通市；高低值区主要分布在黑龙江省哈尔滨市，辽宁省沈阳市。

低高值区主要分布在陕西省商洛市、安康市，贵州省六盘水市，福建省龙岩市、三明市、莆田市，湖北省神农架林区、随州市，浙江省舟山市、嘉兴市，河南省三门峡市、漯河市、鹤壁市，广西壮族自治区北海市，广东省韶关市，山西省长治市、晋中市，山东省日照市，安徽省淮南市、淮北市，四川省内江市、广安市、遂宁市。

我国小学在校生人数通过 Z 值显著性检验的低低值区主要集中在我国的东北地区和西部地区，主要分布在黑龙江省黑河市、佳木斯市、鹤岗市、鸡西市、齐齐哈尔市、双鸭山市，青海省西宁市、玉树藏族自治州，西藏自治区林芝市、昌都市、日喀则市、山南市、那曲市、拉萨市，海南省全境，新疆维吾尔自治区阿勒泰地区、乌鲁木齐市、昌吉回族自治州、塔城地区、巴音郭楞蒙古自治州、伊犁哈萨克自治州，宁夏回族自治区中卫市、银川市、石嘴山市，四川省甘孜藏族自治州，吉林省通化市，内蒙古自治区呼伦贝尔市、乌海市、阿拉善盟、鄂尔多斯市、巴彦淖尔市，云南省丽江市、迪庆藏族自治州，其余城市不显著。可见，我国小学在校人数空间关联以高高聚集和低低聚集的两级聚集为主。

中学在校生人数的 Moran's I 值为 0.288 349，大于 0，但远小于 1，这说明在我国空间分布聚集程度较大的城市及周边，其中学在校生人数亦较多，具有较低的空间正相关性。我国中学在校生人数的莫兰散点在四个象限内均有分布，在第四象限有小部分向外扩散的散点，而在第一、二、三象限分布较为集中，中学在校生人数莫兰散点整体分布较为集聚，中学在校生人数在我国城市小学中分布较为均匀，这说明全国各城市间中学在校生人数多极分化的现象不显著。

从地区看，中学在校生人数的高高值类型主要分布在陕西省渭南市、西安市，重庆市，贵州省黔西南布依族苗族自治州、黔东南苗族侗族自治州，福建省福州市、泉州市、漳州市，湖南省岳阳市、怀化市，湖北省黄冈市，浙江省宁波市、嘉兴市、台州市，河南省商丘市、平顶山市、安阳市，河北省石家庄市、唐山市、衡水市，江西省宜春市、吉安市、南昌市、赣州市，江苏省盐城市、无锡市、南通市，广东省揭阳市、惠州市、深圳市、东莞市、梅州市，广西壮族自治区桂林市、河池市、钦州市，山东省济南市、青岛市、聊城市、泰安市，山西省长治市、运城市、吕梁市，安徽省六安市、滁州市、阜阳市，天津市，四川省资阳市、广安市、巴中市，北京市，云南省昆明市、文山壮族苗族自治州、红河哈尼族彝族自治州，上海市等。

低高值类型分布在黑龙江省大庆市，陕西省商洛市、汉中市、铜川市，贵州省安顺市，福建省宁德市，湖北省咸宁市、随州市，浙江省舟山市、衢州市，河南省济源市、鹤壁市，河北省秦皇岛市、承德市，江西省新余市、鹰潭市，江苏省泰州市、镇江市，新疆维吾尔自治区图木舒克市、克孜勒苏柯尔克孜自治州、可克达拉市，广东省阳江市、潮州市、汕尾市、云浮市，广西壮族自治区防城港市、北海市、来宾市，山西省大同市、阳泉市、忻州市，山东省东营市、日照市，安徽省马鞍山市、淮南市、淮北市，四川省内江市、德阳市、达州市，吉林省松原市，云南省玉溪市。

低低值类型分布在黑龙江省黑河市、佳木斯市、双鸭山市，青海省西宁市、玉树藏族自治州、黄南藏族自治州、海西蒙古族藏族自治州，陕西省榆林市、延安市，辽宁省葫芦岛市、鞍山市、锦州市，西藏自治区林芝市、昌都市、拉萨市，甘肃省定西市、平凉市、甘南藏族自治州、嘉峪关市，湖北省天门市、仙桃市、潜江市，海南省全境，江西省景德镇市，江苏省常州市，新疆维吾尔自治区五家渠市、北屯市、哈密市，广东省珠海市，山西省朔州市，安徽省芜湖市、池州市，宁夏回族自治区中卫市、石嘴山市，四川省乐山市、攀枝花市、阿坝藏族羌族自治州，吉林省白山市、吉林市，内蒙古自治区呼伦贝尔市、乌海市、阿拉善盟、呼和浩特市，云南省楚雄彝族自治州、怒江傈僳族自治州。

高低值类型分布在黑龙江省哈尔滨市、绥化市，辽宁省沈阳市、大连市，甘肃省天水市、兰州市，湖南省常德市，湖北省襄阳市、荆州市，浙江省杭州市、温州市，江西省上饶市，江苏省南京市、无锡市，新疆维吾尔自治区喀什地区、乌鲁木齐市、伊犁哈萨克自治州，广西壮族自治区南宁市，广东省江门市等，我国中学在校生人数空间关联关系在全国市域单元具体分布情况见表 3.5。

表 3.5　我国中学在校生人数空间关联关系市域分布情况统计表

空间关系	市域具体分布情况
高高关联	陕西省渭南市、西安市、咸阳市、宝鸡市，重庆市，贵州省黔西南布依族苗族自治州、黔东南苗族侗族自治州、遵义市、六盘水市、毕节市、贵阳市、黔南布依族苗族自治州、铜仁市，福建省福州市、泉州市、漳州市，湖南省岳阳市、怀化市、邵阳市、永州市、长沙市、衡阳市、郴州市、娄底市，湖北省黄冈市，浙江省宁波市、嘉兴市、台州市、金华市、绍兴市，河南省驻马店市，河北省唐山市、邯郸市、邢台市、保定市、张家口市、沧州市、廊坊市、衡水市，江西省宜春市、吉安市、南昌市、九江市、抚州市、赣州市，江苏省盐城市、无锡市、苏州市、淮安市、扬州市、连云港市、宿迁市、徐州市、南通市，广东省揭阳市、惠州市、深圳市、东莞市、茂名市、肇庆市、清远市、湛江市、广州市、佛山市、汕尾市、汕头市、梅州市，广西壮族自治区桂林市、河池市、玉林市、柳州市、贵港市、梧州市、钦州市，山东省济南市、青岛市、聊城市、济宁市、德州市、枣庄市、菏泽市、潍坊市、临沂市、烟台市、泰安市，山西省长治市、运城市、临汾市、吕梁市，安徽省六安市、滁州市、安庆市、合肥市、宿州市、蚌埠市、亳州市、阜阳市，天津市，四川省资阳市、广安市、宜宾市、泸州市、巴中市，北京市，上海市
高低关联	黑龙江省哈尔滨市、绥化市，辽宁省沈阳市、大连市，甘肃省天水市、兰州市，湖南省常德市，湖北省襄阳市、武汉市、荆州市，浙江省杭州市、温州市，江西省上饶市，江苏省南京市、无锡市，新疆维吾尔自治区喀什地区、乌鲁木齐市、伊犁哈萨克自治州，广西壮族自治区南宁市，广东省江门市，山西省太原市、吕梁市，安徽省合肥市，四川省绵阳市、凉山彝族自治州、南充市、成都市，内蒙古自治区赤峰市

续表

空间关系	市域具体分布情况
低高关联	黑龙江省大庆市，陕西省商洛市、汉中市、宝鸡市、安康市、铜川市，贵州省安顺市，福建省宁德市、厦门市、龙岩市、三明市、南平市、莆田市，湖南省湘潭市、益阳市、湘西土家族苗族自治州、株洲市、张家界市，湖北省十堰市、咸宁市、孝感市、恩施土家族苗族自治州、黄石市、仙桃市、神农架林区、鄂州市、随州市，浙江省舟山市、湖州市、丽水市、衢州市，河南省济源市、三门峡市、漯河市、鹤壁市，河北省秦皇岛市、承德市，江西省新余市、萍乡市、鹰潭市，江苏省泰州市、镇江市，新疆维吾尔自治区图木舒克市、克孜勒苏柯尔克孜自治州、可克达拉市，广东省阳江市、潮州市、韶关市、中山市、河源市、汕尾市、云浮市，广西壮族自治区防城港市、北海市、贺州市、崇左市、百色市、来宾市，山西省大同市、阳泉市、长治市、晋城市、晋中市、忻州市，山东省东营市、日照市、威海市，安徽省马鞍山市、淮南市、黄山市、铜陵市、蚌埠市、淮北市，四川省内江市、德阳市、眉山市、自贡市、遂宁市、雅安市、广元市、达州市，吉林省松原市，云南省玉溪市
低低关联	黑龙江省黑河市、佳木斯市、大兴安岭地区、鹤岗市、牡丹江市、伊春市、鸡西市、七台河市、齐齐哈尔市、绥化市、双鸭山市，辽宁省盘锦市、营口市、抚顺市、辽阳市、丹东市、铁岭市、阜新市、朝阳市、锦州市，西藏自治区林芝市、昌都市、阿里地区、日喀则市、山南市、那曲市、拉萨市，甘肃省定西市、平凉市、甘南藏族自治州、白银市、张掖市、金昌市、临夏回族自治州、武威市、陇南市、酒泉市、嘉峪关市，湖北省天门市、仙桃市、宜昌市、荆门市、潜江市，海南省全境，江西省景德镇市，江苏省常州市，新疆维吾尔自治区五家渠市、北屯市、铁门关市、双河市、昆玉市、阿勒泰地区、阿拉尔市、博尔塔拉蒙古自治州、吐鲁番市、昌吉回族自治州、塔城地区、和田地区、阿克苏地区、石河子市、克拉玛依市、巴音郭楞蒙古自治州、哈密市，广东省珠海市，山西省朔州市，安徽省芜湖市、宣城市、池州市，宁夏回族自治区中卫市、银川市、固原市、吴忠市、石嘴山市，吉林省通化市、延边朝鲜族自治州、白城市、辽源市、四平市，内蒙古自治区呼和浩特市，云南省楚雄彝族自治州、丽江市、大理白族自治州、德宏傣族景颇族自治州、临沧市、西双版纳傣族自治州、迪庆藏族自治州、保山市、普洱市、怒江傈僳族自治州

为了进一步识别我国中学在校生人数的空间集聚情况，利用 GeoDa 软件，通过 Z 值（$P \leqslant 0.05$）显著性检验可知：通过 Z 值显著性检验的高高值区分布在贵州省遵义市、铜仁市、贵阳市，浙江省嘉兴市，河南省驻马店市，广东省惠州市、东莞市、湛江市，山东省聊城市、济宁市、枣庄市、菏泽市、临沂市，安徽省六安市、宿州市、亳州市、阜阳市，天津市，四川省资阳市、泸州市、广安市，北京市，云南省曲靖市、昭通市。

中学在校生人数通过 Z 值检验的高低值区分布在新疆维吾尔自治区乌鲁木齐市、伊犁哈萨克自治州，辽宁省沈阳市；低高值区分布在陕西省安康市，贵州省安顺市，福建省龙岩市、三明市，湖南省湘西土家族苗族自治州，湖北省十堰市、恩施土家族苗族自治州，浙江省舟山市，河南省三门峡市、漯河市，广西壮族自治区北海市，广东省潮州市、韶关市，山西省晋中市，山东省日照市，安徽省淮南市、淮北市，四川省内江市、遂宁市。

中学在校生人数通过 Z 值检验的低低值区集中在我国的西部地区和东北地区，主要分布在黑龙江省鹤岗市、鸡西市、双鸭山市，西藏自治区林芝市、昌都市、阿里地区、日喀则市、山南市、那曲市、拉萨市，甘肃省甘南藏族自治州、张掖市、金昌市、武威市、酒泉市，海南省全境，新疆维吾尔自治区阿勒泰地区、吐鲁番市、昌吉回族自治州、塔城地区、巴音郭楞蒙古自治州、哈密市，宁夏回族自治区银川市、石嘴山市，四川省甘孜藏族自治州，内蒙古自治区阿拉善盟、鄂尔多斯市，云南省迪庆藏族自治州，其余城市不显著。可见，我国中学在校生人数空间关联以高高聚集和低低聚集的两级聚集为主。

二、学校所数空间自相关分析

运用 GeoDa 软件生成我国小学所数的 Moran 散点图，全国小学所数的 Moran’s I 值为 0. 377 809，大于 0，远小于 1，表明我国空间分布聚集程度较大的城市中小学所数也较多，小学所数的空间分布具有较低的空间正相关特性。我国小学所数莫兰散点在第二、三、四象限内呈现聚集分布，在第一象限内有部分向外扩散的散点，说明在第一象限所在城市中小学所数分布具有两极分化的态势，但两极化不显著，小学所数莫兰散点整体呈现聚集分布，表明我国小学所数在城市中分布较为均衡。从市域看，高高值类型分布在陕西省渭南市、西安市、安康市，重庆市，贵州省安顺市、黔东南苗族侗族自治州、黔西南布依族苗族自治州，福建省福州市、泉州市、漳州市，甘肃省天水市、定西市、陇南市，湖南省岳阳市、娄底市，湖北省黄冈市，浙江省宁波市，河北省唐山市、邯郸市、衡水市，江西省宜春市、吉安市、抚州市，广西壮族自治区防城港市、钦州市，山东省济南市、聊城市、济宁市、德州市、泰安市，山西省长治市、临汾市、吕梁市，安徽省六安市、亳州市、阜阳市，宁夏回族自治区固原市，天津市，四川省达州市，吉林省长春市、松原市、四平市，北京市，云南省文山壮族苗族自治州等。

低高值类型分布在黑龙江省大庆市，陕西省榆林市、铜川市，贵州省黔西南布依族苗族自治州，福建省厦门市、莆田市，甘肃省甘南藏族自治州，湖南省湘潭市、郴州市、张家界市，湖北省十堰市、襄阳市、随州市，浙江省舟山市，河北省承德市，江西省景德镇市、鹰潭市，江苏省连云港市、宿迁市，新疆维吾尔自治区图木舒克市、克孜勒苏柯尔克孜自治州、可克达拉市，广东省阳江市，山东省东营市、日照市、烟台市，安徽省淮南市、池州市、淮北市，四川省绵阳市、资阳市、内江市、广安市、阿坝藏族羌族自治州、广元市，云南省曲靖市、昭通市等。

低低值类型分布在黑龙江省黑河市、双鸭山市，辽宁省本溪市、锦州市，西藏自治区林芝市、拉萨市，福建省宁德市，甘肃省张掖市、金昌市、酒泉市、嘉峪关市，湖北省天门市、潜江市，海南省全境，浙江省宁波市、绍兴市，江苏省泰州市、南通市，新疆维吾尔自治区五家渠市、哈密市，广东省珠海市、惠州市、佛山市，山西省朔州市，山东省东营市，安徽省芜湖市、宣城市、池州市，吉林省通化市、辽源市，内蒙古自治区呼伦贝尔市、乌海市、阿拉善盟、赤峰市，云南省昆明市、普洱市、怒江傈僳族自治州等；高低值类型分布在黑龙江省哈尔滨市、齐齐哈尔市，辽宁省朝阳市、大连市，甘肃省武威市，湖北省武汉市，江西省上饶市、赣州市，新疆维吾尔自治区喀什地区、伊犁哈萨克自治州，广东省广州市，山东省济南市、青岛市，安徽省合肥市，四川省凉山彝族自治州、成都市，吉林省吉林市，云南省楚雄彝族自治州，上海市。我国小学所数空间关联关系在我国市域单元具体分布情况详见下表 3.6。

表 3.6 我国小学所数空间关联关系市域分布情况统计表

空间关系	市域具体分布情况
高高关联	陕西省渭南市、西安市、咸阳市、汉中市、宝鸡市、安康市，重庆市，贵州省安顺市、黔东南苗族侗族自治州、遵义市、铜仁市、六盘水市、毕节市、贵阳市、黔西南布依族苗族自治州，福建省福州市、泉州市、漳州市，甘肃省天水市、定西市、平凉市、兰州市、白银市、庆阳市、临夏回族自治州、陇南市，湖南省岳阳市、怀化市、邵阳市、长沙市、衡阳市、娄底市，湖北省黄冈市，浙江省宁波市、嘉兴市、台州市、金华市、绍兴市，河南省驻马店市，河北省唐山市、邯郸市、邢台市、保定市、张家口市、沧州市、廊坊市、衡水市，江西省宜春市、吉安市、南昌市、九江市、抚州市，江苏省徐州市，广东省揭阳市、潮州市、茂名市、湛江市、汕头市，广西壮族自治区桂林市、防城港市、河池市、玉林市、柳州市、贵港市、南宁市、梧州市、百色市、钦州市，山东省济南市、聊城市、济宁市、德州市、枣庄市、菏泽市、潍坊市、临沂市、泰安市，山西省长治市、晋城市、晋中市、运城市、忻州市、临汾市、吕梁市，安徽省六安市、安庆市、宿州市、蚌埠市、亳州市、阜阳市，宁夏回族自治区固原市，天津市，四川省达州市，吉林省长春市、松原市、四平市，北京市，云南省文山壮族苗族自治州
高低关联	黑龙江省哈尔滨市、齐齐哈尔市，辽宁省朝阳市、鞍山市、大连市，甘肃省武威市，湖北省武汉市，江西省上饶市、赣州市，新疆维吾尔自治区喀什地区、和田地区、阿克苏地区、伊犁哈萨克自治州，广东省广州市，山东省济南市、青岛市，安徽省合肥市，四川省凉山彝族自治州、成都市，吉林省吉林市，云南省楚雄彝族自治州，上海市
低高关联	黑龙江省大庆市，陕西省榆林市、商洛市、延安市、铜川市，贵州省黔西南布依族苗族自治州，福建省厦门市、龙岩市、三明市、南平市、莆田市，甘肃省甘南藏族自治州，湖南省湘潭市、益阳市、湘西土家族苗族自治州、株洲市、永州市、郴州市、张家界市，湖北省十堰市、襄阳市、孝感市、恩施土家族苗族自治州、黄石市、神农架林区、鄂州市、随州市，浙江省舟山市，河北省承德市，江西省景德镇市、新余市、萍乡市、鹰潭市，江苏省连云港市、宿迁市，新疆维吾尔自治区图木舒克市、昆玉市、阿拉尔市、克孜勒苏柯尔克孜自治州、可克达拉市，广东省阳江市、东莞市、韶关市、河源市、汕尾市、云浮市、梅州市，广西壮族自治区北海市、崇左市、来宾市，山西省大同市、阳泉市，山东省东营市、日照市、淄博市、威海市、滨州市、烟台市，安徽省淮南市、池州市、黄山市、铜陵市、淮北市，宁夏回族自治区中卫市，四川省绵阳市、资阳市、内江市、广安市、泸州市、攀枝花市、巴中市、遂宁市、阿坝藏族羌族自治州、广元市，云南省曲靖市、昭通市

续表

空间关系	市域具体分布情况
低低关联	黑龙江省黑河市、佳木斯市、大兴安岭地区、鹤岗市、牡丹江市、伊春市、鸡西市、七台河市、双鸭山市，西藏自治区林芝市、昌都市、阿里地区、日喀则市、山南市、那曲市、拉萨市，福建省宁德市，甘肃省张掖市、金昌市、酒泉市、嘉峪关市，湖北省天门市、仙桃市、宜昌市、荆门市、荆州市、潜江市，海南省全境，浙江省宁波市、湖州市、丽水市、杭州市、嘉兴市、台州市、金华市、温州市、绍兴市，江苏省泰州市、盐城市、无锡市、苏州市、镇江市、淮安市、南京市、常州市、扬州市、南通市，新疆维吾尔自治区五家渠市、北屯市、铁门关市、双河市、阿勒泰地区、乌鲁木齐市、博尔塔拉蒙古自治州、吐鲁番市、昌吉回族自治州、塔城地区、和田地区、阿克苏地区、石河子市、克拉玛依市、巴音郭楞蒙古自治州、哈密市，广东省珠海市、惠州市、深圳市、肇庆市、清远市、中山市、江门市、佛山市，山西省朔州市，山东省东营市、威海市，安徽省芜湖市、宣城市、池州市，四川省德阳市、宜宾市、眉山市、甘孜藏族自治州、南充市、自贡市、阿坝藏族羌族自治州、雅安市，吉林省白山市、通化市、延边朝鲜族自治州、白城市，内蒙古自治区呼和浩特市、赤峰市，云南省昆明市、玉溪市、丽江市、大理白族自治州、德宏傣族景颇族自治州、临沧市、西双版纳傣族自治州、迪庆藏族自治州、保山市、普洱市、怒江傈僳族自治州

为了进一步识别我国小学所数的空间集聚情况，利用 GeoDa 软件，通过 Z 值（$P\leqslant 0.05$）显著性检验可知：通过 Z 值显著性检验的高高值区分布在陕西省宝鸡市、安康市，贵州省黔东南苗族侗族自治州、遵义市、铜仁市、贵阳市，甘肃省天水市、定西市、平凉市，湖南省邵阳市、娄底市，河南省商丘市、平顶山市、洛阳市、濮阳市、开封市、郑州市、驻马店市，河北省邯郸市、邢台市、沧州市、廊坊市、衡水市，江西省南昌市、九江市、抚州市，广西壮族自治区玉林市、贵港市、南宁市、钦州市，山西省长治市、晋中市，山东省聊城市、济宁市、枣庄市、菏泽市，安徽省六安市、宿州市、亳州市、阜阳市，四川省达州市，北京市；高低值区分布在新疆维吾尔自治区伊犁哈萨克自治州，四川省凉山彝族自治州；低高值区分布在陕西省商洛市，福建省三明市，湖南省湘西土家族苗族自治州，湖北省十堰市、恩施土家族苗族自治州、神农架林区、随州市，河南省三门峡市、漯河市、鹤壁市，广西壮族自治区来宾市，安徽省淮南市、淮北市，四川省内江市、广安市、泸州市、遂宁市。

小学所数通过 Z 值显著性检验的低低值区主要集中在我国的东北地区和西部地区，主要分布在黑龙江省佳木斯市、鹤岗市、鸡西市、双鸭山市，辽宁省沈阳市，西藏自治区林芝市、昌都市、阿里地区、日喀则市、山南市、那曲市、拉萨市，甘肃省张掖市、酒泉市、嘉峪关市，海南省除东方市外其他各地市州，浙江省丽水市，江苏省南京市，新疆维吾尔自治区阿勒泰地区、乌鲁木齐市、吐鲁番市、昌吉回族自治州、塔城地区、巴音郭楞蒙古自治州、哈密市，宁夏回族自治区银川市、石嘴山市，四川省甘孜藏族自治州，内蒙古自治区阿拉善盟、鄂尔多斯市、包头市、巴彦淖尔市，云南省保山市、怒江傈僳族自治州，其余城市不显著。可见，我国小学所数空间关联以高高聚集和低低聚集的两级聚集为主。

中学所数的 Moran's *I* 值为 0.333 689，大于 0，远小于 1，表明我国空间分布聚集程度较大城市中的中学所数也较多，我国中学所数的空间分布具有较低的空间正相关特性。中学所数莫兰散点在四个象限内呈现聚集分布，在第一、二象限内有部分向外扩散的散点，说明在第一、二象限所在城市里中学所数分布具有两极分化的态势，但两极化不显著，中学所数莫兰散点整体呈现聚集分布，这表明我国中学所数在城市中分布较为均衡。

从市域看，高高值类型主要分布在黑龙江省绥化市，陕西省渭南市、安康市，重庆市，贵州省黔东南苗族侗族自治州、贵阳市，福建省福州市、泉州市、漳州市，甘肃省天水市、陇南市，湖南省岳阳市、怀化市、娄底市，湖北省黄冈市、襄阳市、荆州市，浙江省宁波市，江西省宜春市、吉安市、抚州市，江苏省无锡市、南通市，山东省青岛市、烟台市，山西省太原市、吕梁市，安徽省六安市、滁州市、阜阳市，宁夏回族自治区固原市，天津市，四川省乐山市、达州市，吉林省长春市、四平市，北京市，云南省昭通市，上海市。

低高值类型主要分布在黑龙江省牡丹江市、七台河市，陕西省商洛市、延安市、铜川市，辽宁省盘锦市、阜新市，福建省宁德市、厦门市、莆田市，甘肃省平凉市，湖南省湘潭市、张家界市，湖北省十堰市、咸宁市、恩施土家族苗族自治州、随州市，浙江省舟山市、绍兴市，河南省济源市、鹤壁市，河北省秦皇岛市、承德市，江西省景德镇市、鹰潭市，江苏省泰州市、无锡市、宿迁市，新疆维吾尔自治区图木舒克市、可克达拉市，广西壮族自治区柳州市、来宾市，山西省晋城市、朔州市、阳泉市，山东省聊城市、泰安市，安徽省马鞍山市、宣城市、淮北市，四川省德阳市、自贡市、广元市，吉林省延边朝鲜族自治州，云南省文山壮族苗族自治州、红河哈尼族彝族自治州。

低低值类型主要分布在黑龙江省黑河市、鸡西市、双鸭山市，青海省西宁市、玉树藏族自治州、黄南藏族自治州、海东市、海西蒙古族藏族自治州，辽宁省本溪市、葫芦岛市、抚顺市、锦州市，西藏自治区林芝市、昌都市、拉萨市，甘肃省甘南藏族自治州、白银市、庆阳市、嘉峪关市，湖北省天门市、潜江市，海南省全境，浙江省温州市，江苏省镇江市、常州市，新疆维吾尔自治区五家渠市、北屯市、哈密市，广西壮族自治区梧州市，广东省珠海市、云浮市，宁夏回族自治区中卫市、银川市、石嘴山市，四川省凉山彝族自治州、攀枝花市、甘孜藏族自治州、阿坝藏族羌族自治州，吉林省白山市、白城市，内蒙古自治区呼伦贝尔市、赤峰市，云南省楚雄彝族自治州、怒江傈僳族自治州。

高低值类型主要分布在黑龙江省哈尔滨市、齐齐哈尔市，陕西省榆林市，辽宁省沈阳市、大连市，甘肃省定西市、兰州市、陇南市，湖北省武汉市，江西省上饶市，江苏省盐城市、南京市，新疆维吾尔自治区喀什地区、伊犁哈萨克自治州，广西壮族自治区南宁市，广东省深圳市、江门市，山东省济南市，安徽省芜湖市，四川省乐山市、成都市，云南省昆明市。我国中学所数空间关联关系在我国市域单元具体分布情况详见下表 3.7。

表 3.7　我国中学所数空间关联关系市域分布情况统计表

空间关系	市域具体分布情况
高高关联	黑龙江省绥化市，陕西省渭南市、西安市、咸阳市、汉中市、宝鸡市、安康市，重庆市，贵州省黔东南苗族侗族自治州、遵义市、铜仁市、六盘水市、毕节市、贵阳市，福建省福州市、泉州市、漳州市，甘肃省天水市、陇南市，湖南省岳阳市、怀化市、益阳市、湘西土家族苗族自治州、邵阳市、永州市、长沙市、衡阳市、郴州市，浙江省杭州市、嘉兴市、金华市，河南省商丘市、平顶山市、南阳市、洛阳市、濮阳市、开封市、焦作市、郑州市、驻马店市、新乡市、许昌市、周口市、信阳市，河北省沧州市、廊坊市、衡水市，江西省宜春市、吉安市、南昌市、九江市、抚州市，江苏省无锡市、苏州市、宿迁市、徐州市、南通市，广东省惠州市、揭阳市、东莞市、茂名市、湛江市、广州市、佛山市、汕头市、梅州市，广西壮族自治区桂林市、河池市、玉林市、柳州市、贵港市，山东省青岛市、聊城市、济宁市、德州市、菏泽市、潍坊市、临沂市、淄博市、烟台市，山西省太原市、大同市、长治市、晋中市、运城市、忻州市、临汾市、吕梁市，安徽省六安市、滁州市、安庆市、合肥市、宿州市、蚌埠市、亳州市、阜阳市，宁夏回族自治区固原市，天津市，四川省乐山市、巴中市、达州市，吉林省长春市、吉林市、四平市，北京市，云南省昭通市，上海市
高低关联	黑龙江省哈尔滨市、齐齐哈尔市，陕西省榆林市，辽宁省沈阳市、大连市，甘肃省定西市、兰州市、陇南市，湖北省武汉市，江西省上饶市，江苏省盐城市、南京市，新疆维吾尔自治区喀什地区、伊犁哈萨克自治州，广西壮族自治区南宁市，广东省深圳市、江门市，山东省济南市，安徽省芜湖市，四川省乐山市、成都市，云南省昆明市
低高关联	黑龙江省牡丹江市、伊春市、大庆市、七台河市，陕西省商洛市、延安市、铜川市，辽宁省盘锦市、营口市、辽阳市、阜新市，福建省厦门市、龙岩市、三明市、南平市、莆田市，甘肃省平凉市，湖南省湘潭市、张家界市，湖北省十堰市、咸宁市、恩施土家族苗族自治州、黄石市，江西省新余市、萍乡市、鹰潭市，江苏省泰州市、无锡市、镇江市、淮安市、扬州市、连云港市、宿迁市，新疆维吾尔自治区图木舒克市、可克达拉市，广东省阳江市、潮州市、韶关市、清远市、中山市、河源市、汕尾市、云浮市，广西壮族自治区防城港市、柳州市、北海市、贺州市、崇左市、梧州市、百色市、钦州市、来宾市，山东省泰安市，安徽省马鞍山市、宣城市、淮南市、池州市、黄山市、铜陵市、蚌埠市、淮北市，四川省德阳市、自贡市、遂宁市、雅安市、广元市，吉林省延边朝鲜族自治州、松原市，云南省玉溪市、文山壮族苗族自治州、红河哈尼族彝族自治州

续表

空间关系	市域具体分布情况
低低关联	黑龙江省黑河市、佳木斯市、大兴安岭地区、鹤岗市、鸡西市、双鸭山市，辽宁省葫芦岛市、抚顺市、朝阳市、鞍山市、丹东市、铁岭市、锦州市，西藏自治区拉萨市，湖北省宜昌市、荆门市、潜江市，海南省全境，浙江省温州市，江苏省镇江市、常州市，新疆维吾尔自治区五家渠市、北屯市、阿拉尔市、乌鲁木齐市、博尔塔拉蒙古自治州、吐鲁番市、昌吉回族自治州、塔城地区、和田地区、阿克苏地区、石河子市、克拉玛依市、巴音郭楞蒙古自治州、哈密市，广西壮族自治区梧州市，广东省珠海市、肇庆市、云浮市，宁夏回族自治区中卫市、银川市、固原市、吴忠市、石嘴山市，四川省凉山彝族自治州、攀枝花市、甘孜藏族自治州、阿坝藏族羌族自治州，吉林省白山市、通化市，内蒙古自治区呼和浩特市、赤峰市，云南省临沧市、西双版纳傣族自治州、迪庆藏族自治州、保山市、普洱市、怒江傈僳族自治州

为了进一步识别我国中学所数的空间集聚情况，利用 GeoDa 软件，通过 Z 值（$P \leqslant 0.05$）显著性检验可知：通过 Z 值显著性检验的高高值区分布在陕西省安康市，贵州省遵义市、铜仁市、贵阳市，湖南省益阳市、邵阳市、湘西土家族苗族自治州、衡阳市、郴州市、娄底市，湖北省黄冈市，河北省廊坊市、衡水市，江苏省苏州市、南通市，广东省东莞市，山西省长治市、晋中市，山东省菏泽市，安徽省六安市、亳州市、阜阳市，天津市，四川省资阳市、内江市、广安市、泸州市、巴中市、达州市，北京市。高低值区分布在新疆维吾尔自治区伊犁哈萨克自治州，低高值区分布在陕西省商洛市，福建省三明市，湖南省湘潭市，湖北省十堰市、恩施土家族苗族自治州、神农架林区、随州市，浙江省舟山市，河南省三门峡市、漯河市，河北省承德市，广东省韶关市，山西省阳泉市，安徽省淮南市，四川省遂宁市。

中学所数通过 Z 值显著性检验的低低值区集中在我国的东北地区和西部地区，主要分布在黑龙江省双鸭山市，西藏自治区拉萨市，甘肃省张掖市、武威市、酒泉市、嘉峪关市，海南省除临高县外其他各地市州，新疆维吾尔自治区阿勒泰地区、乌鲁木齐市、吐鲁番市、昌吉回族自治州、塔城地区、和田地区、阿克苏地区、巴音郭楞蒙古自治州、哈密市，宁夏回族自治区银川市、石嘴山市，四川省甘孜藏族自治州，内蒙古自治区乌海市、阿拉善盟、鄂尔多斯市、巴彦淖尔市，云南省迪庆藏族自治州、怒江傈僳族自治州，其余城市不显著。可见，我国中学所数空间关联以高高聚集和低低聚集的两级聚集为主。

三、学校教育经费投入空间自相关分析

运用 GeoDa 软件生成全国教育经费投入的 Moran 散点图。我国教育经费投入的 Moran' s *I* 值为 0.216 473，大于 0，远小于 1，表明我国教育经费投入具有较低的空间正相关性。我国教育经费投入莫兰散点在四个象限内均有分布，在第一象限有部分向外扩散的散点，说明在第一象限内所在城市中教育经费投入具有两极分化的态势，我国教育经费投入莫兰散点整体呈现聚集分布，这表明教育经费投入在我国城市中分布较为均衡。从市域看，高高值类型主要分布在陕西省西安市，贵州省黔西南布依族苗族自治州，福建省厦门市、福州市，湖南省邵阳市、郴州市，湖北省黄冈市，浙江省宁波市、绍兴市，河南省商丘市、信阳市，河北省石家庄市、唐山市、廊坊市，江西省宜春市、吉安市、南昌市、九江市、赣州市，江苏省泰州市、盐城市、徐州市，广西壮族自治区玉林市、来宾市，广东省惠州市、深圳市、东莞市、广州市、梅州市，山东省济南市、青岛市、聊城市、烟台市、泰安市，安徽省六安市、安庆市、阜阳市，天津市，四川省泸州市、达州市，吉林省长春市，北京市，云南省曲靖市、昭通市，上海市等。

低高值类型主要分布在黑龙江省大庆市，陕西省商洛市、汉中市、铜川市，贵州省安顺市、六盘水市，福建省宁德市、莆田市，湖北省咸宁市、孝感市、恩施土家族苗族自治州、随州市，浙江省舟山市、衢州市、台州市、温州市，河南省平顶山市、鹤壁市，河北省秦皇岛市、衡水市、承德市，江西省新余市、抚州市、萍乡市、鹰潭市，新疆维吾尔自治区图木舒克市、克拉玛依市，广东省阳江市、潮州市、云浮市，山西省大同市、阳泉市、忻州市，山东省东营市、日照市，安徽省马鞍山市、宣城市、滁州市、淮南市、淮北市，四川省资阳市、内江市、雅安市等。

低低值类型分布在黑龙江省黑河市、七台河市、双鸭山市，陕西省榆林市、汉中市、宝鸡市、延安市，辽宁省本溪市、阜新市，西藏自治区林芝市、拉萨市，甘肃省天水市、定西市、平凉市、甘南藏族自治州、嘉峪关市，湖南省怀化市、张家界市、常德市、湘潭市，湖北省天门市、潜江市，海南省东方市、琼中黎族苗族自治县，浙江省温州市，河南省济源市、安阳市，江西省景德镇市，新疆维吾尔自治区五家渠市、巴音郭楞蒙古自治州、哈密市，广西壮族自治区防城港市、贺州市、钦州市，广东省珠海市、肇庆市，山西省大同市、晋城市、吕梁市，安徽省芜湖市、亳州市，宁夏回族自治区中卫市，四川省广元市，吉林省白山市、通化市、吉林市，内蒙古自治区呼伦贝尔市、巴彦淖尔市、呼和浩特市，云南省玉溪市、楚雄彝族自治州、丽江市、怒江傈僳族自治州等。

高低值类型分布在黑龙江省哈尔滨市、齐齐哈尔市，陕西省渭南市、西安市、咸阳市，重庆市，辽宁省沈阳市、大连市，湖北省武汉市，浙江省丽水市，河南省商丘市、南阳市、郑州市、新乡市、周口市，河北省邯郸市，江西省上饶市、吉安市、赣州市，江苏省南京市等，教育经费投入空间关联关系在我国市域单元具体分布情况见下表3.8。

表3.8　我国教育经费投入空间关联关系市域分布情况统计表

空间关系	市域具体分布情况
高高关联	陕西省西安市，贵州省黔西南布依族苗族自治州、黔东南苗族侗族自治州、遵义市、铜仁市、毕节市、贵阳市、黔南布依族苗族自治州，福建省漳州市、厦门市、泉州市、福州市，湖南省邵阳市、永州市、郴州市，湖北省黄冈市，浙江省宁波市、湖州市、杭州市、嘉兴市、金华市、绍兴市，河南省商丘市，河北省唐山市、邢台市、保定市、张家口市、沧州市、廊坊市，江西省宜春市、吉安市、南昌市、九江市，江苏省南京市、常州市、扬州市、连云港市、宿迁市、徐州市，广西壮族自治区玉林市、柳州市、百色市、来宾市，广东省惠州市、深圳市、东莞市、湛江市、中山市、广州市、江门市、佛山市、梅州市，山东省济南市、青岛市、聊城市、济宁市、德州市、菏泽市、威海市、潍坊市、临沂市、淄博市、滨州市、烟台市、泰安市，安徽省六安市、安庆市、阜阳市，天津市，四川省泸州市、达州市，吉林省长春市，北京市，云南省曲靖市、昭通市，上海市
低高关联	黑龙江省大庆市，陕西省商洛市、汉中市、宝鸡市、安康市、铜川市，贵州省安顺市、六盘水市，福建省宁德市、龙岩市、三明市、南平市、莆田市，湖南省湘潭市、岳阳市、怀化市、益阳市、湘西土家族苗族自治州、株洲市、娄底市，湖北省十堰市、咸宁市、孝感市、恩施土家族苗族自治州、黄石市、仙桃市、神农架林区、鄂州市、随州市，浙江省舟山市、衢州市、台州市、温州市，河南省平顶山市、濮阳市、三门峡市、开封市、焦作市、漯河市、许昌市、鹤壁市，河北省秦皇岛市、衡水市、承德市，江西省新余市、抚州市、萍乡市、鹰潭市，新疆维吾尔自治区图木舒克市、可克达拉市、克孜勒苏柯尔克孜自治州、阿拉尔市、克拉玛依市，广东省阳江市、潮州市、肇庆市、韶关市、清远市、河源市、汕尾市、云浮市，山西省大同市、阳泉市、长治市、晋中市、忻州市，山东省东营市、日照市、枣庄市、滨州市，安徽省马鞍山市、宣城市、滁州市、淮南市、黄山市、铜陵市、宿州市、淮北市，四川省资阳市、内江市、广安市、德阳市、眉山市、巴中市、遂宁市、雅安市
高低关联	黑龙江省哈尔滨市、齐齐哈尔市，陕西省渭南市、西安市、咸阳市，重庆市，辽宁省沈阳市、大连市，湖北省武汉市，浙江省丽水市，河南省商丘市、南阳市、郑州市、新乡市、周口市，河北省邯郸市，江西省上饶市、吉安市、赣州市，江苏省南京市，广西壮族自治区桂林市、玉林市、柳州市、南宁市，广东省揭阳市、茂名市、汕头市，山西省太原市、运城市、吕梁市，山东省济南市，安徽省芜湖市、合肥市，四川省宜宾市、南充市、成都市，内蒙古自治区赤峰市，云南省昆明市、大理白族自治州

续表

空间关系	市域具体分布情况
低低关联	黑龙江省黑河市、佳木斯市、哈尔滨市、大兴安岭地区、鹤岗市、牡丹江市、伊春市、鸡西市、绥化市、七台河市、双鸭山市，陕西省汉中市、宝鸡市、延安市，辽宁省本溪市、盘锦市、营口市、葫芦岛市、抚顺市、辽阳市、朝阳市、鞍山市、丹东市、锦州市、铁岭市、阜新市，西藏自治区拉萨市，甘肃省天水市、定西市、平凉市、武威市、陇南市、酒泉市、嘉峪关市，湖南省怀化市、张家界市、常德市，湖北省天门市、荆门市、荆州市、潜江市，海南省东方市、五指山市、乐东黎族自治县、定安县、三亚市、琼海市、陵水黎族自治县、屯昌县、海口市、保亭黎族苗族自治县、澄迈县、临高县、文昌市、白沙黎族自治县、万宁市、儋州市、昌江黎族自治县、琼中黎族苗族自治县，浙江省温州市，河南省济源市、安阳市，江西省景德镇市，新疆维吾尔自治区五家渠市、北屯市、铁门关市、双河市、昆玉市、克拉玛依市、巴音郭楞蒙古自治州、哈密市，广西壮族自治区防城港市、贺州市、贵港市、崇左市、梧州市、钦州市，广东省珠海市、肇庆市，山西省大同市、晋城市、朔州市、运城市、临汾市、吕梁市，安徽省芜湖市、池州市、蚌埠市、亳州市，宁夏回族自治区中卫市、银川市、固原市、吴忠市、石嘴山市，四川省乐山市、绵阳市、凉山彝族自治州、攀枝花市、甘孜藏族自治州、自贡市、巴中市、阿坝藏族羌族自治州、广元市，吉林省白山市、通化市、延边朝鲜族自治州、白城市、辽源市、四平市，内蒙古自治区呼和浩特市，云南省玉溪市、楚雄彝族自治州、丽江市、迪庆藏族自治州、保山市、普洱市、怒江傈僳族自治州

为了进一步识别我国教育经费投入的空间集聚情况，利用 GeoDa 软件，通过 Z 值（$P \leqslant 0.05$）显著性检验可知：通过 Z 值显著性检验的高高值区分布在贵州省遵义市、铜仁市，浙江省湖州市、嘉兴市，河北省唐山市、保定市、张家口市、沧州市、廊坊市，江苏省泰州市、苏州市、南通市，广东省惠州市、东莞市、中山市，山东省烟台市，天津市，四川省泸州市、达州市，北京市，上海市；高低值区分布在辽宁省沈阳市，新疆维吾尔自治区乌鲁木齐市、伊犁哈萨克自治州；低高值区分布在陕西省安康市，湖北省神农架林区，浙江省舟山市，河北省承德市，山东省日照市、枣庄市，四川省资阳市、内江市、广安市、遂宁市。

教育经费投入通过 Z 值显著性检验的低低值区集中在我国的东部地区和西部地区，主要分布在黑龙江省鹤岗市、双鸭山市，西藏自治区林芝市、昌都市、阿里地区、那曲市、拉萨市，甘肃省甘南藏族自治州、张掖市、金昌市、武威市、酒泉市，海南省全境，新疆维吾尔自治区昌吉回族自治州、塔城地区，吉林省通化市，内蒙古自治区阿拉善盟、鄂尔多斯市，云南省迪庆藏族自治州，其余城市不显著。教育经费投入 LISA 聚集图进一步说明，我国教育经费投入空间关联以高高聚集和低低聚集的两级聚集为主。

四、学校体育场地数空间自相关分析

运用 GeoDa 软件生成全国学校体育场地数的 Moran 散点图和 LISA 图，我国学校体育场地在四个象限内均有分布，在整体空间分布上较为集聚，体育场地多极分化的现象不显著；全国学校体育场地市域单元与邻近市域单元呈现四种类型的空间关联关系，具体而言，体育场地莫兰散点分布在第一象限为高高关联（扩散型）：表明市域自身以及相邻市域学校体育场地的发展程度均较高，二者呈显著的正相关性，体育场地空间的扩散（或溢出）效应显著，在空间分布上呈现中心与四周均高的关联特征。第二象限为低高关联（空心型）：表明市域自身体育场地发展程度较低，而相邻市域体育场地发展程度较高，二者呈负相关性，在空间分布上呈现中心低而四周高的关联特征。第三象限为低低关联（萧索型）：表明市域自身以及相邻市域学校体育场地发展程度均较低，二者呈显著的正相关性，在空间分布上呈现中心与四周均低的关联特征。第四象限为高低关联（极化型）：表明市域自身体育场地发展程度较高，而相邻市域体育场地发展程度较低，二者呈负相关性，在空间分布上呈现中心高而四周低的关联特征。

小学体育场地数的 Moran's I 值为 0.261 541，大于 0，说明在我国空间分布聚集程度较大的城市其小学体育场地数也较多，呈明显的空间正相关性。我国小学体育场地的莫兰散点在四个象限内均有分布，在第一、二象限有部分向外扩散的散点，说明我国小学体育场地数在第一、二象限所在的城市中有两极分化的态势，但是两极分化不明显，小学体育场地莫兰散点整体聚集趋势显著，这表明我国小学体育场地数在全国市域城市中的分布较为均衡。从市域看，高高值类型主要分布在陕西省渭南市、西安市、咸阳市、商洛市、安康市，福建省厦门市、漳州市，湖南省岳阳市、怀化市、益阳市、娄底市，湖北省黄冈市，浙江省宁波市、湖州市、绍兴市，河南省洛阳市、郑州市、信阳市，江苏省泰州市、盐城市、徐州市、南通市，广东省揭阳市、东莞市、潮州市、广州市、汕尾市、汕头市，广西壮族自治区桂林市、钦州市、来宾市，山东省济宁市、潍坊市、烟台市，安徽省芜湖市、六安市、滁州市、淮北市、阜阳市，天津市，四川省乐山市、绵阳市、达州市、成都市，北京市，云南省昆明市、普洱市，上海市等。低高值类型分布在陕西省安康市、铜川市，贵州省黔东南苗族侗族自治州、遵义市、铜仁市、毕节市，福建省宁德市、龙岩市、三明市，甘肃省平凉市、庆阳市、陇南市，湖北省鄂州市，海南省临高县，浙江省舟山市，河北省唐山市、保定市、廊坊市，江西省宜春市、九江市、萍乡市，江苏省镇江市，广东省阳江市，山西省阳泉市，山东省东营市、泰安市，安徽省马鞍山市、铜陵市，四川省资阳市、眉山市、阿坝藏族羌族自治州、雅安市，云南省德宏傣族景颇族自治州、临沧市等。

低低值类型分布在黑龙江省黑河市、齐齐哈尔市、双鸭山市，辽宁省阜新市，西藏自治区林芝市、那曲市、拉萨市，福建省南平市，甘肃省天水市、嘉峪关市，湖北省襄阳市、随州市，海南省东方市、琼中黎族苗族自治县，河南省濮阳市、安阳市，河北省秦皇岛市，新疆维吾尔自治区博尔塔拉蒙古自治州、哈密市，广东省珠海市，山西省大同市、长治市，四川省甘孜藏族自治州，吉林省白山市，云南省迪庆藏族自治州、怒江傈僳族自治州等。高低值类型分布在陕西省榆林市，重庆市，辽宁省沈阳市、大连市，贵州省贵阳市，甘肃省兰州市，湖南省常德市，湖北省武汉市，海南省陵水黎族自治县、儋州市，河南省南阳市、新乡市，河北省石家庄市，江西省南昌市，广东省深圳市、河源市，山东省济南市、青岛市等，小学体育场地数空间关联关系在我国市域单元具体分布情况详见表 3.9。

表 3.9　我国小学体育场地数空间关联关系市域分布情况统计表

空间关系	市域具体分布情况
高高关联	陕西省渭南市、西安市、咸阳市、商洛市、汉中市、宝鸡市，浙江省宁波市、湖州市、杭州市、嘉兴市，广东省湛江市、中山市、广州市、汕尾市、汕头市，安徽省阜阳市，天津市，四川省广元市、达州市、成都市，北京市，云南省昆明市、玉溪市、楚雄彝族自治州、文山壮族苗族自治州、曲靖市、昭通市、红河哈尼族彝族自治州、普洱市，上海市等
低高关联	陕西省安康市、铜川市，贵州省黔东南苗族侗族自治州、遵义市、铜仁市、毕节市，福建省宁德市、龙岩市、三明市，甘肃省平凉市、庆阳市、陇南市，湖北省黄石市、荆州市、鄂州市，海南省临高县，浙江省舟山市，河北省沧州市、廊坊市，江西省宜春市、九江市、萍乡市，江苏省镇江市，广东省阳江市、惠州市、潮州市、佛山市、云浮市、梅州市，广西壮族自治区防城港市、北海市、贺州市、崇左市、梧州市，山西省晋城市，安徽省池州市、黄山市、铜陵市，四川省资阳市、眉山市、攀枝花市、自贡市、遂宁市、阿坝藏族羌族自治州、雅安市，云南省德宏傣族景颇族自治州、临沧市、西双版纳傣族自治州
低低关联	黑龙江省黑河市、佳木斯市、大庆市、绥化市、七台河市、齐齐哈尔市、双鸭山市，辽宁省本溪市、阜新市，西藏自治区林芝市、昌都市、阿里地区、日喀则市、山南市、那曲市、拉萨市，福建省南平市，海南省五指山市、乐东黎族自治县、定安县、三亚市、琼海市、屯昌县、海口市、保亭黎族苗族自治县、澄迈县、文昌市、白沙黎族自治县、万宁市，新疆维吾尔自治区北屯市、铁门关市、双河市、可克达拉市、昆玉市、阿勒泰地区、喀什地区、克拉玛依市、巴音郭楞蒙古自治州、伊犁哈萨克自治州、哈密市，广东省珠海市，山西省大同市、长治市，山东省德州市、威海市、滨州市，宁夏回族自治区中卫市、固原市、石嘴山市，四川省甘孜藏族自治州，吉林省白山市、通化市、延边朝鲜族自治州、辽源市、松原市、四平市、吉林市、白城市，内蒙古自治区赤峰市，云南省丽江市、迪庆藏族自治州

续表

空间关系	市域具体分布情况
高低关联	陕西省榆林市，重庆市，辽宁省沈阳市、大连市，贵州省贵阳市，甘肃省兰州市，湖南省常德市，湖北省武汉市，海南省陵水黎族自治县、儋州市，河南省南阳市、洛阳市、新乡市，河北省石家庄市，江西省南昌市，广东省深圳市、肇庆市、江门市、河源市，山东省济南市、青岛市，宁夏回族自治区银川市、吴忠市，吉林省长春市，内蒙古自治区呼和浩特市，云南省大理白族自治州、保山市

为了进一步识别我国小学体育场地数的空间集聚情况，利用 GeoDa 软件，通过 Z 值（$P \leqslant 0.05$）显著性检验可知：通过 Z 值显著性检验的高高值区分布在陕西省西安市、咸阳市、商洛市、汉中市、宝鸡市、安康市，福建省莆田市，江苏省南通市，广西壮族自治区来宾市，安徽省六安市、滁州市、淮南市、蚌埠市、淮北市，天津市，四川省内江市、广安市、泸州市、遂宁市、达州市，云南省红河哈尼族彝族自治州，北京市；高低值区分布在辽宁省沈阳市，甘肃省兰州市，海南省陵水黎族自治县、儋州市；低高值区分布在陕西省铜川市，贵州省铜仁市，浙江省舟山市，河北省承德市、廊坊市，广西壮族自治区北海市，安徽省马鞍山市、铜陵市，四川省资阳市。小学体育场地数通过 Z 值显著性检验的低值型区集中在我国的东北地区和西部地区，主要分布在黑龙江省黑河市、七台河市、齐齐哈尔市、双鸭山市，辽宁省朝阳市，西藏自治区林芝市、昌都市、阿里地区、日喀则市、那曲市、拉萨市，海南省五指山市、乐东黎族自治县、琼海市、屯昌县、保亭黎族苗族自治县、琼中黎族苗族自治县，新疆维吾尔自治区阿勒泰地区、乌鲁木齐市、巴音郭楞蒙古自治州、伊犁哈萨克自治州、哈密市，宁夏回族自治区固原市，吉林省通化市、白城市，其余城市不显著。学校体育场地数 LISA 聚集图进一步说明，我国小学体育场地数空间关联以高高聚集和低低聚集的两级聚集为主。

中学体育场地数的 Moran’s I 值为 0.294 214，大于 0，说明在我国空间分布聚集程度较大的城市其中学体育场地数也较多，呈明显的空间正相关性。我国中学体育场地的莫兰散点在四个象限内均有分布，在第一、二象限有部分向外扩散的散点，说明我国中学体育场地数在第一、二象限所在的城市中有两极分化的态势，但是两极分化不明显，中学体育场地莫兰散点整体聚集趋势显著，这表明我国中学体育场地数在全国市域城市中的分布较为均衡。从市域看，高高值类型主要分布在陕西省渭南市、安康市，贵州省遵义市、贵阳市，福建省莆田市、福州市、泉州市，湖南省湘潭市、娄底市，浙江省宁波市、温州市、绍兴市，河南省商丘市、安阳市，河北省石家庄市、衡水市，江西省宜春市、赣州市，江苏省泰州市、徐州市、南通市，广东省揭阳市、惠州市、广州市、汕头市，广西壮族自治区桂林市、梧州市、百色市，山西省晋中市、运城市，天津市，四川省乐山市、达州市，北京市，云南省昆明市、红河哈尼族彝族自治州，上海市等。

低高值类型分布在陕西省延安市、铜川市，甘肃省陇南市，湖南省湘西土家族苗族自治州、张家界市，湖北省黄冈市、鄂州市、随州市，浙江省舟山市，河北省沧州市、衡水市，江西省新余市，山东省聊城市，安徽省池州市、淮北市，四川省内江市、广元市，云南省临沧市、普洱市等。低低值类型分布在黑龙江省黑河市、双鸭山市，辽宁省阜新市，西藏自治区林芝市、拉萨市，福建省南平市，甘肃省天水市、定西市、平凉市、甘南藏族自治州、兰州市、嘉峪关市，湖北省天门市、孝感市、潜江市，海南省东方市、琼中黎族苗族自治县，江西省景德镇市，广东省珠海市，山西省大同市、朔州市，山东省滨州市、泰安市，宁夏回族自治区中卫市，内蒙古自治区呼和浩特市，云南省丽江市、德宏傣族景颇族自治州、怒江傈僳族自治州等。高低值类型分布在陕西省榆林市，重庆市，辽宁省沈阳市、大连市，贵州省贵阳市，福建省漳州市，甘肃省兰州市，湖南省常德市，湖北省襄阳市、宜昌市、武汉市，河北省秦皇岛市，江西省上饶市，广东省深圳市等，中学体育场地数空间关联关系在我国市域单元具体分布情况详见表 3.10。

表 3.10　我国中学体育场地数空间关联关系市域分布情况统计表

空间关系	市域具体分布情况
高高关联	陕西省渭南市，河北省张家口市、廊坊市、衡水市，江西省宜春市，广西壮族自治区梧州市、百色市，山西省晋中市，四川省巴中市、遂宁市、达州市，北京市，云南省昆明市、玉溪市、楚雄彝族自治州、文山壮族苗族自治州、曲靖市、昭通市、红河哈尼族彝族自治州，上海市等
低高关联	陕西省延安市、铜川市，贵州省黔西南布依族苗族自治州、黔东南苗族侗族自治州、铜仁市、六盘水市、毕节市、黔南布依族苗族自治州，甘肃省陇南市，湖北省神农架林区、荆州市、鄂州市，江西省新余市、抚州市、萍乡市、鹰潭市，广东省阳江市、东莞市、潮州市、中山市、汕尾市、云浮市、梅州市，四川省巴中市、阿坝藏族羌族自治州、雅安市、广元市，云南省临沧市、普洱市
低低关联	黑龙江省黑河市、佳木斯市、大庆市、绥化市、七台河市、齐齐哈尔市、双鸭山市，辽宁省本溪市、阜新市，西藏自治区林芝市、昌都市、阿里地区、日喀则市、山南市、那曲市、拉萨市，福建省南平市，海南省乐东黎族自治县、定安县、三亚市、琼海市、屯昌县、海口市、保亭黎族苗族自治县、澄迈县、文昌市、白沙黎族自治县、万宁市、儋州市、昌江黎族自治县、琼中黎族苗族自治县，江西省景德镇市，新疆维吾尔自治区图木舒克市、五家渠市、北屯市、铁门关市、双河市、可克达拉市、昆玉市、阿勒泰地区、喀什地区、克拉玛依市、巴音郭楞蒙古自治州、伊犁哈萨克自治州、哈密市，广东省珠海市，山西省大同市、朔州市，山东省滨州市、泰安市，宁夏回族自治区中卫市、银川市、固原市、吴忠市、石嘴山市，四川省攀枝花市、甘孜藏族自治州，吉林省白山市，云南省德宏傣族景颇族自治州、西双版纳傣族自治州、迪庆藏族自治州、保山市、怒江傈僳族自治州

续表

空间关系	市域具体分布情况
高低关联	陕西省榆林市，重庆市，辽宁省沈阳市、大连市，贵州省贵阳市，福建省漳州市，甘肃省兰州市，湖南省常德市，湖北省襄阳市、宜昌市、武汉市，河北省秦皇岛市，江西省上饶市，广东省深圳市，山西省太原市，山东省济南市、青岛市、淄博市，四川省绵阳市、凉山彝族自治州、成都市，吉林省长春市，内蒙古自治区赤峰市，云南省大理白族自治州

为了进一步识别我国中学体育场地数的空间集聚情况，利用 GeoDa 软件，通过 Z 值（$P\leqslant 0.05$）显著性检验可知：通过 Z 值显著性检验的高高值区分布在陕西省安康市，贵州省遵义市，湖南省娄底市，浙江省湖州市、嘉兴市、台州市、绍兴市，河北省保定市，安徽省淮南市，天津市，四川省资阳市、广安市、泸州市、遂宁市、达州市；高低值区分布在辽宁省沈阳市，甘肃省兰州市，新疆维吾尔自治区乌鲁木齐市；低高值区分布在贵州省铜仁市，湖北省神农架林区，浙江省舟山市，河南省平顶山市、三门峡市，河北省承德市，广东省东莞市、中山市，山东省枣庄市，安徽省铜陵市，四川省内江市。

中学体育场地数通过 Z 值显著性检验的低低值区集中在我国的东北地区和西部地区，主要分布在黑龙江省黑河市、七台河市、齐齐哈尔市、双鸭山市，西藏自治区林芝市、昌都市、阿里地区、日喀则市、山南市、那曲市、拉萨市，湖北省天门市，海南省除临高县外其余地市州，新疆维吾尔自治区伊犁哈萨克自治州、哈密市，宁夏回族自治区中卫市，四川省甘孜藏族自治州，吉林省通化市，内蒙古自治区呼伦贝尔市、阿拉善盟、鄂尔多斯市，云南省迪庆藏族自治州，其余城市不显著。可见，学校体育场地数 LISA 聚集图进一步说明，我国学校体育场地空间分布以高高聚集和低低聚集的两级聚集分布为主。

五、学校生均体育场地面积空间自相关分析

利用 GeoDa 软件中的空间分析功能进行计算分析，生成全国学校生均体育场地面积的 Moran 散点图和 LISA 聚集图。小学生均体育场地面积的 Moran's I 值为0.292 269，大于 0，但远小于 1，表明在我国空间分布聚集程度较大城市其生均体育场地面积也较大，具有较低的空间正相关性。我国小学生均体育场地面积在四个象限内均有分布，小学生均体育场地面积莫兰散点在第一、二象限内有部分向外扩散的散点分布，小学生均体育场地面积在第一、二象限所在的城市中呈现两极分化的态势，整体而言，小学生均体育场地面积的莫兰散点呈聚集分布，这表明我国小学生均体育场地面积在我国城市中分布较为均衡。

从市域看，高高值类型主要分布在陕西省渭南市、西安市、铜川市，西藏自治区林芝市、山南市、拉萨市，甘肃省金昌市，湖南省湘潭市，湖北省鄂州市、宜昌市，

海南省东方市、五指山市、乐东黎族自治县、琼中黎族苗族自治县，浙江省舟山市，江苏省扬州市、南通市，安徽省芜湖市、亳州市，四川省广安市、德阳市、成都市，内蒙古自治区乌海市、阿拉善盟、巴彦淖尔市，云南省昆明市、玉溪市、楚雄彝族自治州、怒江傈僳族自治州，上海市等。

低高值类型主要分布在重庆市，西藏自治区昌都市、日喀则市，甘肃省平凉市、白银市、庆阳市、酒泉市，湖南省益阳市、娄底市，湖北省黄冈市、恩施土家族苗族自治州、黄石市、荆州市，海南省海口市、万宁市，浙江省宁波市、台州市，河南省三门峡市，河北省承德市、衡水市，江西省景德镇市，江苏省盐城市、苏州市、淮安市、宿迁市，广东省汕头市，广西壮族自治区崇左市，山西省吕梁市，安徽省马鞍山市，四川省资阳市、达州市，云南省曲靖市、临沧市等。

低低值类型主要分布在黑龙江省黑河市、齐齐哈尔市、双鸭山市，青海省西宁市、海南藏族自治州、海东市、海西蒙古族藏族自治州，辽宁省本溪市，西藏自治区阿里地区、那曲市，福建省漳州市、莆田市，甘肃省天水市、临夏回族自治州，湖南省岳阳市、衡阳市、郴州市，湖北省咸宁市、随州市，浙江省丽水市，河南省商丘市，江西省宜春市、鹰潭市、景德镇市，江苏省连云港市、徐州市，新疆维吾尔自治区哈密市，广西壮族自治区桂林市，广东省梅州市，山西省大同市、忻州市、临汾市，山东省青岛市、泰安市，天津市，四川省内江市、泸州市，吉林省通化市、延边朝鲜族自治州、吉林市，内蒙古自治区兴安盟、赤峰市等。

高低值类型主要分布在黑龙江省大庆市，陕西省榆林市，辽宁省本溪市、沈阳市、大连市，西藏自治区那曲市，福建省厦门市，甘肃省嘉峪关市，湖南省岳阳市、怀化市、株洲市、张家界市、长沙市、常德市，湖北省神农架林区、武汉市，浙江省温州市，广西壮族自治区来宾市，广东省揭阳市、潮州市、韶关市、清远市、湛江市、江门市，山西省太原市等，小学生均体育场地面积空间关联关系在我国市域单元具体分布情况见下表 3.11。

表 3.11 我国小学生均体育场地面积空间关联关系市域分布情况统计表

空间关系	市域具体分布情况
高高关联	陕西省铜川市，西藏自治区林芝市、山南市、拉萨市，甘肃省金昌市，湖南省湘潭市，湖北省鄂州市、宜昌市，海南省屯昌县、海口市、保亭黎族苗族自治县、临高县、文昌市、儋州市、昌江黎族自治县、琼中黎族苗族自治县，浙江省舟山市，安徽省蚌埠市、亳州市、淮北市，宁夏回族自治区中卫市、银川市、吴忠市，四川省凉山彝族自治州、眉山市、南充市、自贡市、巴中市、遂宁市、阿坝藏族羌族自治州、雅安市、广元市、成都市，内蒙古自治区乌海市、阿拉善盟、鄂尔多斯市、包头市、巴彦淖尔市，云南省昆明市、玉溪市、楚雄彝族自治州、丽江市、文山壮族苗族自治州、大理白族自治州、红河哈尼族彝族自治州、德宏傣族景颇族自治州、临沧市、西双版纳傣族自治州、迪庆藏族自治州、保山市、普洱市、怒江傈僳族自治州，上海市等

续表

空间关系	市域具体分布情况
低低关联	黑龙江省黑河市、佳木斯市、大庆市、绥化市，青海省黄南藏族自治州、果洛藏族自治州，贵州省黔西南布依族苗族自治州、黔东南苗族侗族自治州、遵义市、铜仁市、六盘水市、毕节市、贵阳市、黔南布依族苗族自治州，西藏自治区阿里地区、那曲市，福建省漳州市、宁德市，甘肃省定西市、甘南藏族自治州、临夏回族自治州，湖北省潜江市、随州市，浙江省丽水市，江西省景德镇市，江苏省连云港市、徐州市，新疆维吾尔自治区图木舒克市、五家渠市、北屯市、铁门关市、双河市、可克达拉市、昆玉市、阿勒泰地区、克孜勒苏柯尔克孜自治州、阿拉尔市、乌鲁木齐市、博尔塔拉蒙古自治州、吐鲁番市、昌吉回族自治州、塔城地区、和田地区、阿克苏地区、石河子市、喀什地区、克拉玛依市、巴音郭楞蒙古自治州、伊犁哈萨克自治州、哈密市，广西壮族自治区桂林市，山东省泰安市，天津市，四川省内江市、泸州市，吉林省通化市、延边朝鲜族自治州、白城市、长春市、辽源市、松原市、四平市、吉林市，内蒙古自治区兴安盟、通辽市、赤峰市等
低高关联	重庆市，西藏自治区昌都市、日喀则市，甘肃省平凉市，湖北省荆州市，海南省海口市、澄迈县、白沙黎族自治县、万宁市，浙江省宁波市、丽水市、台州市，河南省三门峡市，河北省承德市、沧州市、衡水市，江西省景德镇市，江苏省盐城市、苏州市、淮安市、宿迁市，广东省汕头市，广西壮族自治区崇左市，山西省吕梁市，安徽省马鞍山市，四川省资阳市、攀枝花市、达州市，云南省曲靖市、昭通市、临沧市
高低关联	黑龙江省大庆市，陕西省榆林市，辽宁省本溪市、沈阳市、大连市，西藏自治区那曲市，福建省厦门市，甘肃省嘉峪关市，湖南省岳阳市、怀化市、株洲市、张家界市、长沙市、常德市，湖北省神农架林区、武汉市，浙江省温州市，广西壮族自治区来宾市，广东省揭阳市、潮州市、韶关市、清远市、湛江市、江门市，山西省太原市，山东省济南市、威海市、淄博市，安徽省宿州市、淮北市、阜阳市，宁夏回族自治区固原市，四川省内江市，吉林省白山市，北京市，内蒙古自治区呼伦贝尔市、锡林郭勒盟、乌兰察布市、呼和浩特市

为了进一步识别我国小学生均体育场地面积的空间集聚情况，利用 GeoDa 软件，通过 Z 值（$P\leqslant0.05$）显著性检验可知：通过 Z 值显著性检验的高高值区分布在陕西省西安市、铜川市，甘肃省金昌市，海南省屯昌县、保亭黎族苗族自治县、临高县、文昌市、儋州市、昌江黎族自治县、琼中黎族苗族自治县，安徽省芜湖市、铜陵市，宁夏回族自治区中卫市、银川市、吴忠市、石嘴山市，四川省雅安市、成都市，内蒙古自治区乌海市、鄂尔多斯市、巴彦淖尔市，云南省昆明市、玉溪市、文山壮族苗族自治州、普洱市；高低值区主要分布在黑龙江省大庆市，北京市；低高值区分布在甘肃省白银市、张掖市、武威市、酒泉市，海南省海口市、澄迈县、白沙黎族自治县、万宁市。

小学生均体育场地面积通过 Z 值显著性检验的低低值区集中在我国的东北地区和西部地区，主要分布在黑龙江省哈尔滨市、牡丹江市、伊春市、绥化市、七台河市，青海省西宁市、黄南藏族自治州，甘肃省定西市、兰州市、临夏回族自治州，湖北省随州市，江西省南昌市、抚州市，新疆维吾尔自治区克孜勒苏柯尔克孜自治州、乌鲁木齐市、博尔塔拉蒙古自治州、昌吉回族自治州、和田地区、阿克苏地区、喀什地区、巴音郭楞蒙古自治州，山东省泰安市，吉林省长春市等，其余城市不显著。可见，LISA 聚集图进一步说明，我国小学生均体育场地面积的空间分布以高高聚集和低低聚集的两级聚集分布为主。

中学生均体育场地面积的 Moran's I 值为 0.137 77，大于 0，但远小于 1，表明在我国空间分布聚集程度较大的城市其生均体育场地面积也较大，具有较低的空间正相关性。我国中学生均体育场地面积的莫兰散点在四个象限内均有分布，中学生均体育场地面积莫兰散点在第一、二象限内有部分向外扩散的散点分布，中学生均体育场地面积在第一、二象限所在的城市中呈现两极分化的态势，整体而言，中学生均体育场地面积的莫兰散点呈聚集分布，这表明我国中学生均体育场地面积在我国城市中分布较为均衡。

从市域看，高高值类型主要分布在黑龙江省大兴安岭地区，青海省海西蒙古族藏族自治州，陕西省渭南市、西安市、铜川市，西藏自治区林芝市、拉萨市，福建省宁德市，甘肃省张掖市、嘉峪关市，湖南省湘潭市、常德市，湖北省宜昌市，海南省定安县、琼中黎族苗族自治县，浙江省宁波市、绍兴市，江苏省泰州市、南通市，新疆维吾尔自治区阿勒泰地区、博尔塔拉蒙古自治州、哈密市，广西壮族自治区防城港市、崇左市，广东省江门市、佛山市，安徽省芜湖市、铜陵市，宁夏回族自治区中卫市、石嘴山市，天津市，四川省乐山市、德阳市、成都市，吉林省白山市、吉林市，内蒙古自治区乌海市、阿拉善盟、包头市，云南省玉溪市、怒江傈僳族自治州，上海市等。

低高值类型主要分布在青海省玉树藏族自治州、海北藏族自治州，重庆市，辽宁省营口市、铁岭市，西藏自治区昌都市，甘肃省白银市、酒泉市，湖南省怀化市，海南省万宁市，浙江省舟山市、衢州市，河南省三门峡市，河北省张家口市、廊坊市，江西省景德镇市、萍乡市，新疆维吾尔自治区北屯市、伊犁哈萨克自治州，广东省东莞市、汕头市，广西壮族自治区桂林市、南宁市，山西省吕梁市，安徽省六安市、蚌埠市，宁夏回族自治区银川市、吴忠市，四川省绵阳市、巴中市，吉林省通化市、吉林市，内蒙古自治区兴安盟、巴彦淖尔市，云南省文山壮族苗族自治州、保山市等。

低低值类型主要分布在黑龙江省黑河市、齐齐哈尔市，青海省西宁市、黄南藏族自治州、海东市，辽宁省营口市，福建省莆田市，甘肃省天水市、临夏回族自治州，湖南省邵阳市、永州市，湖北省黄冈市、随州市，河南省商丘市、信阳市、安阳市，河北省石家庄市、邯郸市、衡水市，江西省宜春市、萍乡市、鹰潭市，新疆维吾尔自治区图木舒克市、五家渠市、可克达拉市、喀什地区，广西壮族自治区玉林市、柳州市、钦州市，广东省阳江市、揭阳市、梅州市，山东省泰安市，安徽省宿州市、亳州市、阜阳市，四川省内江市、泸州市，吉林省长春市、松原市，内蒙古自治区呼和浩特市、赤峰市，云南省昆明市、红河哈尼族彝族自治州等。

高低值类型主要分布在黑龙江省鹤岗市、双鸭山市，陕西省榆林市，辽宁省大连市，福建省龙岩市、三明市、南平市，甘肃省甘南藏族自治州、兰州市，湖南省岳阳市、株洲市、张家界市，湖北省黄石市、仙桃市、神农架林区、潜江市、鄂州市，河北省秦皇岛市，江苏省徐州市，浙江省温州市，新疆维吾尔自治区巴音郭楞蒙古自治州，广西壮族自治区河池市、北海市、贺州市、柳州市、来宾市等，中学生均体育场地面积空间关联关系在我国市域单元具体分布情况见下表 3. 12。

表 3. 12　我国中学生均体育场地面积空间关联关系市域分布情况统计表

空间关系	市域具体分布情况
高高关联	黑龙江省大兴安岭地区，青海省海西蒙古族藏族自治州，陕西省铜川市，西藏自治区林芝市、阿里地区、日喀则市、山南市、那曲市、拉萨市，福建省宁德市，甘肃省张掖市、金昌市，湖南省常德市，湖北省宜昌市，海南省定安县、三亚市、琼海市、琼中黎族苗族自治县，浙江省宁波市，江苏省南通市，新疆维吾尔自治区阿勒泰地区、博尔塔拉蒙古自治州、塔城地区、克拉玛依市、哈密市，广西壮族自治区防城港市、崇左市，广东省江门市，安徽省铜陵市，宁夏回族自治区中卫市、石嘴山市，天津市，四川省乐山市、德阳市、眉山市、甘孜藏族自治州、阿坝藏族羌族自治州、雅安市、成都市，吉林省白山市、吉林市，内蒙古自治区乌海市、阿拉善盟、鄂尔多斯市、包头市，云南省玉溪市、楚雄彝族自治州、丽江市，上海市
低高关联	青海省玉树藏族自治州、果洛藏族自治州、海北藏族自治州，重庆市，辽宁省营口市、铁岭市，西藏自治区昌都市，甘肃省白银市、庆阳市、武威市、陇南市、酒泉市，湖南省怀化市、长沙市、衡阳市、郴州市、娄底市，湖北省襄阳市，海南省乐东黎族自治县、琼海市、临高县、海口市、文昌市、万宁市，浙江省舟山市、丽水市、衢州市，河南省三门峡市，河北省张家口市、承德市、廊坊市，江西省景德镇市、萍乡市，新疆维吾尔自治区北屯市、和田地区、阿克苏地区、石河子市、伊犁哈萨克自治州，广东省东莞市、肇庆市、清远市、中山市、汕头市，广西壮族自治区桂林市、南宁市，山西省吕梁市，安徽省六安市、蚌埠市，宁夏回族自治区银川市、吴忠市，四川省绵阳市、巴中市，吉林省通化市、吉林市，内蒙古自治区兴安盟、通辽市、巴彦淖尔市，云南省文山壮族苗族自治州、保山市

续表

空间关系	市域具体分布情况
低低关联	黑龙江省黑河市、七台河市、齐齐哈尔市，青海省西宁市、黄南藏族自治州、海南藏族自治州、海东市，辽宁省阜新市，贵州省安顺市、黔西南布依族苗族自治州、黔东南苗族侗族自治州、遵义市、铜仁市、六盘水市、毕节市、贵阳市、黔南布依族苗族自治州，福建省漳州市、宁德市，甘肃省定西市、平凉市、临夏回族自治州，湖南省邵阳市，河南省商丘市，江西省抚州市、赣州市、萍乡市、鹰潭市，新疆维吾尔自治区图木舒克市、五家渠市、可克达拉市、昆玉市、克孜勒苏柯尔克孜自治州、阿拉尔市、喀什地区，广西壮族自治区玉林市、柳州市、贵港市、梧州市、钦州市，广东省阳江市，四川省宜宾市、泸州市，吉林省长春市、松原市，内蒙古自治区呼和浩特市、赤峰市
高低关联	黑龙江省鹤岗市、双鸭山市，陕西省榆林市，辽宁省大连市，福建省龙岩市、三明市、南平市，甘肃省甘南藏族自治州、兰州市，湖南省岳阳市、株洲市、张家界市，湖北省黄石市、仙桃市、神农架林区、潜江市、鄂州市，河北省秦皇岛市，江苏省徐州市，浙江省温州市，新疆维吾尔自治区巴音郭楞蒙古自治州，广西壮族自治区河池市、北海市、贺州市、柳州市、来宾市，广东省珠海市、惠州市、潮州市、韶关市、广州市、江门市，山西省阳泉市、晋中市、临汾市，山东省威海市，安徽省淮南市、淮北市，宁夏回族自治区固原市，四川省遂宁市、广元市、达州市，吉林省延边朝鲜族自治州、白城市、辽源市、四平市，北京市，内蒙古自治区呼伦贝尔市、锡林郭勒盟、乌兰察布市、包头市，云南省德宏傣族景颇族自治州

为了进一步识别我国中学生均体育场地面积的空间集聚情况，利用 GeoDa 软件，通过 Z 值（$P \leqslant 0.05$）显著性检验可知：通过 Z 值显著性检验的高高值区分布在西藏自治区阿里地区、那曲市，福建省龙岩市，甘肃省张掖市、金昌市，海南省陵水黎族自治县、屯昌县、澄迈县、白沙黎族自治县，浙江省湖州市，江苏省泰州市、南通市，新疆维吾尔自治区塔城地区、哈密市，安徽省芜湖市、马鞍山市、宣城市、滁州市、合肥市，宁夏回族自治区中卫市、石嘴山市，四川省成都市，内蒙古自治区乌海市、鄂尔多斯市；高低值区分布在福建省龙岩市，甘肃省兰州市；低高值区分布在青海省玉树藏族自治州，海南省琼海市。

中学生均体育场地面积通过 Z 值显著性检验的低低值区集中在我国的东北地区和西部地区，主要分布在黑龙江省伊春市、大庆市、绥化市，青海省西宁市，贵州省安顺市、遵义市、六盘水市、毕节市、贵阳市，甘肃省定西市，江西省南昌市、抚州市，新疆维吾尔自治区克孜勒苏柯尔克孜自治州、喀什地区，山东省泰安市，四川省泸州市，云南省曲靖市，其余城市不显著。可见，LISA 聚集图进一步说明，我国中学生均体育场地面积的空间分布以高高聚集和低低聚集的两级聚集分布为主。

六、学校校均体育场地数空间自相关分析

利用 GeoDa 软件中的空间分析功能进行计算分析，生成全国校均体育场地数的 Moran 散点图和 LISA 聚集图。小学校均体育场地数 Moran's I 值为 0.434 002，大于 0，说明在我国空间分布聚集程度较大的城市其小学校均体育场地数也较多，具有明显的空间正相关性。我国小学校均体育场地数的莫兰散点在第一、二象限内有部分向外扩散的散点，这表明在第一、二象限所在城市中小学校均体育场地数的分布具有两极分化的态势，而在第三、四象限校均体育场地数的莫兰散点呈集中分布，整体而言，我国小学校均体育场地数的莫兰散点呈聚集分布，这表明小学校均体育场地数在我国城市中的分布较为均衡。从市域看，高高值类型主要分布在陕西省渭南市、西安市、铜川市，西藏自治区拉萨市，海南省东方市、琼中黎族苗族自治县，江苏省南通市，新疆维吾尔自治区五家渠市、乌鲁木齐市，广东省阳江市、珠海市、东莞市、云浮市，安徽省芜湖市、宣城市、蚌埠市，四川省绵阳市、巴中市、遂宁市、雅安市、广元市、成都市，内蒙古自治区乌海市、呼和浩特市，云南省昆明市、玉溪市、楚雄彝族自治州、丽江市、保山市、普洱市，上海市等。

低高值类型主要分布在陕西省渭南市、咸阳市，辽宁省营口市、锦州市，贵州省六盘水市、毕节市，西藏自治区昌都市、日喀则市，福建省宁德市，甘肃省庆阳市、酒泉市，湖南省郴州市，湖北省恩施土家族苗族自治州，海南省澄迈县，浙江省舟山市、嘉兴市，河北省张家口市，新疆维吾尔自治区双河市、昌吉回族自治州，广东省惠州市、佛山市，广西壮族自治区贺州市、百色市，山东省烟台市，安徽省六安市、蚌埠市，宁夏回族自治区吴忠市，四川省凉山彝族自治州、甘孜藏族自治州、达州市，云南省楚雄彝族自治州、文山壮族苗族自治州、怒江傈僳族自治州等。

低低值类型主要分布在陕西省安康市，辽宁省营口市、葫芦岛市、抚顺市、铁岭市，贵州省安顺市、黔东南苗族侗族自治州、黔西南布依族苗族自治州，福建省漳州市、泉州市、莆田市，甘肃省天水市，湖南省娄底市，湖北省黄冈市，江西省南昌市，江苏省徐州市，新疆维吾尔自治区阿克苏地区、石河子市、喀什地区、巴音郭楞蒙古自治州、伊犁哈萨克自治州，广西壮族自治区北海市，四川省甘孜藏族自治州，吉林省通化市、延边朝鲜族自治州、白城市、长春市，内蒙古自治区兴安盟、通辽市、赤峰市等。

高低值类型主要分布在陕西省西安市，辽宁省本溪市、盘锦市、沈阳市，贵州省黔西南布依族苗族自治州，西藏自治区阿里地区、那曲市，福建省厦门市、三明市，甘肃省金昌市、嘉峪关市，湖南省湘西土家族苗族自治州、株洲市、永州市，湖北省宜昌市、武汉市、神农架林区等，小学校均体育场地数空间关联关系在我国市域单元

具体分布情况见下表 3.13。

表 3.13 我国小学校均体育场地数空间关联关系市域分布情况统计表

空间关系	市域具体分布情况
高高关联	陕西省渭南市、西安市、汉中市、铜川市，西藏自治区拉萨市，海南省屯昌县、海口市、保亭黎族苗族自治县，新疆维吾尔自治区五家渠市、乌鲁木齐市，广东省阳江市、珠海市、东莞市、清远市、中山市、江门市、云浮市，四川省巴中市、遂宁市、雅安市、广元市、成都市，内蒙古自治区乌海市、阿拉善盟、鄂尔多斯市、乌兰察布市、包头市、巴彦淖尔市、呼和浩特市，云南省临沧市、西双版纳傣族自治州、迪庆藏族自治州、保山市、普洱市，上海市
低高关联	陕西省渭南市、咸阳市，辽宁省营口市、辽阳市、锦州市，贵州省六盘水市、毕节市，西藏自治区昌都市、林芝市、日喀则市，福建省宁德市，甘肃省庆阳市、张掖市、陇南市、酒泉市，湖南省郴州市，湖北省恩施土家族苗族自治州，海南省澄迈县，浙江省舟山市、湖州市、丽水市、嘉兴市，河北省张家口市，新疆维吾尔自治区双河市、昌吉回族自治州，广东省惠州市、茂名市、广州市、佛山市，广西壮族自治区贺州市，安徽省蚌埠市，宁夏回族自治区吴忠市，四川省凉山彝族自治州、甘孜藏族自治州、达州市，云南省楚雄彝族自治州、文山壮族苗族自治州等
低低关联	黑龙江省大庆市、绥化市、七台河市、齐齐哈尔市、双鸭山市，青海省西宁市、玉树藏族自治州、果洛藏族自治州、海北藏族自治州、海南藏族自治州、海东市、海西蒙古族藏族自治州，陕西省商洛市，辽宁省铁岭市，贵州省安顺市、黔东南苗族侗族自治州、遵义市、铜仁市、毕节市、贵阳市、黔西南布依族苗族自治州，福建省漳州市、泉州市，甘肃省临夏回族自治州、武威市，江西省鹰潭市，江苏省徐州市，新疆维吾尔自治区图木舒克市、北屯市、铁门关市、双河市、可克达拉市、昆玉市、阿勒泰地区、吐鲁番市、伊犁哈萨克自治州，广西壮族自治区桂林市、钦州市、百色市，广东省揭阳市，安徽省阜阳市，四川省甘孜藏族自治州，吉林省通化市、吉林市，内蒙古自治区兴安盟、通辽市、赤峰市等
高低关联	青海省黄南藏族自治州、海西蒙古族藏族自治州，陕西省榆林市、西安市、宝鸡市、延安市，辽宁省本溪市、盘锦市、沈阳市、阜新市、大连市，贵州省黔西南布依族苗族自治州，西藏自治区阿里地区、山南市、那曲市，福建省厦门市、三明市，甘肃省金昌市、嘉峪关市，湖南省湘西土家族苗族自治州，湖北省神农架林区，江西省新余市，江苏省徐州市，新疆维吾尔自治区克拉玛依市，广西壮族自治区防城港市、河池市、北海市、贺州市、柳州市、来宾市，广东省深圳市、肇庆市、韶关市、河源市，安徽省淮北市，天津市，四川省阿坝藏族羌族自治州，北京市，内蒙古自治区呼伦贝尔市、锡林郭勒盟、呼和浩特市，云南省迪庆藏族自治州等

为了进一步识别我国小学校均体育场地数的空间集聚情况，利用 GeoDa 软件，通过 Z 值（$P \leq 0.05$）显著性检验可知：通过 Z 值显著性检验的高高值区分布在海南省昌江黎族自治县、琼中黎族苗族自治县，浙江省宁波市，安徽省滁州市，宁夏回族自治区石嘴山市，内蒙古自治区乌海市、鄂尔多斯市，云南省昆明市、玉溪市、红河哈

尼族彝族自治州、德宏傣族景颇族自治州、临沧市、保山市、普洱市；高低值区分布在青海省黄南藏族自治州，山西省太原市；低高值区分布在西藏自治区日喀则市，福建省宁德市，浙江省丽水市、嘉兴市，安徽省马鞍山市，四川省凉山彝族自治州，云南省楚雄彝族自治州、怒江傈僳族自治州。

小学校均体育场地数通过 *Z* 值显著性检验的低低值区集中在我国的东北地区和西部地区，主要分布在黑龙江省佳木斯市、哈尔滨市、伊春市、大庆市、绥化市、七台河市，青海省西宁市、海北藏族自治州，辽宁省葫芦岛市，贵州省黔东南苗族侗族自治州、遵义市、贵阳市，甘肃省定西市、平凉市、兰州市、临夏回族自治州，江西省南昌市、抚州市，新疆维吾尔自治区克孜勒苏柯尔克孜自治州、阿克苏地区、喀什地区，广西壮族自治区南宁市，山东省菏泽市，宁夏回族自治区固原市，吉林省白城市、长春市、辽源市、松原市、四平市、吉林市，其余城市不显著。可见，通过 LISA 聚集图进一步可知，我国小学校均体育场地面积的空间分布以高高聚集和低低聚集的两级聚集分布为主。

中学校均体育场地数 Moran’s *I* 值为 0. 262 814，大于 0，说明在我国空间分布聚集程度较大的城市其中学校均体育场地数也较多，具有明显的空间正相关性。我国中学校均体育场地数的莫兰散点在第一、二、四象限有部分向外扩散的散点，这表明在此象限的城市中中学校均体育场地数的分布具有两极分化的态势，但不显著，整体而言，我国中学校均体育场地数的莫兰散点呈现聚集分布，聚集趋势明显，表明中学校均体育场地数在我国城市中的分布较为均衡。从市域看，高高值类型主要分布在青海省玉树藏族自治州、海西蒙古族藏族自治州，陕西省渭南市、铜川市，甘肃省嘉峪关市，江苏省镇江市、淮安市、南京市、常州市，新疆维吾尔自治区北屯市、双河市、阿勒泰地区、巴音郭楞蒙古自治州，安徽省蚌埠市，宁夏回族自治区中卫市、银川市、吴忠市、石嘴山市，四川省德阳市、攀枝花市、成都市，内蒙古自治区乌海市、阿拉善盟、鄂尔多斯市，云南省昆明市、玉溪市、楚雄彝族自治州、丽江市、文山壮族苗族自治州、大理白族自治州，上海市等。

低高值类型主要分布在青海省果洛藏族自治州、海南藏族自治州，陕西省渭南市、西安市，福建省宁德市、泉州市，甘肃省庆阳市、酒泉市，湖北省十堰市、恩施土家族苗族自治州，海南省乐东黎族自治县、万宁市，浙江省舟山市、嘉兴市，新疆维吾尔自治区喀什地区、伊犁哈萨克自治州、哈密市，广东省东莞市、汕尾市、梅州市，广西壮族自治区桂林市、玉林市，山东省枣庄市，安徽省安庆市、黄山市、宿州市，四川省凉山彝族自治州，内蒙古自治区乌兰察布市、巴彦淖尔市，云南省普洱市等。

低低值类型主要分布在黑龙江省黑河市、佳木斯市、齐齐哈尔市、双鸭山市，青海省西宁市、海北藏族自治州、海东市，陕西省榆林市、汉中市、安康市，重庆市，辽宁省本溪市、营口市、大连市，贵州省安顺市、黔东南苗族侗族自治州、黔西南布依族苗族自治州，福建省漳州市、龙岩市、南平市，甘肃省天水市、定西市、平凉市、甘南藏族自治州、兰州市，湖南省湘潭市、怀化市、湘西土家族苗族自治州，湖北省黄冈市、襄阳市、咸宁市，海南省海口市，浙江省衢州市，天津市，四川省资阳市，内蒙古自治区呼伦贝尔市、兴安盟、通辽市，云南省昭通市等。

高低值区分布在青海省黄南藏族自治州，陕西省咸阳市、商洛市、宝鸡市、延安市、安康市，辽宁省盘锦市，贵州省黔西南布依族苗族自治州，福建省厦门市、莆田市，湖南省岳阳市、益阳市、株洲市、长沙市、常德市，湖北省黄石市、仙桃市、宜昌市、武汉市、神农架林区，海南省东方市，浙江省衢州市、杭州市，河南省济源市、漯河市，河北省唐山市、廊坊市，江西省新余市，江苏省徐州市等，中学校均体育场地数空间关联关系在我国市域单元具体分布情况见下表 3.14。

表 3.14　我国中学校均体育场地数空间关联关系市域分布情况统计表

空间关系	市域具体分布情况
高高关联	青海省玉树藏族自治州、海西蒙古族藏族自治州，陕西省渭南市、铜川市，西藏自治区林芝市、昌都市、阿里地区、日喀则市、山南市、那曲市、拉萨市，甘肃省张掖市、金昌市、酒泉市、嘉峪关市，海南省东方市、五指山市、定安县、三亚市、琼海市、万宁市、儋州市、昌江黎族自治县、琼中黎族苗族自治县，浙江省宁波市，新疆维吾尔自治区北屯市、双河市、阿勒泰地区、博尔塔拉蒙古自治州、塔城地区、巴音郭楞蒙古自治州，安徽省蚌埠市，宁夏回族自治区中卫市、银川市、吴忠市、石嘴山市，四川省德阳市、攀枝花市、甘孜藏族自治州、雅安市、成都市，内蒙古自治区乌海市、阿拉善盟、鄂尔多斯市、包头市、巴彦淖尔市，云南省昆明市、玉溪市、楚雄彝族自治州、丽江市、临沧市、迪庆藏族自治州、保山市、怒江傈僳族自治州，上海市等
低高关联	青海省果洛藏族自治州、海南藏族自治州，陕西省渭南市、西安市，福建省宁德市、泉州市，甘肃省庆阳市、酒泉市，湖北省十堰市、恩施土家族苗族自治州，海南省乐东黎族自治县、海口市、澄迈县、临高县、文昌市，新疆维吾尔自治区昌吉回族自治州、和田地区、阿克苏地区、喀什地区、伊犁哈萨克自治州、哈密市，广东省东莞市、汕尾市、梅州市，广西壮族自治区桂林市、玉林市，山东省枣庄市，安徽省安庆市、黄山市、宿州市，四川省凉山彝族自治州，内蒙古自治区乌兰察布市、巴彦淖尔市，云南省普洱市等
低低关联	黑龙江省大庆市、绥化市、七台河市、齐齐哈尔市、双鸭山市，青海省西宁市、海北藏族自治州、海东市，陕西省榆林市、汉中市、安康市，辽宁省阜新市、大连市，贵州省安顺市、黔东南苗族侗族自治州、遵义市、铜仁市、六盘水市、毕节市、贵阳市、黔西南布依族苗族自治州，甘肃省陇南市，湖南省湘潭市，海南省海口市，浙江省衢州市，江西省鹰潭市，新疆维吾尔自治区图木舒克市、五家渠市、可克达拉市、昆玉市、石河子市，安徽省亳州市、阜阳市，吉林省四平市、吉林市，内蒙古自治区呼伦贝尔市、通辽市、呼和浩特市、赤峰市，云南省昭通市等

续表

空间关系	市域具体分布情况
高低关联	青海省黄南藏族自治州，陕西省咸阳市、商洛市、宝鸡市、延安市、安康市，辽宁省盘锦市，贵州省黔西南布依族苗族自治州，福建省厦门市、莆田市，湖南省岳阳市、益阳市、株洲市、长沙市、常德市，湖北省黄石市、仙桃市、宜昌市、武汉市、神农架林区，海南省东方市，浙江省衢州市、杭州市，河南省济源市、漯河市，河北省唐山市、廊坊市，江西省新余市，江苏省徐州市，新疆维吾尔自治区克孜勒苏柯尔克孜自治州、阿拉尔市、克拉玛依市，广西壮族自治区柳州市，广东省珠海市、揭阳市，宁夏回族自治区固原市，天津市，四川省乐山市、绵阳市、遂宁市、阿坝藏族羌族自治州，北京市，内蒙古自治区锡林郭勒盟，云南省西双版纳傣族自治州等

为了进一步识别我国中学校均体育场地数的空间集聚情况，利用 GeoDa 软件，通过 Z 值（$P\leqslant 0.05$）显著性检验可知：通过 Z 值显著性检验的高高值区分布在青海省玉树藏族自治州、海西蒙古族藏族自治州，西藏自治区林芝市、昌都市、阿里地区、日喀则市、山南市，江苏省泰州市、盐城市、镇江市、淮安市、南京市、常州市、扬州市，新疆维吾尔自治区双河市、塔城地区，安徽省芜湖市、滁州市，宁夏回族自治区银川市、石嘴山市，四川省甘孜藏族自治州，内蒙古自治区乌海市，云南省丽江市；高低值区分布在青海省黄南藏族自治州，陕西省宝鸡市，湖北省黄石市，新疆维吾尔自治区克孜勒苏柯尔克孜自治州、阿拉尔市，广东省深圳市；低高值区分布在青海省果洛藏族自治州，福建省宁德市，甘肃省酒泉市，浙江省丽水市，新疆维吾尔自治区乌鲁木齐市、吐鲁番市、昌吉回族自治州、和田地区、阿克苏地区、伊犁哈萨克自治州、哈密市。

中学校均体育场地数通过 Z 值显著性检验的低低值区集中在我国的东北地区和西部地区，主要分布在黑龙江省黑河市、佳木斯市、哈尔滨市、鹤岗市、牡丹江市、伊春市、鸡西市、大庆市、绥化市、七台河市、齐齐哈尔市、双鸭山市，青海省西宁市、海东市，重庆市，辽宁省本溪市、沈阳市、葫芦岛市、抚顺市、阜新市，贵州省贵阳市，甘肃省天水市、定西市、甘南藏族自治州、兰州市、临夏回族自治州，河南省濮阳市、开封市、新乡市、信阳市，新疆维吾尔自治区图木舒克市，吉林省白山市、延边朝鲜族自治州、白城市、长春市、辽源市、松原市、四平市、吉林市，内蒙古自治区呼伦贝尔市，其余城市不显著。可见，LISA 显著性水平图进一步说明，我国中学校均体育场地面积的空间分布以高高聚集和低低聚集的两级聚集分布为主。

综上，通过对我国 31 个省（区、市）共计 370 个市域学校体育场地相关指标的空间自相关分析可知：我国学校在校生人数、学校数量、教育经费投入、学校体育场地数、生均体育场地面积以及校均体育场地数等指标均存在空间正相关特性，且以高高聚集和低低聚集的两级聚集分布为主。

第五节　我国市域学校体育场地的最邻近点指数分析

为了进一步考察我国学校体育场地空间的聚集类型，采用 GIS 空间分析法，计算出我国学校体育场地空间分布的最邻近点指数（NNI）。NNI≤0.5 为聚集分布，0.5<NNI≤0.8 为聚集-随机分布，0.8<NNI≤1.2 为随机分布，1.2≤NNI<1.5 为随机-离散分布，NNI≥1.5 为均匀分布①。若 *Z* 值得分高并为正数且 *P* 值小，则表示有一个高值的空间聚类；*Z* 值得分低并为负数且 *P* 值小，则表示有一个低值的空间聚类；*Z* 值得分接近于零，则表示不存在明显的空间聚类。

表 3.15　我国学校体育场地最邻近点指数统计表

省（区、市）	小学			中学			空间结构分布类型
	实际最邻近距离（米）	最邻近点指数	Z 值	实际最邻近距离（米）	最邻近点指数	Z 值	
安徽	2 796.75	0.74	-30.75	3 403.83	0.75	-24.61	聚集-随机
北京	1 675.82	0.71	-16.65	1 595.08	0.63	-19.23	聚集-随机
福建	2 838.49	0.51	-35.95	3 796.87	0.63	-24.87	聚集-随机
甘肃	6 234.76	0.31	-26.49	4 628.79	0.28	-35.10	聚集
广东	2 255.36	0.55	-61.70	2 547.72	0.54	-54.90	聚集-随机
广西	3 717.82	0.58	-38.51	4 033.25	0.58	-36.24	聚集-随机
贵州	5 408.61	0.56	-20.60	5 272.80	0.68	-19.26	聚集-随机
海南	3 479.03	0.62	-14.80	4 319.71	0.68	-11.06	聚集-随机
河北	3 291.69	0.38	-37.12	3 252.27	0.49	-41.75	聚集
河南	2 829.03	0.49	-43.91	2 888.11	0.55	-42.78	聚集
黑龙江	6 504.04	0.30	-25.75	6 696.99	0.33	-26.52	聚集
湖北	3 819.37	0.52	-35.09	4 310.59	0.53	-29.95	聚集-随机
湖南	3 513.99	0.67	-33.17	3 921.41	0.70	-28.38	聚集-随机
吉林	5 114.67	0.45	-23.12	4 669.56	0.45	-26.67	聚集
江苏	2 933.21	0.81	-20.55	2 536.52	0.70	-31.52	聚集-随机
江西	4 870.68	0.58	-23.69	4 657.28	0.63	-24.23	聚集-随机
辽宁	2 660.39	0.38	-35.40	2 878.54	0.42	-34.89	聚集

① 潘竟虎．中国国家森林公园空间可达性测度［J］．长江流域资源与环境．2013，22（09）：1180-1187.

续表

省（区、市）	小学			中学			空间结构分布类型
	实际最邻近距离（米）	最邻近点指数	Z值	实际最邻近距离（米）	最邻近点指数	Z值	
内蒙古	5 910.82	0.25	-41.01	5 158.37	0.21	-41.40	聚集
宁夏	2 892.55	0.49	-23.78	4 019.38	0.51	-16.49	聚集
青海	14 128.71	0.44	-11.19	9 655.89	0.31	-16.74	聚集
山东	2 735.23	0.51	-43.80	3 565.50	0.60	-32.16	聚集-随机
山西	3 564.84	0.48	-28.19	2 960.23	0.47	-33.81	聚集
陕西	2 934.75	0.50	-50.15	3 778.37	0.48	-38.31	聚集
上海	1 236.71	0.61	-19.41	1 335.45	0.63	-17.21	聚集-随机
四川	3 835.00	0.53	-55.18	4 143.18	0.51	-48.45	聚集-随机
天津	1 346.36	0.62	-13.83	2 269.14	0.71	-11.00	聚集-随机
西藏	21 748.13	0.56	-11.36	28 150.68	0.62	-8.56	聚集-随机
新疆	7 657.13	0.27	-27.11	6 064.60	0.26	-33.74	聚集
云南	4 555.56	0.54	-44.89	5 991.63	0.59	-32.81	聚集-随机
浙江	2 608.80	0.64	-34.67	2 557.16	0.58	-36.10	聚集-随机
重庆	3 739.61	0.53	-25.73	3 911.78	0.55	-24.48	聚集-随机
均值	4 607.67	0.52	-30.76	4 805.51	0.54	-29.14	/

由表3.15可知：小学体育场地最邻近点指数为0.52、Z值平均数为-30.76，中学体育场地最邻近点指数为0.54、Z值平均数为-29.14。可见，我国学校体育场地最邻近点指数在0.5—0.8之间，且Z值为较低的负数，因此，学校体育场地空间以低值聚集-随机分布为主。其中，甘肃、河北、河南、黑龙江、吉林、辽宁、内蒙古、宁夏、青海、陕西、山西、新疆为低值聚集分布。

第六节　我国市域学校体育场地的标准差椭圆分析

标准差椭圆分析可进一步探索我国市域学校体育场地分布的中心趋势、离散趋势和方向趋势等空间特征。标准差椭圆的偏转角代表了空间数据主导趋势方向，长、短轴代表了数据空间分布的主次方向与聚集离散程度①。我国学校体育场地标准差椭圆长

① 于琛，胡德勇，曹诗颂，等. 近30年北京市ISP-LST空间特征及其变化［J］. 地理研究，2019，38（09）：2346-2356.

轴为“东北-西南”方向、短轴为“西北-东南”方向，其中，小学体育场地的长轴半径为98.1千米，短轴半径为78.8千米，扁率为0.198 8，方向角度为29.07°，标准椭圆内场地数量为29 818个，占样本总量的63.79%；中学体育场地的长轴半径为101.02千米，短轴半径为83.51千米，扁率为0.173 3，方向角度为26.70°，标准椭圆内场地数量为27 679个，占样本总量的67.35%。我国学校体育场地在标准差椭圆长轴方向上建设发展较好，场地数量多，场地空间呈高值密集分布；而在短轴方向上场地建设发展得不好，场地数量少，场地空间呈低值稀疏分布。

对比胡焕庸人口分界线进一步发现：我国学校体育场地的平均中心位于胡焕庸人口线向东偏移701公里处，并构成了学校体育场地分界线，在分界线以东为体育场地高值密集分布区、以西为体育场地低值稀疏区。标准差椭圆分析说明：学校体育场地在标准差椭圆长轴方向为聚集分布，涵盖我国的中、东部地区；标准差椭圆短轴方向为体育场地稀疏分布，包括我国西部和东北地区，学校体育场地“东部聚集西部稀疏”的空间分布格局显著。同时，学校体育场地密度分布与我国人口密度分布呈现“同向”分布态势。

第七节　我国市域学校体育场地的冷热点分析

热点分析可进一步说明我国学校体育场地空间集聚的明显位置以及区域相关程度。基于全国31个省（区、市）370个市87 833个市域中小学体育场地的POI数据和2003年各级政府官方网站提供的数据，利用ArcGIS10.2空间统计工具，计算出全国中小学在校生人数、学校数量、教育经费投入、学校体育场地数、生均体育场地面积以及校均体育场地数的Getis-Ord Gi^*统计量，采用探索性空间数据分析方法（ESDA），结合体育场地Moran's I的高低和Z值显著性水平检验，绘制出全国中小学体育场地的冷热点格局图，以此来进行我国中小学体育场地相关指标的冷热点分析。

一、学校在校生人数冷热点分析

基于我国市域中小学在校生人数数据，利用ArcGIS10.2空间统计工具，计算出在校生人数Getis-Ord Gi^*统计量，并以此来进行冷热点分析，我国中小学在校生人数冷热点空间格局分布图。我国学校在校生人数呈现热点区、次热点区、次冷点区和冷点区四个等级的冷热点格局分布，全国学校在校生人数“东热西冷”的格局显著，在校生人数冷热点等级沿标准差椭圆短轴自东向西方向依次为热点区、冷点区、次冷与次热点相间区和冷点区的梯度递减式分布。其中，学校在校生人数热点区呈聚集分布，次热点区和次冷点区呈带状分布，冷点区则呈成片分布。

小学在校生人数核心热点区分布在我国的中东部地区，西部地区的新疆维吾尔自治区、青海省、甘肃省和西藏自治区大部、内蒙古自治区部分地区、东北地区的黑龙江省大部以及东部地区的天津市、河北省部分地区为明显的低值簇，这些地区为小学在校生人数的冷点区域；小学在校生人数的热点值由我国的中东部向西部圈层式递减，次冷点区和次热点区呈相间分布的空间格局。从地区上看，我国中东部地区大部分省份和西部地区的东缘地区为小学在校生人数的单一热点区，表明在这些地区小学在校生人数的分布较为集中且均衡，而在我国西部地区的四川省、云南省、内蒙古自治区、广西壮族自治区、贵州省、甘肃省和东北地区的吉林省、辽宁省则为小学在校生人数的次热点和次冷点相间（或交替）分布区。

中学在校生人数在我国的中东部地区为热点核心区，沿标准椭圆短轴方向自东向西逐级递减为次热点区和冷点区；我国西部地区的新疆维吾尔自治区、青海省、甘肃省和西藏自治区大部、内蒙古自治区部分地区、贵州省部分地区、广西壮族自治区中部，东北地区的黑龙江省大部、辽宁省部分地区以及东部地区的天津市、河北省和山东省部分地区、广东省南部为明显的低值簇，这些地区为中学在校生人数的冷点区域；中学在校生人数的热点值由我国的中东部向西部圈层式递减，次热点区和冷点区依次分布的空间格局。从地区上看，我国中东部地区大部分省份和西部地区的东缘处为中学在校生人数的单一热点区，表明在这些地区的中学在校生人数分布较为集中且均衡，而在我国西部地区的四川省，东北地区辽宁省以及东部地区的河北省、海南省则为次热点区和次冷点区的相间分布区。

二、学校所数冷热点分析

基于我国 31 个省（区、市）370 个市域中小学所数数据，利用 ArcGIS 空间统计工具，计算学校所数 Getis-Ord Gi^* 统计量，并生成我国中小学所数冷热点空间分布图。我国学校所数呈现热点区、次热点区、次冷点区和冷点区四个等级的冷热点格局分布，全国学校所数“东热西冷”的格局显著，学校所数冷热点等级沿标准差椭圆短轴自东向西方向依次为热点区、次热点区和冷点区的梯度递减式分布。其中，学校所数热点区呈聚集分布，次热点区和次冷点区呈带状分布，冷点区则呈成片分布。

小学所数的核心热点区分布在我国的中东部地区和西部东缘的部分地区，而在西部地区的新疆维吾尔自治区、青海省、甘肃省和西藏自治区大部、内蒙古自治区部分地区、贵州省西北部，东北地区的辽宁省部分地区以及东部地区的河北省东部、广东省西北部为明显的低值簇，这些地区是我国小学所数的冷点区；小学所数的热点值由我国的中东部地区向西部地区呈圈层式递减分布，次冷点区和次热点区相间分布的冷热点空间格局。从地区上看，我国中东部地区大部、西部东缘地区为单一的热点区，表明在这些地区的小学所数分布较为集中且均衡，而在我国西部地区的四川省、云南省、内蒙古自治区、广西壮族自治区、贵州省、甘肃省和东北地区的吉林省、辽宁省、黑龙江省以及东部地区的河北省、广东省、海南省则为小学所数的次热点区和次冷点区。

中学所数以我国的中东部地区、西部地区东缘为核心热点区，西部地区的新疆维吾尔自治区、青海省、甘肃省和西藏自治区大部、内蒙古自治区部分、广西壮族自治区北部，东北地区的辽宁省北部以及东部地区的广东省中部、福建省东南部为明显的低值簇，这些地区是我国中学所数的冷点区；中学所数的热点值由我国的中东部地区向西部地区呈圈层式递减分布，次冷点区、冷点区和次热点区相间分布进而呈现冷点区成片分布的冷热点空间格局。从地区上看，全国中东部地区大部、西部东缘地区为中学所数的单一热点区，表明在这些地区的中学所数分布较为集中且均衡，而在西部地区的四川省，东北地区的辽宁省、黑龙江省以及东部地区的广东省、福建省、海南省则为次热点区和次冷点区。

三、学校教育经费投入冷热点分析

基于我国各城市教育经费投入数据，利用 ArcGIS 空间统计工具，计算出教育经费投入 Getis-Ord Gi^* 统计量，进而生成全国教育经费投入冷热点空间分布图。我国教育经费投入呈现热点区、次热点区、次冷点区和冷点区四个等级的冷热点格局分布，全国教育经费投入“东热西冷”的格局显著，教育经费投入冷热点等级沿标准差椭圆短轴自东向西方向依次为热点区、次热点区和冷点区的梯度递减式分布。其中，教育经费投入热点区呈聚集分布，次热点区和次冷点区呈带状分布，冷点区则呈成片分布。全国教育经费投入的核心热点区分布在我国中东部地区大部、西部地区的陕西省以及东北地区的南部；在我国西部地区的新疆维吾尔自治区、青海省、甘肃省和西藏自治区大部、云南省北部以及四川省中部呈现明显的低值簇，这些地区为我国教育经费投入的冷点区；我国教育经费投入的热点值由中东部地区向西部地区呈圈层式递减，教育经费投入的次冷点区和次热点区在西部呈相间分布的空间格局。

从地区上看，我国中东部地区大部、西部地区的陕西省以及东北地区的南部为单一的热点区，表明这些地区的教育经费投入较大且较为均衡，而在我国广大的西部地区、中部地区的湖南省和东北地区的黑龙江省、吉林省、辽宁省以及东部地区的广东省、海南省则为教育经费投入的次热点区和次冷点区。

四、学校体育场地数冷热点分析

基于全国 31 个省（区、市）370 个市域中小学体育场地数的数据，利用 ArcGIS 空间统计工具，计算学校体育场地数 Getis-Ord Gi^* 统计量，并生成我国中小学体育场地数冷热点空间的分布图。我国学校体育场地呈现热点区、次热点区、次冷点区和冷点区四个等级的冷热点格局分布，全国学校体育场地“东热西冷”的格局显著，体育场地冷热点等级沿标准差椭圆短轴自东向西方向依次为热点区、次冷点区、次热点区和冷点区的梯度递减式分布，其中，学校体育场地热点区呈聚集分布，次冷点区呈带状分布，次热点区和冷点区则呈成片分布。学校体育场地的高值簇热点区分布在中部、东部地区的江苏省、浙江省、上海市、福建省、广东省、江西省、湖南省、湖北省等地区，次热点区分布在河北省、北京市、天津市、山东省等地区，低值簇冷点区分布在西部地区的新疆维吾尔自治区、青海省大部、甘肃省大部、西藏自治区大部、内蒙古自治区部分地区和东北地区的黑龙江、吉林省大部分地区以及海南省全境。值得注意的是，西部地区的云南省、贵州省、四川省南部、广西壮族自治区的部分地区有体育场地高值簇的零星分布。可见，我国体育场地在“东热西冷”的空间分布格局下，西部局部地区有体育场地的次热点分布，这说明西部地区学校体育场地建设发展趋于不断优化的态势。

小学体育场地冷热点沿标准差椭圆短轴自东向西逐级递减为次冷点区、次热点区、冷点区，其中，核心热点区分布在我国的中东部地区、西部东缘的部分地区，冷点区分布在西部地区的新疆维吾尔自治区、青海省、甘肃省和西藏自治区大部、内蒙古自治区部分地区，东北地区的黑龙江省和吉林省大部分地区，小学体育场地的热点值由我国的中东部地区向西部地区呈圈层式递减，次冷点区和次热点区相间分布的空间格局。值得一提的是，在我国西部地区的云南省、贵州省、四川省南部、广西壮族自治区有部分热点区分布，这说明该地区小学体育场地建设呈现较好的发展态势。从地区上看，我国中东部地区大部、西部的东缘地区为小学体育场地的单一热点区，小学体育场地的次热点区和次冷点区则分布在西部地区大部、东北地区的吉林和辽宁省以及东部地区的河北省、北京市、天津市、山东省、广东省、海南省等地。

中学体育场地冷热点沿标准差椭圆短轴自东向西逐级递减为次冷点区、次热点区、冷点区，其中，中学体育场地数热点区分布在我国的中东部地区和西部的东缘地区，冷点区分布在西部地区的新疆维吾尔自治区、青海省大部、甘肃省大部、西藏自治区大部、内蒙古自治区部分地区、陕西省部分地区，东北地区的黑龙江省部分地区以及东部地区的河北省部分地区，中学体育场地的热点值由我国的中东部地区向西部地区呈圈层式递减，次冷点区和次热点区相间分布的空间格局。从地区上看，我国中东部地区大部、西部的东缘地区为单一的热点区，西部地区的四川省、云南省、内蒙古自治区、广西壮族自治区、贵州省、甘肃省和东北地区的吉林省、辽宁省、黑龙江省以及东部地区的北京市、河北省、广东省、海南省则为次热点区和次冷点区。

五、学校生均体育场地面积冷热点分析

基于全国 31 个省（区、市）370 个市域中小学生均体育场地面积的数据，利用 ArcGIS 空间统计工具，计算生均体育场地面积的 Getis-Ord Gi^* 统计量，并生成我国中小学生均体育场地数冷热点空间的分布图。小学生均体育场地面积沿标准椭圆短轴自东向西依次为次热点与次冷点相间区、次热点区和次冷点区，小学生均体育场地面积整体呈现热点区集中分布、次热点区和次冷点区广布、冷点区零星分布的冷热点格局，小学生均体育场地面积的热点区多分布在我国东部地区南部、中部地区和海南省全境，冷点区分布在新疆维吾尔自治区和东北地区以及我国东部的北缘地区；小学生均体育场地面积的热点区分布在我国西部地区云南省中南部，冷点区分布在西部地区的内蒙古自治区，中部地区的河南省南部、湖北省东北部、安徽省西部以及东北地区的吉林省西南部和辽宁省东北部地区，小学生均体育场地面积的热点值由云南省向外呈圈层式递减，且自南向北逐级递减分布的空间格局。从地区上看，云南省中南部地区为单一的热点区，次冷点区分布在新疆维吾尔自治区大部，除大兴安岭地区外东北三省大部和我国东部的北缘地区，冷点区分布在内蒙古自治区赤峰市、通辽市，东北地区，我国中部的湖北省荆门市、襄阳市、随州市和孝感市，次热点区分布在东部地区的南部、海南省全境、云南省、西藏自治区、四川省大部、甘肃省、黑龙江省大兴安岭地区等。

中学生均体育场地面积沿标准椭圆短轴自东向西依次为次热点区、次冷点区、热点区和次冷点区，中学生均体育场地面积整体呈现热点区、次热点区广布、次冷点区和冷点区零星分布的冷热点格局；中学生均体育场地面积的热点区域明显多于冷点区域，生均体育场地面积的热点值由西部三大热点地区向外逐级递减，次热点区和次冷点区呈相间分布；以西部地区的新疆维吾尔自治区东北部、甘肃省西部、青海省和四川省西部以及西藏自治区南部构成中学生均体育场地面积的三大核心热点区，内蒙古自治区、东北地区的吉林省西南部、辽宁省北部呈现明显的低值簇，为中学生均体育场地面积的冷点区。从地区上看，新疆维吾尔自治区东北部、甘肃省西部、青海省和四川省西部以及西藏自治区南部为单一的热点区；次热点区分布在广东省、江苏省、浙江省、海南省、四川省、云南省、安徽省等我国大部；次冷点区分布在内蒙古自治区锡林郭勒盟，黑龙江省大庆市，辽宁省沈阳市、辽阳市、锦州市，江西省南昌市，重庆市，河南省漯河市、驻马店市，湖北省襄阳市、随州市、黄冈市、荆州市，安徽省六安市；冷点区分布在内蒙古自治区赤峰市、通辽市、兴安盟，吉林省白城市、松原市、长春市、吉林市、四平市、白山市，辽宁省铁岭市，河北省遵化市。

六、学校校均体育场地数冷热点分析

基于全国 31 个省（区、市）370 个市域校均体育场地数的数据，利用 ArcGIS 空间

统计工具，计算生均体育场地面积的 Getis-Ord Gi^* 统计量，并生成我国中小学校均体育场地数冷热点空间的分布图。小学校均体育场地数冷热点沿标准椭圆短轴方向自东向西依次呈现热点区、次热点区、次冷点与冷点区相间区、次热点区和次冷点区的格局分布，小学校均体育场地数构成三个热点区，它们分别是西部地区的西藏自治区东南部热点区、云南省中南部热点区、广西壮族自治区东、西部和东部地区的广东省中东部、福建省南部以及中部地区的湖南省中西部、江西省中南部热点区；冷点区则分布在我国西部地区的内蒙古自治区、宁夏回族自治区、甘肃省大部、陕西省中北部、四川省东北部和东北地区的黑龙江省、吉林省、辽宁省北部以及东部地区的河北省北部、北京市；小学校均体育场地数热点值由中国南端三大热点地区向外逐级递减，自南向北呈圈层式递减分布。从地区上看，西部地区的西藏自治区东南部、云南省中南部、广西壮族自治区东、西部和东部地区的广东省中东部、福建省南部以及中部地区的湖南省中西部、江西省中南部为单一的热点区，次热点分布在我国东南部地区大部、广东省南部、海南省全境、西藏地区西北部、宁夏回族自治区大部以及甘肃省酒泉市、张掖市、嘉峪关市等。

中学校均体育场地数冷热点沿标准椭圆短轴方向依次为热点区、次热点区、次冷点区、热点区和次热点区的格局分布，中学校均体育场地数形成两个热点区，它们分别是西部地区的西藏自治区中西部、新疆维吾尔自治区中东部、青海省中西部热点区，东部地区的福建省东南部和广东省东部热点区；冷点区分布在西部地区的内蒙古自治区、宁夏回族自治区、甘肃省部分、陕西省中北部，东北地区的黑龙江省、吉林省、辽宁省北部和东部地区的河北省北部、北京市、天津市以及中部地区的山西省北部，中学校均体育场地数热点值由东西部两大热点地区向中部逐级递减分布。从地区上看，西部地区的西藏自治区中西部、新疆维吾尔自治区中东部、青海省中西部和东部地区的福建省东南部、广东省东部为单一的热点区，次冷点区分布在山东省北部，安徽省大部，甘肃省的武威市、定西市、天水市、平凉市、宝鸡市，陕西省西安市、咸阳市、商洛市和安康市以及四川省广元市、巴中市、达州市和广安市等。

综上，通过对全国 31 个省（区、市）370 个市域学校的在校生人数、学校数量、教育经费投入、学校体育场地数量、生均体育场地面积以及校均体育场地数的冷热点分析可知：我国学校体育场地数的冷热点格局分布与全国学校在校生人数、学校数量以及教育经费投入的冷热点分布呈现同向分布的态势，教育经费投入多，学校数量就多，体育场地建设发展得就好，学校在校生人数多，学校体育场地数量也多。可见，教育经费投入、学校在校生人数对于学校体育场地的建设发展、体育场地的冷热点分布具有一定的影响。

第八节　我国市域学校体育场地空间分布影响因素

国内学者研究认为，体育场地建设发展与人口和经济发展的关联性密切，人口分布、经济分布均对体育场地资源均衡性配置产生影响①，且基于人口分布和经济分布的体育场地资源配置均衡性，明显好于基于地理面积分布的体育场地资源配置均衡性②。同时，经济发展水平是影响公共服务资源配置水平的决定性因素，公共服务资源配置水平也对经济发展起推动作用，二者之间相互影响③。可见，体育场地的建设发展受到地方经济、人口因素的影响。在此基础上，本书从经济学理论解释和其他因素等方面进一步探索我国市域学校体育场地冷热点分布的影响因素。

一、经济学理论解释

基于循环累积因果理论中的回流效应与扩散效应以及核心与边缘理论，我国学校体育场地“东热西冷”格局分布的原因是：一方面，体育场地热点区（中、东部地区）不断累积场地建设发展的有利因素，而体育场地冷点区（西部和东北地区）则持续积累场地建设发展的不利因素，加之，受空间距离、地区经济发展水平差异等客观因素制约，体育场地热点区的涓滴和扩散效应对西部地区体育场地建设发展的作用不显著，这导致学校体育场地冷热点在东、西部地区呈现同时并存的二元空间格局；另一方面，体育场地热点区的涓滴效应带动了周缘地区体育场地发展，从而使中、东部周缘地区出现了体育场地次热点分布。同时，体育场地建设的回流效应致使有利因素由边缘区逐渐流入核心区，场地建设的极化效应又加快了核心热点区体育场地的建设发展，却抑制了边缘冷点区体育场地的发展，加之，相关政策在东、西部地区执行效果的差异性，这进一步加剧了体育场地建设发展的不平衡。总之，循环累积因果理论、核心与边缘理论在一定程度上解释了我国市域学校体育场地冷热点格局分布的成因，我国市域学校体育场地冷热点分布受限于海拔高度、人口密度、经济发展水平和政策因素等多因素的综合影响。

① 寇健忠. 体育场地资源配置的均衡性研究［J］. 北京体育大学学报，2017，40（04）：14-20.

② 朱焱，于文谦，陈冬梅. 基于基尼系数的我国体育场地资源配置均衡性研究［J］. 天津体育学院学报，2018，33（01）：14-19.

③ 任喜萍. 我国城市公共服务资源配置空间格局及驱动机制［J］. 当代经济管理，2018，40（10）：61-68.

二、海拔高度

依据全国中小学体育场地的 POI 点，采用自然间断点分级法分类，并运用 ArcGIS10.2 对体育场地进行高程提取分析（Digital Elevation Model，DEM），生成我国中小学体育场地高程分布图，并获得不同海拔体育场地数量的具体分布情况。

表 3.16　不同海拔高度学校体育场地数量及占比统计表

海拔高度（米）	小学		中学	
	体育场地数（个）	占比（%）	体育场地数（个）	占比（%）
≤500	35 233	75.38	31 151	75.80
≤1 000	4 743	10.15	4 268	10.39
≤1 500	3 363	7.20	2 890	7.03
≤2 000	1 868	4.00	1 507	3.67
≤4 000	1 348	2.88	1 161	2.82
≤6 000	183	0.39	118	0.29

由表 3.16 可知：我国学校体育场地热点区主要位于海拔低于 500 米的平原地区，其中，小学体育场地数占 75.38%、中学占 75.80%，而体育场地冷点区广布在海拔高度在 1 000 米以上的丘陵或山区（如：河北、山东、黑龙江、吉林、辽宁、新疆等）。可见，海拔高度对体育场地建设有着重要影响，海拔越高，体育场地建设数量越少，场地空间呈稀疏分布；海拔降低，体育场地建设数量增多，且场地空间呈聚集分布，学校体育场地建设与海拔高度呈逆向发展态势。基础设施（以交通设施为代表）是区域经济发展的基础条件，均衡化的基础设施、便捷的交通条件可推动区域经济发展，且存在明显的正向作用和空间溢出效应①。土地海拔高度增加（尤其在山区和丘陵地区）这不仅提高了基础设施的建设成本，而且影响了交通的便捷性，导致运输成本、人力成本增加，进而导致学校体育场地的建设成本增加。在同等建设经费条件下，山区和丘陵地区学校体育场地建设成本明显高于平原地区，这无疑从客观上制约着丘陵和山区学校体育场地的建设工作。同时，学校体育场地热冷点分布与土地海拔高度之间并不存在明显的线性相关关系，学校体育场地建设要发展得好离不开适宜的平原海拔条件，但是，适宜的海拔条件并不一定产生学校体育场地建设发展的良好结果。因此，海拔因素是影响学校体育场地热点分布的一个必要非充分客观条件因素，是一个

① 刘浩，马琳，李国平．京津冀地区经济发展冷热点格局演化及其影响因素［J］．地理研究，2017，36（01）：97-108.

复杂的非线性影响因素。

三、在校学生人数

体育场地建设发展与人口、经济发展关联性密切，人口分布、经济分布均对体育场地资源均衡性配置产生影响①，且基于人口和经济分布的场地资源配置均衡性，明显好于基于地理面积分布的场地资源配置均衡性②。鉴于此，本书依据《中国城市统计年鉴 2013》和我国各省政府官网，获取市域人口数量、经济发展水平（GDP）、在校人数等数据，运用 ArcGIS10.2 计算出我国中小学在校人数和体育场地数的局部 Moran's I 指数，采用 Z 值（$P \leqslant 0.05$）进行显著性检验，并分别生成我国中小学人数和体育场地数的 LISA 图，以此来考察人口密度对学校体育场地空间分布的影响。我国学校体育场地数和在校人数呈现高高关联、低高关联、低低关联和高低关联四种类型的市域空间关联关系，并以高高关联和低低关联为主。小学在校人数 Moran's I 值为 0.348 6，小学体育场地数 Moran's I 值为 0.261 5，中学在校人数 Moran's I 值为 0.288 4，中学体育场地数 Moran's I 值为 0.333 7，且通过 Z 值（$P \leqslant 0.05$）显著性检验，我国学体育场地数和在校人数具有正向空间自相关特性。由上图可知：我国在校人数和体育场地数呈“同向”发展态势，即：在我国东部、中部和东南部以及四川盆地、黄淮海平原、长江中下游平原和东南沿海地区等人口聚集城市，学校体育场地数和在校人数均呈现高高聚集分布，而在西部、东北地区、云贵高原等人口稀少城市，学校体育场地数和在校人数则呈现低低聚集分布。在校人数与体育场地热点分布之间并不存在明显的线性相关关系，人口密度是促进体育场地建设发展的一个客观条件因素，这并不意味着在人口密集城市学校体育场地就一定建设发展得好，人口密度类似于海拔因素，它是影响体育场地热点分布的一个必要非线性客观条件因素。

四、经济发展水平

经济发展水平是影响公共服务资源配置水平的决定性因素，公共服务资源配置水平也对经济发展起推动作用，两者之间相互影响③。本书依据全国各省官网公布的 2013 年 GDP 总量，通过各省 GDP 总量中对教育经费的投入情况，衡量经济发展水平对学校体育场地建设和体育场地空间冷热点分布的影响。我国教育经费投入 Moran's I 值为 0.216 5，具有正向空间自相关特性，教育经费投入散点整体分布比较聚集，且在四个

---

① 寇健忠. 体育场地资源配置的均衡性研究［J］. 北京体育大学学报，2017，40（04）：14-20.

② 朱焱，于文谦，陈冬梅. 基于基尼系数的我国体育场地资源配置均衡性研究［J］. 天津体育学院学报，2018，33（01）：14-19.

③ 任喜萍. 我国城市公共服务资源配置空间格局及驱动机制［J］. 当代经济管理，2018，40（10）：61-68.

象限内均有分布，说明教育经费投入多极分化的现象不显著。同时，在第一象限高高值区有部分散点的扩散分布，表明教育经费投入在高值区域有离散趋势。教育经费投入对我国学校体育场地热点分布具有明显的正向作用，两者呈现同向分布态势，学校体育场地热点区分布在教育经费投入较多的地区。具体而言，高高值区分布在北京市、上海市、天津市、江苏省、广东省、山东省、河北省、浙江省和贵州省的部分地区，低低值区分布在黑龙江省、青海省、西藏自治区、甘肃省、海南省、宁夏回族自治区、新疆维吾尔自治区和内蒙古自治区等地区。上文可知，我国的西部地区、东北地区是体育场地低值冷点区域，但是，在西部地区的贵州省遵义市、铜仁市，甘肃省甘南藏族自治州、张掖市、金昌市、武威市、酒泉市，新疆维吾尔自治区的昌吉市、塔城市、哈密市以及黑龙江省鹤岗市、双鸭山市等则为体育场地的次热点地区。可见，相对于人口、海拔等影响因素而言，教育经费投入（或地区经济发展水平）则是影响体育场地热点分布的一个必要、充分和刚性条件因素，这说明即使在海拔较高、人口稀疏的山地或丘陵地区，教育经费投入多，学校体育场地就建设发展得好。

五、政策因素

政策具有激励和导向作用，是资源配置的调节器，政策的颁布实施大大促进了我国学校体育场地的建设发展。《国家体育锻炼标准》《国家学生体质健康标准》《学校体育工作条例》等文件的颁布实施推动了我国学校体育场地的建设发展，"五普"数据显示，我国教育系统体育场地 558 044 个，占全国体育场地总数的 65.6%，较之"四普"，教育系统体育场地增加了 144 461 个、增长了 34.9%。同时，《中华人民共和国体育法》的颁布实施，学校体育场地建设有了"法"的保障。之后，《公共文化体育设施条例》《全民健身计划纲要》《全民健身计划（2016—2020 年）》等文件的颁布实施，进一步加快了学校体育场地的建设。"六普"数据显示，教育系统体育场地 660 500 个，占全国体育场地总数的 38.98%，较之"五普"，教育系统体育场地增加 102 456 个、增长了 18.4%[①]。2019 年，《健康中国行动（2019—2030 年）》颁布，该文件对学校体育场地的开放率和场地面积建设提出了明确要求，这为当前和今后我国学校体育场地建设提供了明确的行动指南。可见，政策的保驾护航有力地促进了学校体育场地建设，并为体育场地的发展提供了良好的外部政策环境，反之，若相关政策缺失或政策贯彻落实不到位，学校体育场地建设发展也会受到影响。因此，政策因素是影响学校体育场地热点分布的一个必要的弹性因素。

① 王建伟. 健康中国背景下我国学校体育发展的困境与出路［J］. 广州体育学院学报，2019，39（04）：1-4.

第四章　我国东北地区市域学校体育场地空间分布特征

第一节　研究指标选取

依据“六普”学校体育场地的基础数据，运用 Google Earth 电子地图平台和高德地图，兼顾数据的可获得性、代表性和独立性原则，获取田径场、体育馆、乒乓球场、羽毛球场、篮球场以及网球场等六类体育场地的地理坐标信息，进而得到东北地区 3 省 3795 个市域中小学体育场地的 POI 数据（详见表 4. 1）；各市行政区划面积、人口数量、经济发展水平（GDP）、学校在校人数、教育经费投入等数据均来源于《中国城市统计年鉴 2013》和各级地方政府官方网站。

表 4. 1　东北地区中小学体育场地 POI 基本情况统计表

省份	小学体育场地 POI	占比（%）	中学体育场地 POI	占比（%）
黑龙江省	374	21. 48	424	20. 64
吉林省	474	27. 23	641	31. 21
辽宁省	893	51. 29	989	48. 15
合计	1 741	100	2 054	100

第二节　东北地区市域学校体育场地的平均中心分析

运用 ArcGIS10. 2，依据我国东北地区中小学体育场地的 POI 点，通过平均中心分析方法，得出我国东北地区学校体育场地的平均中心，并依据东北地区 3 省官网公布的 36 市常住人口总量和 GDP 总量，分析计算出东北地区的人口中心和 GDP 中心，进而得出我国东北地区学校体育场地平均中心、人口中心和经济发展中心的地理坐标位置（见表4.2）。

表4.2 东北地区体育场地平均中心、人口中心和经济发展中心地理空间点统计表

	地理空间点名称	经度	纬度	地理位置
小学	体育场地平均中心	124°20′17″E	42°55′11″N	辽宁省铁岭市图县赵家沟村
	东北地区人口中心	125°01′38″E	43°41′24″N	吉林省四平市公主岭市范家屯镇平洋村
	东北地区经济发展中心	124°51′52″E	43°29′05″N	吉林省四平市公主岭市苇子沟街道苇子沟村
中学	体育场地平均中心	124°31′02″E	43°07′26″N	吉林省四平市铁东区石岭镇磨盘沟村
	东北地区人口中心	125°01′38″E	43°41′24″N	吉林省四平市公主岭市范家屯镇平洋村
	东北地区经济发展中心	124°51′52″E	43°29′05″N	吉林省四平市公主岭市苇子沟街道苇子沟村

由表4.2可知：我国东北地区中小学校体育场地的平均中心、人口中心和经济发展中心“三中心”在空间地理位置上的坐标略有偏离，小学与中学体育场地中心稍有不同，但是，学校体育场地中心与东北地区人口和经济发展中心的偏离程度较小，地理位置基本吻合，这表明我国东北地区学校体育场地建设发展与东北地区人口增长、经济发展的中心趋势明显，学校体育场地建设发展与人口增长、经济发展呈现“同向”发展态势，这为我国东北地区学校体育场地宏观配置建设资源提供了理论依据。

第三节 东北地区市域学校体育场地的核密度分析

为了整体了解我国东北地区学校体育场地在空间上的密度分布、分布格局和聚集程度，采用自然间断点分级法，运用核密度聚类分析，生成我国东北地区学校体育场地核密度分布可视图，并计算出我国东北地区学校体育场地在不同核密度值区的面积占比情况（见表4.3）。

表4.3 东北地区不同核密度值区学校体育场地面积占比统计表

	高值区	较高值区	中值区	较低值区	低值区
小学	0.9%	1.91%	6.79%	27.43%	62.97%
中学	0.57%	1.86%	6.4%	25.85%	65.32%

由表4.3可知：我国东北地区小学体育场地面积在低值区和较低值区占比较大，占样本总量的90.40%，而在中值区、较高值区和高值区体育场地面积占比较小，占

样本总量的 9.60%；中学体育场地面积在低值区和较低值区占样本总量的 91.17%，中值区、较高值区和高值区体育场地面积占样本总量的 8.83%。可见，东北地区学校体育场地面积分布呈现“核密度低值区密集分布、高值区稀疏分布”的特点。

我国东北地区学校体育场地空间分布呈现密集区、较密集区、中值区、较稀疏区以及稀疏区的五类分布特征。小学体育场地核密度分布整体呈现密集区点状分布、中值区带状分布、稀疏区成片分布，其中，小学体育场地核密度的密集区和较密集区主要分布于吉林省中部、辽宁省北部和南部；中值区和较稀疏区大部分位于东北地区的辽宁省、吉林省密集区外围以及黑龙江省大部分地区；稀疏区则主要分布在黑龙江省东北部和辽宁省西部地区。中学体育场地的核密度分布整体呈现由西南向东北方向带状递减，且局部呈现等级核心区的特点。其中，中学体育场地的核密度密集区主要为环渤海一带，以辽宁省西南部的盘锦市、营口市、鞍山市、朝阳市、锦州市为主要密集区核心，较密集区分布在辽宁省大连市、葫芦岛市、丹东市、本溪市，吉林省延边自治州为中值区，稀疏区和较稀疏区主要集中分布在黑龙江省东北部的黑河市、伊春市、鹤岗市、佳木斯市、双鸭山市。

整体而言，东北地区学校体育场地大部分分布于西南偏东方向上，且南部方向上的体育场地核密度值明显高于北部，体育场地的密集区和较密集区分布在东北地区西南方向的地区上，而在东北地区偏北方向上体育场地呈稀疏分布，呈现“西南密集、北部稀疏”的核密度分布特点。

第四节　东北地区市域学校体育场地的空间自相关分析

为了进一步分析东北地区中小学体育场地的空间分布特征，选取东北地区 3 个省共计 36 个市的行政区划面积、人口、GDP、在校生人数、学校数量、教育经费投入、学校体育场地数量、生均体育场地面积、校均体育场地数量等统计指标，指标来源于《中国城市统计年鉴 2013》和各级政府官方网站公布数据。

一、学校在校生人数空间自相关分析

根据东北地区中小学体育场地的 POI 点，采用 Moran’s I 指数来评估东北地区学校在校生人数的全局空间集聚特征，LISA 聚集图评价市域高低显著性水平的位置和范围，采用 GeoDa 软件生成东北地区中小学在校生人数的 Moran 散点图。东北地区小学在校生人数 Moran’s I 值为 0.107 9，大于 0，具有较低的空间正相关性，说明东北地区小学人数较多的城市其周边城市的小学人数也较多，反之亦然。由东北地区小学人数 Moran

散点图可知：小学体育场地的莫兰散点在第一、第四象限的城市较少，而集中在二、三象限的较多，且整体较集聚，说明东北地区各城市中小学人数两极分化的现象不显著；从地区看，高高值类型分布在黑龙江省哈尔滨市、绥化市，辽宁省葫芦岛市、鞍山市、大连市，吉林省长春市、松原市，低高值类型分布在黑龙江省牡丹江市、伊春市、大庆市，低低值类型主要分布在黑龙江省境内，其余东北地区城市不显著。东北地区小学在校生人数空间关联关系在东北地区市域单元具体分布情况见表 4.4。

表 4.4　东北地区小学在校生人数空间关联关系市域分布情况统计表

空间关系	市域具体分布情况
高高关联	黑龙江省哈尔滨市，辽宁省大连市，吉林省长春市等
低高关联	黑龙江省牡丹江市，辽宁省盘锦市，吉林省延边朝鲜族自治州、白城市、辽源市等
低低关联	黑龙江省大兴安岭地区，吉林省通化市等
高低关联	黑龙江省齐齐哈尔市，辽宁省沈阳市、大连市、朝阳市

为了进一步识别东北地区小学在校生人数的空间集聚情况，利用 GeoDa 软件，通过 Z 值（$P\leqslant 0.05$）显著性检验可知，通过 Z 值显著性检验的高高值区为吉林省松原市、长春市，低高值区为黑龙江省大庆市，低低值区为黑龙江省鹤岗市、双鸭山市，其余东北地区城市不显著。可见，LISA 聚集图进一步说明我国东北地区小学在校生人数空间关联以高高聚集和低低聚集的两级聚集为主。

东北地区中学在校生人数 Moran's I 值为 0.061 830 6，大于 0，远小于 1，表明东北地区空间分布聚集程度较大的城市其中学在校生人数也较多，中学在校生人数具有较低的空间正相关性。由东北地区中学人数 Moran 散点图可知：中学体育场地的莫兰散点在第一、第四象限的城市较少，而集中在二、三象限的较多，且整体较为集聚，说明东北地区各城市中小学人数两极分化的现象不显著；从地区看，高高值类型分布在黑龙江省哈尔滨市、大庆市、绥化市、齐齐哈尔市，辽宁省葫芦岛市、锦州市，低高值类型分布在黑龙江省牡丹江市、伊春市、七台河市，辽宁省本溪市、盘锦市，吉林省延边朝鲜族自治州，低低值类型分布在黑龙江省黑河市，吉林省白山市，高低值类型分布在辽宁省沈阳市，中学在校生人数空间关联关系在东北地区市域单元具体分布情况见表 4.5。

表 4.5　东北地区中学在校生人数空间关联关系市域分布情况统计表

空间关系	市域具体分布情况
高高关联	黑龙江省哈尔滨市，辽宁省葫芦岛市，吉林省长春市等
低高关联	黑龙江省牡丹江市，辽宁省本溪市，吉林省延边朝鲜族自治州、白城市等
低低关联	黑龙江省黑河市，吉林省辽源市

续表

空间关系	市域具体分布情况
高低关联	辽宁省沈阳市、朝阳市、大连市

为了进一步识别东北地区中学在校生人数的空间集聚情况，利用 GeoDa 软件，通过 Z 值（$P \leqslant 0.05$）显著性检验可知：通过 Z 值显著性检验的高高值区为东北地区黑龙江省大庆市与吉林省长春市，低高值区为吉林省松原市，低低值区为黑龙江省鹤岗市、双鸭山市，其余地区城市不显著。可见，LISA 聚集图进一步说明我国东北地区中学在校人数空间关联以高高聚集和低低聚集的两级聚集为主。

二、学校所数空间自相关分析

运用 GeoDa 软件生成东北地区小学所数的 Moran 散点图。东北地区小学所数的 Moran's I 值为 0.387 669，大于 0，远小于 1，表明在东北地区空间分布聚集程度较大的城市中小学所数也较多，小学所数的空间分布具有明显的空间正相关特性。由东北地区小学所数的莫兰散点图可知：小学所数的莫兰散点在第四象限的城市较少，而集中在第一、二、三象限，且整体较集聚，说明东北地区各城市间小学所数的两极分化现象不明显，从地区看，高高值类型分布在黑龙江省哈尔滨市，辽宁省葫芦岛市，吉林省长春市；低高值类型分布在黑龙江省绥化市，辽宁省盘锦市、营口市，吉林省辽源市；低低值类型分布在黑龙江省黑河市、佳木斯市、大兴安岭地区，辽宁省本溪市，吉林省通化市；高低值类型分布在黑龙江省齐齐哈尔市，东北地区小学所数空间关联关系在东北地区市域单元具体分布情况见下表 4.6。

表 4.6　东北地区小学所数空间关联关系市域分布情况统计表

空间关系	市域具体分布情况
高高关联	黑龙江省哈尔滨市，辽宁省葫芦岛市，吉林省长春市等
低高关联	黑龙江省绥化市，辽宁省盘锦市，吉林省延边朝鲜族自治州、辽源市等
低低关联	黑龙江省黑河市，辽宁省本溪市，吉林省通化市等
高低关联	黑龙江省齐齐哈尔市，辽宁省朝阳市、鞍山市、丹东市等

为了进一步识别东北地区小学所数的空间集聚情况，利用 GeoDa 软件，通过 Z 值（$P \leqslant 0.05$）显著性检验可知：通过 Z 值显著性检验的高高值区为黑龙江省大庆市与吉林省白城市、长春市、松原市、四平市、吉林市，而黑龙江省双鸭山市为低低值类型区，其余地区城市不显著。可见，LISA 聚集图进一步说明我国东北地区小学所数空间关联以高高聚集和低低聚集的两级聚集为主。

东北地区中学所数的 Moran's I 值为 0.082 045 9，大于 0，远小于 1，说明东北地区在中学所数较多的城市其周边城市的中学所数也较多，反之亦然，中学所数的空间分布具有较低的空间正相关特性。由东北地区中学所数的莫兰散点图可知：中学所数的莫兰散点在第四象限的城市较少，而集中在第一、二、三象限，且整体较集聚，说明东北地区各城市间中学所数的两极分化现象不明显，从地区看，高高值类型分布在黑龙江省哈尔滨市、大庆市，辽宁省鞍山市，吉林省长春市；低高值类型分布在黑龙江省牡丹江市、伊春市、七台河市，辽宁省本溪市、盘锦市，吉林省白山市、延边朝鲜族自治州；低低值类型分布在黑龙江省黑河市、佳木斯市、大兴安岭地区，辽宁省葫芦岛市，吉林省通化市，高低值类型分布在辽宁省沈阳市，东北地区中学所数空间关联关系在东北地区市域单元具体分布情况见下表 4.7。

表 4.7　东北地区中学所数空间关联关系市域分布情况统计表

空间关系	市域具体分布情况
高高关联	黑龙江省哈尔滨市，辽宁省鞍山市，吉林省长春市等
低高关联	黑龙江省牡丹江市，辽宁省本溪市，吉林省白山市等
低低关联	黑龙江省黑河市，辽宁省葫芦岛市，吉林省通化市等
高低关联	辽宁省沈阳市、朝阳市、大连市等

为了进一步识别东北地区中学所数的空间集聚情况，利用 GeoDa 软件，通过 Z 值（$P \leq 0.05$）显著性检验可知：通过 Z 值显著性检验的高高值区为黑龙江省大庆市与吉林省长春市、吉林市，吉林省松原市为低高值区，而黑龙江省双鸭山市为低低值区，其余地区城市不显著。可见，LISA 聚集图进一步说明我国东北地区中学所数空间关联以高高聚集和低低聚集的两级聚集为主。

三、学校教育经费投入空间自相关分析

运用 GeoDa 软件生成东北地区教育经费投入的 Moran 散点图。我国东北地区教育经费投入的 Moran's I 值为 0.041 623 1，大于 0，远小于 1，说明我国东北地区教育经费投入具有较低的空间正相关性。由东北地区教育经费投入的莫兰散点图可知：教育经费投入的莫兰散点在第四象限的城市较少，而集中在第一、二、三象限，且整体较集聚，说明东北地区各城市间教育经费投入的两极分化现象不明显；从地区看，高高值类型分布在黑龙江省哈尔滨市，吉林省延边朝鲜族自治州、长春市；低高值类型分布在黑龙江省牡丹江市、伊春市，辽宁省本溪市、盘锦市，吉林省白山市；低低值类型分布在黑龙江省黑河市、佳木斯市、大兴安岭地区，辽宁省葫芦岛市；高低值类型分布在辽宁省大连市，东北地区教育经费投入空间关联关系在东北地区市域单元具体分布情况见下表 4.8。

表 4.8　东北地区教育经费投入空间关联关系市域分布情况统计表

空间关系	市域具体分布情况
高高关联	黑龙江省哈尔滨市，吉林省延边朝鲜族自治州等
低高关联	黑龙江省牡丹江市，辽宁省本溪市，吉林省松原市等
低低关联	黑龙江省黑河市，辽宁省朝阳市，吉林省辽源市等
高低关联	黑龙江省齐齐哈尔市，辽宁省沈阳市、大连市

为了进一步识别东北地区教育经费投入的空间集聚情况，利用 GeoDa 软件，通过 Z 值（$P \leqslant 0.05$）显著性检验可知：通过 Z 值显著性检验的高高值区为黑龙江省大庆市，吉林省长春市、吉林市；吉林省松原市为低高值区，黑龙江省双鸭山市为低低值区，其余地区城市不显著。可见，LISA 聚集图进一步说明我国东北地区教育经费投入空间关联以高高聚集和低低聚集的两级聚集为主。

四、学校体育场地数空间自相关分析

运用 GeoDa 软件生成东北地区学校体育场地数的 Moran 散点图和 LISA 图。小学体育场地数的 Moran' s I 值为 0.023 251 1，大于 0，但远小于 1，说明在东北地区空间分布聚集程度较大的城市其小学体育场地数也较大，具有较低的空间正相关性。由东北地区小学体育场地数的莫兰散点图可知：小学体育场地数的莫兰散点在第一、四象限的城市较少，而集中在第二、三象限，且整体较集聚，说明东北地区小学体育场地数的两极分化现象不明显；从地区看，高高值类型分布在辽宁省营口市、鞍山市，吉林省长春市；低高值类型分布在辽宁省本溪市、盘锦市，吉林省白山市；低低值类型分布在黑龙江省黑河市、佳木斯市、大兴安岭地区、朝阳市，吉林省通化市；高低值类型分布在黑龙江省哈尔滨市，东北地区小学体育场地数空间关联关系在东北地区市域单元具体分布情况见下表 4.9。

表 4.9　东北地区小学体育场地数空间关联关系市域分布情况统计表

空间关系	市域具体分布情况
高高关联	辽宁省营口市，吉林省四平市等
低高关联	辽宁省本溪市，吉林省白山市等
低低关联	黑龙江省黑河市，辽宁省葫芦岛市，吉林省辽源市等
高低关联	黑龙江省哈尔滨市、大庆市，辽宁省沈阳市

为了进一步识别东北地区小学体育场地数的空间集聚情况，利用 GeoDa 软件，通

过 Z 值（$P \leq 0.05$）显著性检验可知：通过 Z 值显著性检验的高高值区为辽宁省营口市和鞍山市，低低值区为黑龙江省黑河市、佳木斯市、鸡西市、双鸭山市，其余地区城市不显著。可见，LISA 聚集图进一步说明我国东北地区小学体育场地数空间关联以高高聚集和低低聚集的两级聚集为主。

中学体育场地数的 Moran's I 值为 0.083 786 5，大于 0，但远小于 1，说明在东北地区空间分布聚集程度较大的城市其中学体育场地数也较大，具有较低的空间正相关性。由东北地区中学体育场地数的莫兰散点图可知：中学体育场地数的莫兰散点在第一、四象限的城市较少，而集中在第二、三象限，且整体较集聚，说明东北地区中学体育场地数的两极分化现象不明显；从地区看，高高值类型分布在黑龙江省哈尔滨市，辽宁省抚顺市，吉林省长春市；低高值类型分布在辽宁省本溪市、盘锦市，吉林省白山市、松原市；低低值类型分布在黑龙江省黑河市、佳木斯市，辽宁省葫芦岛市、朝阳市；高低值类型分布在黑龙江省大庆市，辽宁省沈阳市，东北地区中学体育场地数空间关联关系在东北地区市域单元具体分布情况见下表 4.10。

表 4.10　东北地区中学体育场地数空间关联关系市域分布情况统计表

空间关系	市域具体分布情况
高高关联	黑龙江省哈尔滨市，辽宁省抚顺市，吉林省长春市等
低高关联	辽宁省本溪市，吉林省辽源市、松原市等
低低关联	黑龙江省大部，吉林省通化市等
高低关联	黑龙江省大庆市，辽宁省沈阳市、大连市等

为了进一步识别东北地区中学体育场地数的空间集聚情况，利用 GeoDa 软件，通过 Z 值（$P \leq 0.05$）显著性检验可知：通过 Z 值显著性检验的高高值区为辽宁省鞍山市，低高值区为辽宁省铁岭市、吉林省松原市，低低值区为黑龙江省黑河市、佳木斯市、鸡西市与双鸭山市，其余地区城市不显著。可见，LISA 聚集图进一步说明我国东北地区中学体育场地数空间关联以高高聚集和低低聚集的两级聚集为主。

五、学校生均体育场地面积空间自相关分析

利用 GeoDa 软件中的空间分析功能进行计算分析，生成东北地区学校生均体育场地面积的 Moran 散点图和 LISA 聚集图。小学生均体育场地面积的 Moran's I 值为 0.125 886，大于 0，但远小于 1，表明在东北地区空间分布聚集程度较大的城市其生均体育场地面积也较大，且具有较低的空间正相关性。

由东北地区小学生均体育场地面积的莫兰散点图可知：小学生均体育场地面积的

莫兰散点在四个象限均有分布，且整体较分散，说明东北地区各城市间小学生均体育场地面积多极分化的现象显著；从地区看，高高值类型分布在辽宁省本溪市、盘锦市、营口市，吉林省白山市、通化市；高低值类型分布在黑龙江省齐齐哈尔市，辽宁省辽阳市、吉林省松原市；低低值类型分布在黑龙江省黑河市、哈尔滨市、牡丹江市，辽宁省葫芦岛市、朝阳市，吉林省四平市；高低值类型分布在黑龙江省佳木斯市、大兴安岭地区，吉林省白城市，东北地区小学生均体育场地面积空间关联关系在东北地区市域单元具体分布情况见下表 4.11。

表 4.11　东北地区小学生均体育场地面积空间关联关系市域分布情况统计表

空间关系	市域具体分布情况
高高关联	辽宁省本溪市，吉林省白山市等
低高关联	黑龙江省齐齐哈尔市，辽宁省辽阳市、锦州市、鞍山市、丹东市、铁岭市，吉林省松原市等
低低关联	黑龙江省黑河市、双鸭山市，辽宁省葫芦岛市、朝阳市，吉林省四平市等
高低关联	黑龙江省佳木斯市、大兴安岭地区、鹤岗市、大庆市，辽宁省阜新市，吉林省白城市、长春市、辽源市

为了进一步识别东北地区小学生均体育场地面积的空间集聚情况，利用 GeoDa 软件，通过 Z 值（$P \leqslant 0.05$）显著性检验可知：通过 Z 值显著性检验的高高值区为东北地区辽宁省营口市，吉林省通化市，高低值区分布在黑龙江省佳木斯市、大庆市，低低值区分布在黑龙江省黑河市，其余地区城市不显著。可见，LISA 聚集图进一步说明我国东北地区小学生均体育场地面积空间关联以高高聚集和低低聚集的两级聚集为主。

东北地区中学生均体育场地面积的 Moran's I 值为 0.049 675 9，大于 0，但远小于 1，说明东北地区空间分布聚集程度较大的城市其中学生均体育场地面积也较多，反之亦然，且具有较低的空间正相关性。由东北地区中学生均体育场地面积的莫兰散点图可知：中学生均体育场地面积的莫兰散点在四个象限均有分布，且整体相对集中，说明东北地区各城市间中学生均体育场地面积分布比较均匀、多极分化的现象不明显；从地区看，高高值类型分布在辽宁省本溪市、沈阳市，吉林省白山市；低高值类型分布在黑龙江省牡丹江市，辽宁省营口市、辽阳市，吉林省通化市；低低值类型分布在黑龙江省黑河市、佳木斯市、哈尔滨市，辽宁省葫芦岛市、朝阳市，吉林省松原市；高低值类型分布在黑龙江省大兴安岭市、鹤岗市，辽宁省盘锦市、抚顺市，吉林省白城市、长春市，东北地区中学生均体育场地面积空间关联关系在东北地区市域单元具体分布情况见下表 4.12。

表 4.12　东北地区中学生均体育场地面积空间关联关系市域分布情况统计表

空间关系	市域具体分布情况
高高关联	辽宁省本溪市，吉林省白山市等
低高关联	黑龙江省牡丹江市，辽宁省辽阳市、锦州市、鞍山市、铁岭市，吉林省通化市等
低低关联	黑龙江省大部分地区、齐齐哈尔市，辽宁省葫芦岛市、朝阳市、丹东市，吉林省松原市等
高低关联	黑龙江省大兴安岭市，辽宁省大连市，吉林省白城市、长春市、辽源市、四平市等

为了进一步识别东北地区中学生均体育场地面积的空间集聚情况，利用 GeoDa 软件，通过 Z 值（$P \leqslant 0.05$）显著性检验可知：通过 Z 值显著性检验的高高值区为东北地区吉林省白山市，低低值区黑龙江省绥化市、辽宁省葫芦岛市，其余地区城市不显著。可见，LISA 聚集图进一步说明我国东北地区中学生均体育场地面积空间关联以高高聚集和低低聚集的两级聚集为主。

六、学校校均体育场地数空间自相关分析

利用 GeoDa 软件中的空间分析功能进行计算分析，生成东北地区校均体育场地数的 Moran 散点图和 LISA 聚集图。小学校均体育场地数 Moran's I 值为 0.224 783，大于 0，说明在东北地区空间分布聚集程度较大的城市其校均体育场地数也较大，具有较低的空间正相关性。由东北地区小学校均体育场地数的莫兰散点图可知：小学校均体育场地数的莫兰散点在第四象限分布较少，第一、二、三象限分布较多，且整体相对集中，说明东北地区各城市间小学校均体育场地数分布比较均匀、多极分化的现象不明显；从地区看，高高值类型分布在辽宁省本溪市、盘锦市、营口市，低高值类型分布在辽宁省辽阳市、锦州市，吉林省白山市、通化市；低低值类型分布在黑龙江省黑河市、佳木斯市、哈尔滨市、鹤岗市、牡丹江市，辽宁省葫芦岛市，吉林省白城市、长春市；高低值类型分布在黑龙江省大兴安岭地区、辽宁省大连市，东北地区小学校均体育场地数空间关联关系在东北地区市域单元具体分布情况见下表 4.13。

表 4.13　东北地区小学校均体育场地数空间关联关系市域分布情况统计表

空间关系	市域具体分布情况
高高关联	辽宁省本溪市、盘锦市、营口市、沈阳市、抚顺市、阜新市等
低高关联	辽宁省辽阳市，吉林省通化市等
低低关联	黑龙江省大部分地区、双鸭山市，辽宁省葫芦岛市，吉林省白城市、长春市、辽源市、松原市、四平市、吉林市等
高低关联	黑龙江省大兴安岭地区、大庆市，辽宁省大连市，吉林省延边朝鲜族自治州等

为了进一步识别东北地区小学校均体育场地数的空间集聚情况，利用 GeoDa 软件，通过 Z 值（$P \leqslant 0.05$）显著性检验可知：通过 Z 值显著性检验的高高值区为东北地区辽宁省营口市、沈阳市，低高值区为辽宁省锦州市、鞍山市，高低值区为黑龙江省大庆市，低低值区为辽宁省葫芦岛市，吉林省长春市与四平市，其余地区城市不显著。可见，LISA 聚集图进一步说明我国东北地区小学校均体育场地数空间关联以高高聚集和低低聚集的两级聚集为主。

中学校均体育场地数 Moran's I 值为 0.239 884，大于 0，说明在东北地区空间分布聚集程度较大的城市其校均体育场地数也较大，具有较低的空间正相关性。由东北地区中学校均体育场地数的莫兰散点图可知：中学校均体育场地数的莫兰散点在四个象限均有分布，且整体较离散，说明东北地区各城市间中学校均场地数多极分化的现象显著；从地区看，高高值类型分布在辽宁省本溪市、盘锦市、营口市、沈阳市，吉林省辽源市；低高值类型分布在辽宁省锦州市、朝阳市、鞍山市，吉林省通化市，低低值类型分布在黑龙江省黑河市、哈尔滨市、牡丹江市、伊春市，辽宁省葫芦岛市，高低值类型分布在黑龙江省佳木斯市、鹤岗市，辽宁省阜新市，吉林省白山市，东北地区中学校均体育场地数空间关联关系在东北地区市域单元具体分布情况见下表 4.14。

表 4.14　东北地区中学校均体育场地数空间关联关系市域分布情况统计表

空间关系	市域具体分布情况
高高关联	辽宁省本溪市、盘锦市、营口市、沈阳市、抚顺市、辽阳市、大连市，吉林省辽源市、四平市等
低高关联	辽宁省锦州市，吉林省松原市等
低低关联	黑龙江省黑河市、哈尔滨市、牡丹江市、伊春市、鸡西市，吉林省延边朝鲜族自治州等
高低关联	黑龙江省佳木斯市、大兴安岭地区、鹤岗市，辽宁省阜新市，吉林省白山市、白城市、长春市、吉林市

为了进一步识别东北地区中学校均体育场地数的空间集聚情况，利用 GeoDa 软件，通过 Z 值（$P \leqslant 0.05$）显著性检验可知：通过 Z 值显著性检验的高高值区为东北地区辽宁省营口市、沈阳市，低高值区分布在辽宁省锦州市、鞍山市、铁岭市，低低值区分布在黑龙江省黑河市、哈尔滨市、牡丹江市、鸡西市、大庆市、绥化市，其余地区城市不显著。可见，LISA 聚集图进一步说明我国东北地区中学校均体育场地数空间关联以高高聚集和低低聚集的两级聚集为主。

综上，通过对我国东北地区 3 省 36 个市域学校体育场地相关指标的空间自相关分析可知：东北地区学校在校生人数、学校数量、教育经费投入、学校体育场地数、生均体育场地面积以及校均体育场地数等指标均存在空间正相关特性，且以高高聚集和低低聚集的两级聚集分布为主。

第五节　东北地区市域学校体育场地最邻近点指数分析

最邻近点指数能够很好地反映东北地区学校体育场地的空间分布特征，通过ArcMap软件计算出我国东北3省中小学体育场地的最邻近点指数（详见表4.15）。

表4.15　东北地区学校体育场地最邻近点指数统计表

省（区、市）	小学				中学			
	平均观测距离（米）	NNI	Z值	分布类型	平均观测距离（米）	NNI	Z值	分布类型
黑龙江	6 504.05	0.30	-25.75	聚集分布	6 696.99	0.33	-26.52	聚集分布
吉林	5 114.67	0.45	-23.12	聚集分布	4 669.56	0.45	-26.67	聚集分布
辽宁	2 660.39	0.39	-35.40	聚集分布	2 878.54	0.42	-34.89	聚集分布
均值	4 759.70	0.38	-28.09	/	4 748.36	0.40	-29.36	/

最邻近点指数（NNI）≤0.5为聚集分布，0.5<NNI≤0.8为聚集-随机分布，0.8<NNI≤1.2为随机分布，1.2≤NNI<1.5为随机-离散分布，NNI≥1.5为均匀分布①。由表4.15可知：我国东北地区学校体育场地空间以聚集分布为主，其中，小学体育场地空间分布的最邻近点指数均值为0.38，小学体育场地NNI大于0、但远小于1，Z值得分为-28.09。黑龙江省和辽宁省小学体育场地的最邻近点指数较小，说明这两个省小学体育场地空间分布的聚集程度较高，吉林省小学的最邻近点指数相对最大，说明吉林省小学体育场地空间分布呈聚集-随机型分布的态势；中学体育场地最邻近点指数均值为0.40，中学体育场地NNI大于0但是远小于1，Z值得分为-29.36，表明东北地区中学体育场地空间分布的聚集程度较高，其中，黑龙江省中学体育场地的最邻近点指数较低，说明黑龙江省中学体育场地空间分布的聚集程度较高。

综上，我国东北地区学校体育场地的最邻近点指数大于0且远小于1，Z值得分为一个较小的负值，学校体育场地空间以聚集分布为主，且体育场地空间分布整体呈现局部聚集、成片稀疏的格局，这在一定程度上反映了我国东北地区学校体育场地建设发展不平衡的现况。

---

① 潘竟虎．中国国家森林公园空间可达性测度［J］．长江流域资源与环境．2013，22（09）：1180-1187.

第六节　东北地区市域学校体育场地的标准差椭圆分析

基于我国东北地区中小学体育场地的 POI 数据，利用 ArcGIS10.2 空间统计分析中的标准差椭圆工具，生成我国东北地区中、小学体育场地的标准椭圆图。东北地区小学体育场地标准差椭圆长轴半径 462.13 千米，短轴半径 192.12 千米，扁率为 0.584，方向角度为 15°17’，表明东北地区小学体育场地呈现标准椭圆长轴方向“西南和东北方向集聚”、标准椭圆短轴方向“北偏西、南偏东方向分散”的空间分布特征，这说明东北地区小学体育场地建设规模在偏南地区的东北-西南方向上发展较好、具有强化发展趋势，而在偏北地区的西北-东南方向上学校体育场地建设发展得不好，具有弱化的发展趋势。同时，小学体育场地平均中心大致位于东北地区的中南部地区，这表明东北地区小学体育场地建设发展具有南重北轻的趋势。

中学体育场地标准椭圆长轴半径为 906.62 千米、短轴半径 399.41 千米，扁率为 0.559，标准差椭圆方向整体向东偏转 16°48’，表明东北地区中学体育场地在标准椭圆长轴方向“西南和东北方向集聚”、标准椭圆短轴方向“北偏西、南偏东方向分散”的空间分布特征；东北地区中学体育场地在标准椭圆长轴方向发展较好、具有强化的发展趋势，而在标准椭圆短轴方向发展较弱、具有弱化的发展趋势。同时，中学体育场地的平均中心位于东北地区的中南部地区，可见，我国东北地区中学体育场地建设发展亦呈现重南轻北的趋势。

第七节　东北地区市域学校体育场地的冷热点分析

基于东北地区 3 省 46 个市域学校体育场地的 POI 数据，利用 ArcGIS10.2 空间统计工具，计算出东北地区在校生人数、学校数量、教育经费投入、学校体育场地数、生均体育场地面积以及校均体育场地数的 Getis-Ord Gi^* 统计量，以此来进行东北地区中小学体育场地相关指标的冷热点分析，并生成相关指标数据的冷热点空间格局分布图。

一、学校在校生人数冷热点分析

基于东北地区市域中小学在校生人数数据，利用 ArcGIS10.2 空间统计工具，计算 Getis-Ord Gi^* 统计量，以此来进行冷热点分析，并生成东北地区中小学在校生人数冷热点空间分布图。我国东北地区学校在校生人数呈现热点区、次热点区、次冷点区和冷点区四个等级的冷热点格局分布，在校生人数沿标准椭圆长轴方向在东部地区中部呈现“西南热、东北冷”的显著格局，并依次为热点区、次热点区和冷点区的梯度递减式分布，在校生人数的热点区聚集分布，次热点区呈片状分布在热点区外围，冷点区则广布在东部地区的北部和南部地区；从地区看，东北地区学校在校生人数的热点区主要分布在吉林省白城市，次热点区分布在黑龙江省齐齐哈尔市、大庆市与吉林省松原市，并形成次热点区包围热点区的格局，冷点区分布在东北地区的辽宁省全境、吉林省与黑龙江省大部，中小学在校生人数的冷热点格局分布存在市域差异。

二、学校所数冷热点分析

基于东北地区 3 省 46 个城市中小学所数数据，利用 ArcGIS 空间统计工具，计算学校所数 Getis-Ord Gi^* 统计量，并生成东北地区中小学所数冷热点空间分布图。东北地区小学所数的热点地区主要分布在吉林省白城市、松原市，黑龙江省齐齐哈尔市、大庆市以及辽宁省沈阳市；次热点区分布在辽宁省阜新市、铁岭市和抚顺市，且除辽宁省外，黑龙江省与吉林省无次热点区，并以两省大部次冷点区为轴，呈东西对称的格局分布；冷点区集中分布在东北地区东北部的黑龙江省鹤岗市、鸡西市、双鸭山市、佳木斯市；同时，辽宁省以沈阳市为热点核心，向四周依次等级递减扩散，但全省无冷点区城市。

东北地区中学所数的冷热点分布整体呈现以热点区为轴（标准椭圆短轴方向）、南北对称且等级递减的格局分布，中学所数的热点区主要分布在吉林省白城市、松原市，次热点区分布以热点区为轴南北对称，分别为黑龙江省齐齐哈尔市、大庆市与吉林省长春市、吉林市；冷点区主要集中在东北地区的东北部和辽宁省全境，全省中学所数无次冷点区分布。

三、学校教育经费投入冷热点分析

基于东北地区各城市教育经费投入数据，利用 ArcGIS 空间统计工具，计算出教育经费投入 Getis-Ord Gi^* 统计量，进而生成东北地区教育经费投入冷热点空间分布图。东北地区教育经费投入热点区分布在吉林省白城市，次热点区分布在吉林省松原市、长春市、吉林市与黑龙江省大庆市，次冷点区分布在黑龙江省齐齐哈尔市，冷点区分布在辽宁省全境和黑龙江省大部分地区，并以标准椭圆短轴方向为轴呈南北对称的分布格局。

四、学校体育场地数冷热点分析

基于东北地区 3 省 46 个城市中小学体育场地数的数据，利用 ArcGIS 空间统计工具，计算学校体育场地数 Getis-Ord Gi^* 统计量，并生成东北地区中小学体育场地数冷热点空间的分布图。东北地区小学体育场地数冷热点整体呈现单一热点区和冷点区南北对称分布、次热点区围绕热点区向西分布、次冷点区成片分布的格局，其中，小学体育场地的热点区分布在辽宁省抚顺市，次热点区分布在辽宁省阜新市、沈阳市、铁岭市、本溪市和葫芦岛市，冷点区分布在黑龙江省鹤岗市，吉林省与黑龙江省全省无热点区与次热点区，呈现面状大规模次冷点集聚分布格局。

东北地区中学体育场地数冷热点整体分布沿标准椭圆长轴（西南-东北方向）依次为次热点区、热点区、次冷点区和冷点区的格局分布，其中，中学体育场地数的热点区以四平市为界呈南北对称分布，分别为吉林省白城市、松原市与辽宁省铁岭市、阜新市、沈阳市、本溪市、抚顺市；次热点区分布在吉林省大部和辽宁省南部的广大地区，次冷点区主要为黑龙江省伊春市、佳木斯市、七台河市、鸡西市，冷点区分布在黑龙江省鹤岗市，且为唯一的冷点区。

五、学校生均体育场地面积冷热点分析

基于东北地区 3 省 46 个城市中小学生均体育场地面积的数据，利用 ArcGIS 空间统计工具，计算生均体育场地面积的 Getis-Ord Gi^* 统计量，并生成东北地区中小学生均体育场地数冷热点空间的分布图。东北地区小学生均体育场地面积冷热点分布整体沿标准椭圆长轴方向依次为次热点区、热点区、次冷点区和冷点区的格局分布，且冷点区域较热点区域分布纬度高。其中，热点区集中在辽宁省和吉林省，主要分布在辽宁省丹东市、鞍山市、抚顺市、铁岭市以及吉林省通化市、四平市；冷点区主要分布在黑龙江省鹤岗市、伊春市、七台河市；黑龙江全省无热点区，次冷点和次热点则呈带状分布在热点区和冷点区相间的东北广大地区。

东北地区中学生均体育场地面积冷热点整体呈现热点区带状横贯东西、冷点区与次冷点区分布在黑龙江省东西两侧、次热点区大面积广布的格局分布，且热点区域较冷点区域分布多，冷点区域较热点区域分布纬度高。其中，热点区主要分布在吉林省四平市、辽源市和通化市，且呈带状贯通东西；次热点区以热点区为轴呈南北对称分布在辽宁省和吉林省，且辽宁省全境为次热点区；次冷点区分布在黑龙江省齐齐哈尔市和绥化市；冷点区分布在黑龙江省伊春市和鹤岗市。

六、学校校均体育场地数冷热点分析

基于东北地区 3 省 46 个城市校均体育场地数的数据，利用 ArcGIS 空间统计工具，计算校均体育场地的 Getis-Ord Gi^* 统计量，并生成东北地区中小学校均体育场地数的冷热点空间的分布图。东北地区小学校均体育场地数冷热点整体呈现沿标准椭圆长轴

方向依次为热点区、次热点区、冷点区和次冷点区的分布格局，且冷点区域较热点区域分布的区域更多、纬度更高。其中，热点区主要分布在东北地区西南部辽宁省朝阳市、葫芦岛市、大连市、营口市，冷点区主要分布在较高纬度的黑龙江省齐齐哈尔市、大庆市、绥化市、哈尔滨市，次热点区分布在辽宁省丹东市、鞍山市、锦州市和吉林省通化市，其他东北地区为次冷点区。

东北地区中学校均体育场地数冷热点整体呈现沿标准椭圆长轴方向依次为热点区、次热点区、次冷点区、冷点区的格局分布，且热点区域较冷点区域的分布范围更广。其中，热点区分布在辽宁省全境和吉林省四平市、辽源市、通化市，次热点主要集中在吉林省，其次，黑龙江省大兴安岭地区与黑河市也为次热点区，次冷点区相间分布在冷点区间，主要位于黑龙江全境，冷点区则集中在黑龙江省北部的齐齐哈尔市、绥化市、伊春市、鹤岗市、七台河市、鸡西市。

第八节　东北地区市域学校体育场地空间分布影响因素

一、海拔高度

依据东北地区中小学体育场地的 POI 点，采用自然间断点分级法分类，并运用 ArcGIS10.2 对体育场地进行高程提取分析（Digital Elevation Model，DEM），生成东北地区中小学体育场地高程分布图，并获得不同海拔体育场地数量的具体分布情况（表 4.16）。

表 4.16　不同海拔高度学校体育场地数量及占比统计表

海拔高度（米）	小学		中学	
	体育场地数（个）	占比（%）	体育场地数（个）	占比（%）
≤500	1 238	71.11	1 656	80.62
≤1 000	408	23.43	295	14.36
≤1 500	95	5.46	103	5.01

由表 4.16 可知：我国东北地区学校体育场密集区主要位于海拔低于 500 米的平原地区，其中，小学体育场地数占 71.11%、中学占 80.62%，而体育场地稀疏区广布在海拔高度在 500 米以上的丘陵或山区（如：辽宁省东部、吉林省东南部的地区）。可见，海拔高度对体育场地建设有着重要影响，海拔越高，体育场地建设数量越少，场地空间呈稀疏分布；海拔降低，体育场地建设数量增多，且场地空间呈聚集分布，学

校体育场地建设与海拔高度呈逆向发展态势。

二、在校生人数

体育场地建设发展与人口、经济发展关联性密切，人口分布、经济分布均对体育场地资源均衡性配置产生影响①，且基于人口和经济分布的场地资源配置均衡性，明显好于基于地理面积分布的场地资源配置均衡性②。鉴于此，本书依据《中国城市统计年鉴2013》和我国各省政府官网，获取市域人口数量、经济发展水平（GDP）、在校人数等数据，运用ArcGIS10.2计算出我国东北地区中小学在校生人数和体育场地数的局部Moran's *I*指数，采用*Z*值（$P \leq 0.05$）进行显著性检验，并分别生成东北地区中小学人数和体育场地数的LISA图，以此来考察人口密度对学校体育场地空间分布的影响。

东北地区在校生人数和体育场地数呈“同向”发展态势，即在我国东北地区黑龙江省大庆市、佳木斯市、双鸭山市，吉林省白城市、长春市、松原市、四平市、吉林市等学校体育场地与学校在校生人数呈高高或低低的聚集分布，两者之间呈现“同向性”发展态势。可见，人口密度（在校生人数）是促进体育场地建设发展的一个客观条件因素，但是，在校人数与体育场地热点分布之间并不存在明显的线性相关关系，它是影响东北地区学校体育场地热点分布的一个必要的客观条件因素。

三、教育经费投入

运用ArcGIS10.2计算出我国东北地区教育经费投入和体育场地数的局部Moran's *I*指数，采用*Z*值（$P \leq 0.05$）进行显著性检验，并分别生成东北地区教育经费投入和体育场地数的LISA图，以此来考察人口密度对学校体育场地空间分布的影响。东北地区教育经费投入与学校体育场地分布呈现高高或低低聚集的分布状态，且存在明显的正向空间自相关性，教育经费投入对于东北地区学校体育场地热点分布具有明显的正向作用，教育经费投入得多，学校体育场地的建设发展就好，两者呈现“同向”分布态势，学校体育场地热点区分布在教育经费投入较多的地区。

① 寇健忠. 体育场地资源配置的均衡性研究［J］. 北京体育大学学报，2017，40（04）：14-20.

② 朱焱，于文谦，陈冬梅. 基于基尼系数的我国体育场地资源配置均衡性研究［J］. 天津体育学院学报，2018，33（01）：14-19.

第五章　我国东部地区市域学校体育场地空间分布特征

第一节　研究指标选取

依据“六普”学校体育场地的基础数据，运用Google Earth电子地图平台和高德地图，兼顾数据的可获得性、代表性和独立性原则，获取了田径场、体育馆、乒乓球场、羽毛球场、篮球场以及网球场等六类体育场地的地理坐标信息，进而得到东部地区10省（区、市）104个市33 687个中小学体育场地的POI数据（详见表5.1）；各市行政区划面积、人口数量、经济发展水平（GDP）、学校在校人数、教育经费投入等数据均来源于《中国城市统计年鉴2013》和各级地方政府官方网站。

表5.1　东部地区各省中小学体育场地POI基本情况统计表

省（区、市）	小学体育场地POI	占比（%）	中学体育场地POI	占比（%）	省（区、市）	小学体育场地POI	占比（%）	中学体育场地POI	占比（%）
北京	908	5.1	720	4.5	上海	685	3.8	583	3.7
天津	364	2.0	382	2.4	江苏	3 078	17.3	3 071	19.4
河北	996	5.6	1 819	11.5	福建	1 494	8.4	1 250	7.9
山东	2 176	12.2	1 786	11.3	广东	5 212	29.2	3 944	24.9
浙江	2 506	14.0	1 973	12.4	海南	420	2.4	320	2.0

第二节　东部地区市域学校体育场地的平均中心分析

运用 ArcGIS10.2，依据我国东部地区中小学体育场地的 POI 点，通过平均中心分析方法，得出我国东部地区学校体育场地的平均中心，并依据东部地区 10 省（区、市）官网公布的常住人口总量和 GDP 总量，分析计算出东部地区的人口中心和 GDP 中心，进而得出我国东部地区学校体育场地平均中心、人口中心和经济发展中心的地理坐标位置（见表 5.2）。

表 5.2　东部地区中小学体育场地平均中心、人口中心和经济发展中心地理空间点统计表

	地理空间点名称	经度	纬度	地理位置
小学	体育场地平均中心	116°55′48″E	29°38′33″N	江西省上饶市鄱阳县侯家岗乡横河村
	东部地区人口中心	116°24′39″E	31°43′11″N	安徽省六安市裕安区城南镇四望山村
	东部地区经济发展中心	117°07′12″E	31°21′36″N	安徽省合肥市庐江县郭河镇双墩村
中学	体育场地平均中心	117°02′46″E	30°31′47″N	安徽省安庆市大观区石化路街道
	东部地区人口中心	116°43′32″E	31°31′11″N	安徽省六安市金安区双河镇莲花堰村
	东部地区经济发展中心	117°10′16″E	31°22′21″N	安徽省合肥市庐江县金牛镇尹岗村

由表 5.2 可知：东部地区小学体育场地的平均中心坐标为 116°55′48″E，29°38′33″N，位于江西省上饶市鄱阳县侯家岗乡横河村；中学体育场地平均中心坐标为 117°02′46″E，30°31′47″N，位于安徽省安庆市大观区石化路街道。虽然，东部地区中小学体育场平均中心与人口中心、经济发展中心并不完全重合，但“三中心”地理空间点之间的偏离程度较低，这说明东部地区学校体育场地发展与人口增长、经济发展呈现同向发展态势，这为我国东部地区学校体育场地宏观配置建设资源提供了理论依据。

第三节　东部地区市域学校体育场地的核密度分析

为了整体了解我国东部地区学校体育场地在空间上的密度分布、分布格局和聚集程度，采用自然间断点分级法，运用核密度聚类分析，生成我国东部地区学校体育场地核密度分布可视图，并计算出我国东部地区学校体育场地在不同核密度值区的面积占比情况（见表 5.3）。

表 5.3　东部地区不同核密度值区学校体育场地面积占比统计表

核密度值区	小学体育场地面积占比	核密度值区	中学体育场地面积占比
低值区	61.69%	低值区	55.41%
较低值区	26.98%	较低值区	27.41%
中值区	8.42%	中值区	12.82%
较高值区	2.15%	较高值区	3.50%
高值区	0.76%	高值区	0.86%

由表 5.3 可知：我国东部地区学校体育场地的核密度值高值区和较高值区，小学体育场地面积占比为 2.91%、中学体育场地面积占比为 4.36%，而在核密度值较低值区和低值区，小学体育场地面积占比为 88.67%、中学体育场地面积占比为 82.82%，高值区和较高值区体育场地面积占比较小，低值区和较低值区体育场地面积占比较大。可见，我国东部地区学校体育场地的核密度值区与体育场地面积占比呈现反向（或逆向）分布态势，学校体育场地空间分布的均等化程度不高。

东部地区学校体育场地空间呈现密集区、较密集区、中值区、较稀疏区和稀疏区五种密集等级的空间分布，体育场地发展的空间分布整体表现为局部密集、成片稀疏的特点，且小学和中学体育场地空间分布存在市域性差异。具体表现为：小学体育场地空间分布以北京市、上海市、浙江省和广东省四个独立密集区为中心，体育场地空间呈现“四中心”聚集与带状分散且密集等级递减的扩散分布格局；小学体育场地的密集区和较密集区主要分布在北京市、天津市、济南市、江苏省南部、上海市、浙江省北部、福建省东部和广东省的中西部，中值区和较稀疏区主要分布在河北省中部、山东省中部、江苏省北部、浙江省南部、福建省南北地区以及广东省密集区的外围地区，稀疏区则主要分布在河北省南部、山东省东部、福建省西部和海南省大部分地区。中学体育场地空间分布以北京市、天津市、上海市、浙江省、广州市五个独立密集区为中心，体育场地空间呈现“五中心”聚集与破碎状分散且密集等级递减的分布格局，中学体育场地空间分布的稀疏区主要是海南全省、山东省大部以及福建省（除沿海地区）大部分地区。

第四节　东部地区市域学校体育场地的空间自相关分析

为了进一步分析东部地区中小学体育场地的空间分布，选取东部地区 10 个省（区、市）共计 104 个市的行政区划面积、人口、GDP、在校生人数、学校数量、教育经费投入、学校体育场地数量、生均体育场地面积、校均体育场地数量等统计指标，指标来源于《中国城市统计年鉴 2013》和各级政府官方网站公布数据。

一、学校在校生人数空间自相关分析

根据东部地区中小学体育场地的 POI 点，采用 Moran's *I* 指数来评估东部地区学校在校生人数的全局空间集聚特征，LISA 聚集图评价市域高低显著性水平的位置和范围，采用 GeoDa 软件生成东部地区中小学在校生人数的 Moran 散点图。东部地区小学在校生人数 Moran's *I* 值为 0.442 989，大于 0，呈明显的空间正相关性，这说明在东部地区空间分布聚集程度较大的城市及周边其小学人数也较多。小学在校生人数莫兰散点在第一、二、三象限都有部分向外扩散分布的散点，但莫兰散点整体呈现向中心集聚分布，表明小学在校生人数有两极分化的趋势但分化的程度不大，东部地区小学在校生人数在大部分城市分布较为均匀；从地区上看，高高值类型主要位于河北省、江苏省、广东省、山东省、天津市和北京市等，低高值类型分布在福建省宁德市、厦门市，浙江省舟山市、湖州市，河北省秦皇岛市、张家口市等，低低值类型大部分位于整个海南省以及广东省、江苏省等部分城市，高低值类型主要位于浙江省和江苏省等部分城市，其余东部地区城市不显著，小学在校生人数空间关联关系在东部地区市域单元具体分布情况见表 5.4。

表 5.4　东部地区小学在校生人数空间关联关系市域分布情况统计表

空间关系	市域具体分布情况
高高关联	浙江省台州市，河北省石家庄市、唐山市、邯郸市，江苏省苏州市，广东省深圳市，山东省青岛市，天津市，北京市等
低高关联	福建省宁德市，浙江省舟山市，河北省秦皇岛市，江苏省南通市，广东省阳江市、潮州市、韶关市、清远市、中山市、汕尾市、云浮市，山东省东营市、枣庄市、日照市、淄博市、滨州市、烟台市、泰安市等
高低关联	福建省泉州市，浙江省宁波市，江苏省南京市，广东省揭阳市、茂名市、汕头市，山东省济南市，上海市等
低低关联	福建省漳州市、南平市，海南省东方市、五指山市、乐东黎族自治县、定安县、三亚市、琼海市、陵水黎族自治县、屯昌县、海口市、保亭黎族苗族自治县、琼中黎族苗族自治县，浙江省丽水市、衢州市，江苏省泰州市、无锡市、镇江市、常州市、扬州市，广东省珠海市等

为了进一步识别东部地区小学在校生人数的空间集聚情况，利用 GeoDa 软件，通过 *Z* 值（$P \leqslant 0.05$）显著性检验可知：通过 *Z* 值显著性检验的高高值区分布在天津市，北京市，江苏省连云港市、徐州市等；低低值区主要集中在海南省全境，包括东方市、

五指山市、琼中黎族苗族自治县等；低高值区主要位于河北省张家口市、衡水市和山东省日照市、枣庄市，无城市位于高低值区，其余 70 个城市不显著。可见，LISA 聚集图进一步说明我国东部地区小学在校生人数空间关联以高高聚集和低低聚集的两级聚集为主。

东部地区中学在校生人数的 Moran's *I* 值为 0.402 042，大于 0，呈明显的空间正相关性，说明在东部地区空间分布聚集程度较大的城市及周边，其中学在校生人数亦较多。东部地区中学在校生人数的莫兰散点在第一、二、三象限都有向外部扩散的散点分布，说明中学在校生人数在部分城市呈现两极分化的态势，但极化程度不大，整体而言中学在校生人数莫兰散点仍呈现向中心集聚分布的状态，表明东部地区中学在校生人数在大部分城市分布较为均衡。从地区上看，高高值类型主要分布在河北省石家庄市、唐山市、邯郸市，江苏省苏州市、宿迁市，广东省揭阳市、惠州市，山东省济南市、青岛市，天津市和北京市；低高值类型主要分布在福建省宁德市、厦门市，浙江省舟山市、湖州市，河北省秦皇岛市、张家口市，江苏省连云港市，广东省阳江市、潮州市，山东省聊城市、东营市等；低低值类型大部分分布在海南省全境、广东省、江苏省、浙江省等的部分城市；高低值类型主要位于整个上海市以及福建省、浙江省和江苏省等部分城市，东部地区中学在校生人数空间关联关系在东部地区市域单元具体分布情况见下表 5.5。

表 5.5　东部地区中学在校生人数空间关联关系市域分布情况统计表

空间关系	市域具体分布情况
高高关联	浙江省宁波市，河北省邢台市，江苏省苏州市，广东省广州市、汕头市、佛山市，山东省泰安市，天津市，北京市等
低高关联	福建省宁德市，浙江省舟山市，河北省秦皇岛市、张家口市、承德市、廊坊市，江苏省连云港市，广东省阳江市、潮州市、韶关市、清远市，山东省威海市、滨州市等
低低关联	福建省南平市，海南省东方市、五指山市、乐东黎族自治县、定安县、三亚市、琼海市、陵水黎族自治县、屯昌县、海口市、保亭黎族苗族自治县、琼中黎族苗族自治县，浙江省丽水市，江苏省泰州市，广东省河源市等
高低关联	福建省漳州市，浙江省杭州市，江苏省南京市，广东省江门市、梅州市，山东省济南市，上海市等

为了进一步识别东部地区中学在校生人数的空间集聚情况，利用 GeoDa 软件，通过 *Z* 值（$P \leqslant 0.05$）显著性检验可知：通过 *Z* 值显著性检验的高高值区分布在河北省石家庄市，山东省菏泽市，江苏省连云港市等；低低值区主要集中在海南省全境，包括东方市、五指山市、琼中黎族苗族自治县等；低高值区主要位于河北省张家口市、

廊坊市，山东省聊城市、日照市、枣庄市，浙江省舟山市和广东省清远市，无城市位于高低值区，其余 71 个城市不显著。可见，LISA 聚集图进一步说明我国东部地区中学在校人数空间关联以高高聚集和低低聚集的两级聚集为主。

二、学校所数空间自相关分析

运用 GeoDa 软件生成东部地区小学所数的 Moran 散点图，东部地区小学所数的 Moran's I 值为 0.526 632，大于 0，表明在东部地区空间分布聚集程度较大的城市其中小学所数也较多，小学所数的空间分布具有明显的空间正相关特性。东部地区小学莫兰散点在第一象限有部分的散点分布，说明小学所数在第一象限的城市分布有两极分化的态势，而在第二、三、四象限分布较为集中，小学所数莫兰散点整体上向中心集聚，表明东部地区小学所数在城市的分布比较均衡；从地区看，高高值类型主要位于浙江省、河北省、江苏省、广东省、山东省的部分城市以及天津市、北京市等，低高值类型主要位于福建省、浙江省、广东省和山东省的部分城市，低低值类型大部分位于整个海南省以及广东省、江苏省、浙江省等的部分城市，高低值类型主要位于整个上海市以及福建省、浙江省、江苏省和广东省等部分城市，东部地区小学所数空间关联关系在东部地区市域单元具体分布情况详见下表 5.6。

表 5.6　东部地区小学所数空间关联关系市域分布情况统计表

空间关系	市域具体分布情况
高高关联	福建省漳州市、泉州市、福州市、莆田市，河北省石家庄市，江苏省徐州市，广东省揭阳市，山东省临沂市、泰安市，天津市，北京市等
低高关联	福建省厦门市，浙江省舟山市，河北省秦皇岛市，江苏省连云港市，广东省韶关市、汕尾市，山东省烟台市等
高低关联	浙江省嘉兴市，广东省广州市，山东省青岛市，上海市等
低低关联	福建省宁德市、南平市，海南省大部，包括东方市、五指山市、琼中黎族苗族自治县等，浙江省宁波市，江苏省泰州市，广东省深圳市、肇庆市、清远市、中山市、江门市、河源市、佛山市等

为了进一步识别东部地区小学所数的空间集聚情况，利用 GeoDa 软件，通过 Z 值（$P \leqslant 0.05$）显著性检验可知：通过 Z 值显著性检验的高高值区分布在北京市、天津市，河北省石家庄市，山东省枣庄市，江苏省徐州市，福建省莆田市；低低值区主要集中分布在海南省大部，包括东方市、五指山市、乐东黎族自治县、定安县、三亚市、琼海市、陵水黎族自治县、屯昌县、海口市、保亭黎族苗族自治县、琼中黎族苗族自治县等，浙江省丽水市，广东省江门市；低高值区主要位于福建省厦门市，无城市位于

高低值区，其余67个城市不显著。可见，LISA聚集图进一步说明我国东部地区小学所数空间关联以高高聚集和低低聚集的两级聚集为主。

东部地区中学所数的Moran's *I*值为0.366 742，大于0，但远小于1，呈现较低的空间正相关性，说明在东部地区空间分布聚集程度较大的城市及周边，其中学所数也较多。中学所数莫兰散点在第一、二象限有部分向外扩散的散点分布，说明中学所数在第一、二象限的城市分布呈现有两极分化的态势，而在第三、四象限莫兰散点分布较为集中，中学所数莫兰散点整体呈现向中心的集聚分布，表明东部地区中学所数在大部分城市分布较为均衡；从地区上看，高高值类型主要位于浙江省、河北省、江苏省、广东省、山东省、天津市、北京市和上海市等，低高值类型主要位于高高值城市的外围及周边，低低值类型大部分位于整个海南省以及广东省、江苏省、浙江省等的部分城市，高低值类型主要位于浙江省、江苏省、广东省和山东省等部分城市，东部地区中学所数空间关联关系在东部地区市域单元具体分布情况详见下表5.7。

表5.7　东部地区中学所数空间关联关系市域分布情况统计表

空间关系	市域具体分布情况
高高关联	浙江省湖州市、杭州市、嘉兴市，河北省石家庄市、唐山市、邯郸市、邢台市，江苏省苏州市，广东省揭阳市，山东省济宁市、菏泽市、潍坊市、临沂市、烟台市，天津市，北京市，上海市等
低高关联	福建省宁德市，浙江省舟山市，河北省秦皇岛市，江苏省宿迁市、南通市，广东省潮州市、韶关市、清远市，山东省泰安市等
高低关联	福建省漳州市、泉州市、福州市，浙江省丽水市、金华市，江苏省盐城市、南京市，广东省茂名市、梅州市，山东省济南市
低低关联	海南省大部，包括东方市、五指山市、乐东黎族自治县、定安县、三亚市、琼海市、陵水黎族自治县、屯昌县、海口市、保亭黎族苗族自治县、琼中黎族苗族自治县等，浙江省温州市，江苏省泰州市，广东省珠海市、肇庆市、河源市、江门市、云浮市，山东省淄博市等

为了进一步识别东部地区中学所数的空间集聚情况，利用GeoDa软件，通过*Z*值（$P \leqslant 0.05$）显著性检验可知：通过*Z*值显著性检验的高高值区分布在北京市，天津市，河北省保定市、沧州市，江苏省苏州市、浙江省嘉兴市和广东省东莞市；低低值区主要分布在海南省东方市、五指山市、乐东黎族自治县、定安县、三亚市、琼海市、陵水黎族自治县、屯昌县、海口市、保亭黎族苗族自治县；低高值区主要位于河北省张家口市、承德市、廊坊市、衡水市，江苏省南通市和浙江省舟山市，无城市位于高低值区，其余72个城市不显著。可见，LISA聚集图进一步说明我国东部地区中学所数空间关联以高高聚集和低低聚集的两级聚集为主。

三、学校教育经费投入空间自相关分析

运用 GeoDa 软件生成东部地区教育经费投入的 Moran 散点图。我国东部地区教育经费投入的 Moran's I 值为 0.196 526，大于 0，远小于 1，教育经费投入具有较低的空间正相关性。东部地区教育经费投入的莫兰散点在第一、二象限有部分向外扩散的散点分布，说明教育经费投入在这些城市有两极分化的态势，而在第三、四象限分布较为集中，东北部地区教育经费投入莫兰散点整体上呈现向中心的集聚分布，表明东部地区教育经费投入在大部分城市中分布较为均衡；从地区上看，高高值类型主要分布在浙江省、河北省、江苏省、广东省、山东省、天津市、北京市和上海市等，低高值类型主要分布在福建省、浙江省、河北省、江苏省、广东省和山东省等，低低值类型分布在海南省全境以及福建省、河北省、广东省、浙江省等部分城市，高低值类型主要位于福建省、浙江省、河北省、江苏省、广东省和山东省等部分城市，东部地区教育经费投入空间关联关系在东部地区市域单元具体分布情况详见下表 5.8。

表 5.8　东部地区教育经费投入空间关联关系市域分布情况统计表

空间关系	市域具体分布情况
高高关联	福建省厦门市，浙江省湖州市，河北省唐山市，广东省惠州市，山东省青岛市，天津市，北京市，上海市等
低高关联	福建省莆田市，浙江省舟山市，河北省秦皇岛市，江苏省泰州市，广东省韶关市，山东省东营市等
低低关联	福建省漳州市，海南省海口市、保亭黎族苗族自治县、澄迈县、临高县、文昌市、白沙黎族自治县、万宁市、儋州市、昌江黎族自治县、琼中黎族苗族自治县，浙江省宁波市、丽水市、台州市、温州市，江苏省淮安市，广东省阳江市，山东省泰安市等
高低关联	福建省厦门市、泉州市，浙江省宁波市，河北省石家庄市，江苏省盐城市，广东省广州市，山东省临沂市等

为了进一步识别东部地区教育经费投入的空间集聚情况，利用 GeoDa 软件，通过 Z 值（$P \leqslant 0.05$）显著性检验可知：通过 Z 值显著性检验的高高值区分布在北京市、天津市、河北省保定市，江苏省苏州市、南通市，浙江省嘉兴市；低低值区主要分布在海南省东方市、五指山市、乐东黎族自治县、定安县、三亚市、琼海市、陵水黎族自治县、屯昌县、海口市、保亭黎族苗族自治县、临高县、澄迈县、文昌市、白沙黎族自治县、万宁市、儋州市、昌江黎族自治县、琼中黎族苗族自治县；低高值区主要位于河北省张家口市、承德市、廊坊市和浙江省舟山市，无城市位于高低值区，其余 75 个城市不显著。可见，LISA 聚集图进一步说明我国东部地区教育经费投入空间关联以高高聚集和低低聚集的两级聚集为主。

四、学校体育场地数空间自相关分析

运用 GeoDa 软件生成东部地区学校体育场地数的 Moran 散点图和 LISA 图。小学体育场地数的 Moran's *I* 值为 0.085 467，大于 0，但远小于 1，呈现较低的空间正相关性，说明在东部地区空间分布聚集程度较大的城市其小学体育场地数也较多。东部地区小学体育场地数莫兰散点在第一、二、四象限四个象限里有部分向外扩散的散点分布，说明小学体育场地数在东部地区分布具有两极分化的态势，但整体上小学体育场地数莫兰散点呈现向中心集聚分布，这表明东部地区小学体育场地数分布比较均衡；从地区上看，高高值类型主要位于福建省、浙江省、江苏省、广东省和上海市等，低高值类型主要位于福建省、浙江省、河北省、江苏省、广东省和山东省等，低低值类型大部分位于整个海南省，还有一部分位于广东省、河北省和山东省的少许城市，高低值类型主要位于北京市、福建省、广东省和山东省等部分城市，东部地区小学体育场地数空间关联关系在东部地区市域单元具体分布情况详见下表 5.9。

表 5.9 东部地区小学体育场地数空间关联关系市域分布情况统计表

空间关系	市域具体分布情况
高高关联	福建省漳州市、厦门市，浙江省宁波市，江苏省盐城市，广东省汕头市，天津市，上海市等
低高关联	福建省宁德市，浙江省舟山市，河北省保定市，江苏省泰州市，广东省阳江市，山东省济宁市、烟台市等
高低关联	福建省泉州市、福州市，海南省陵水黎族自治县、儋州市，浙江省温州市，河北省石家庄市，江苏省南京市，广东省揭阳市，山东省临沂市，北京市等
低低关联	福建省南平市，海南省大部，包括东方市、五指山市、乐东黎族自治县、定安县、三亚市、琼海市、陵水黎族自治县、屯昌县、海口市、保亭黎族苗族自治县、澄迈县、临高县、文昌市、白沙黎族自治县、万宁市、儋州市、昌江黎族自治县等，河北省唐山市，广东省肇庆市，山东省聊城市等

为了进一步识别东部地区小学体育场地数的空间集聚情况，利用 GeoDa 软件，通过 *Z* 值（$P \leq 0.05$）显著性检验可知：通过 *Z* 值显著性检验的高高值区分布在江苏省苏州市、南通市，浙江省嘉兴市、绍兴市；低低值区主要集中在海南省大部，包括海南省五指山市、乐东黎族自治县、定安县、琼海市、屯昌县、海口市、保亭黎族苗族自治县、澄迈县、文昌市、琼中黎族苗族自治县；低高值区主要位于河北省张家口市、承德市、廊坊市，浙江省湖州市、舟山市和福建省莆田市；高低值区主要位于海南省儋州市、陵水黎族自治县和山东省济南市，其余 80 个城市不显著。可见，LISA 聚集图进一步说明我国东部地区小学体育场地数空间关联以高高聚集和低低聚集的两级

聚集为主。

东部地区中学体育场地数的 Moran's I 值为 0.244 873，大于 0，但远小于 1，呈现较低的空间正相关性，说明在东部地区空间分布聚集程度较大的城市及周边，其中学体育场地数也较多，反之亦然。中学体育场地数莫兰散点在第一、二象限内有部分向外扩散的散点，说明在这两个象限内中学体育场地数分布有两极分化的态势，而在整体上看东部地区中学体育场地数的莫兰散点呈现向中心的集聚分布，表明东部地区中学体育场地数分布比较均衡；从地区上看，高高值类型主要位于浙江省、河北省、江苏省、广东省、天津市、北京市和上海市等，低高值类型主要位于福建省、浙江省、河北省、广东省和山东省等，低低值类型大部分位于整个海南省，还有一部分位于福建省、广东省和山东省的少许城市，高低值类型主要位于福建省、广东省和山东省等的部分城市，东部地区中学体育场地数空间关联关系在东部地区市域单元具体分布情况详见下表 5.10。

表 5.10　东部地区中学体育场地数空间关联关系市域分布情况统计表

空间关系	市域具体分布情况
高高关联	浙江省宁波市，河北省石家庄市，江苏省泰州市，广东省汕头市，天津市，北京市，上海市等
低高关联	福建省宁德市，浙江省舟山市，河北省秦皇岛市，江苏省镇江市，广东省阳江市，山东省菏泽市等
低低关联	福建省漳州市，海南省海口市、保亭黎族苗族自治县、澄迈县、临高县、文昌市、白沙黎族自治县、万宁市、儋州市、昌江黎族自治县、琼中黎族苗族自治县，广东省珠海市，山东省泰安市等
高低关联	福建省泉州市、福州市，浙江省杭州市、温州市，江苏省徐州市，广东省广州市，山东省临沂市等

为了进一步识别东部地区中学体育场地数的空间集聚情况，利用 GeoDa 软件，通过 Z 值（$P \leqslant 0.05$）显著性检验可知：通过 Z 值显著性检验的高高值区分布在江苏省苏州市、南通市、泰州市，天津市；低低值区主要集中在海南省全境，包括海南省东方市、五指山市、乐东黎族自治县、定安县、三亚市、琼海市、陵水黎族自治县、屯昌县、海口市、保亭黎族苗族自治县、临高县、澄迈县、文昌市、白沙黎族自治县、万宁市、儋州市、昌江黎族自治县、琼中黎族苗族自治县；低高值区主要位于河北省张家口市，浙江省嘉兴市和广东省清远市；高低值区主要位于山东省济南市，其余 73 个城市不显著。可见，LISA 聚集图进一步说明我国东部地区中学体育场地数空间关联以高高聚集和低低聚集的两级聚集为主。

五、学校生均体育场地面积空间自相关分析

利用 GeoDa 软件中的空间分析功能进行计算分析，生成东部地区学校生均体育场地面积的 Moran 散点图和 LISA 聚集图。小学生均体育场地面积的 Moran's I 值为 0.385 567，大于 0，具有空间正相关性，表明在东部地区空间分布聚集程度较大的城市其生均体育场地面积也较大。东部地区小学生均体育场地面积的莫兰散点在第一、二象限有大部分向外扩散的散点，说明东部地区小学生均体育场地面积在第一、二象限的城市中呈现两极分化的分布，而东部地区小学生均体育场地面积莫兰散点在第三、四象限呈现向中心集聚的分布，表明在第三、四象限的城市中小学生均体育场地面积分布比较均衡；从地区上看，高高值类型主要位于海南省大部，低高值类型主要位于海南省、浙江省和江苏省等的少数城市，低低值类型大部分位于福建省、浙江省、河北省、江苏省、广东省、山东省和天津市等，高低值类型主要位于北京市、浙江省和广东省的一部分城市，东部地区小学生均体育场地面积空间关联关系在东部地区市域单元具体分布情况详见下表 5.11。

表 5.11 东部地区小学生均体育场地面积空间关联关系市域分布情况统计表

空间关系	市域具体分布情况
高高关联	海南省东方市、乐东黎族自治县、定安县、三亚市、琼海市、陵水黎族自治县、屯昌县、保亭黎族苗族自治县、临高县、文昌市、儋州市、昌江黎族自治县、琼中黎族苗族自治县，浙江省舟山市、杭州市、湖州市、嘉兴市、金华市，江苏省无锡市、镇江市、南京市、常州市、扬州市，上海市等
低高关联	海南省五指山市、海口市、澄迈县、白沙黎族自治县、万宁市，福建省宁德市、厦门市、三明市、莆田市，浙江省宁波市、台州市，江苏省泰州市、无锡市、苏州市、常州市等
高低关联	福建省厦门市，浙江省湖州市，江苏省南通市，广东省韶关市、湛江市，北京市，上海市等
低低关联	福建省漳州市，浙江省丽水市，河北省石家庄市，江苏省泰州市，广东省阳江市，山东省济南市、泰安市，天津市等

为了进一步识别东部地区小学生均体育场地面积的空间集聚情况，利用 GeoDa 软件，通过 Z 值（$P \leqslant 0.05$）显著性检验可知：通过 Z 值显著性检验的高高值区分布在海南省东方市、昌江黎族自治县、临高县、三亚市、琼中黎族苗族自治县、定安县、琼海市、保亭黎族苗族自治县；低低值区主要集中在河北省石家庄市，山东省济南市，江苏省徐州市和广东省东莞市；低高值区主要位于海南省海口市、澄迈县、万宁市、白沙黎族自治县；高低值区主要位于北京市，其余 74 个城市不显著。可见，LISA 聚集图进一步说明我国东部地区小学生均体育场地面积空间关联以高高聚集和低低聚集的

两级聚集为主。

中学生均体育场地面积的 Moran's I 值为 0.400 205，大于 0，具有空间正相关性，表明在东部地区空间分布聚集程度较大城市其中学生均体育场地面积也较大。中学生均体育场地面积的莫兰散点在四个象限内大部分点都在向外扩散，说明中学生均占有体育场地面积在东部地区的两极分化程度较大，且仅有少部分散点向中心集聚分布，中学生均体育场地面积莫兰散点整体分布较为分散，表明东部地区中学生均体育场地面积在城市中的分布呈现不平衡状态；从地区上看，高高值类型主要位于海南省大部、浙江省、江苏省、天津市和上海市等，低高值类型主要位于海南省、浙江省、河北省和广东省等的少数城市，低低值类型大部分位于福建省、河北省、广东省和山东省等，高低值类型主要位于北京市、福建省和广东省等的少数城市，东部地区中学生均体育场地面积空间关联关系在东部地区市域单元具体分布情况详见下表 5.12。

表 5.12　东部地区中学生均体育场地面积空间关联关系市域分布情况统计表

空间关系	市域具体分布情况
高高关联	福建省宁德市，海南省大部，包括定安县、三亚市、琼海市、陵水黎族自治县、屯昌县、保亭黎族苗族自治县、澄迈县、白沙黎族自治县、儋州市、昌江黎族自治县等，浙江省宁波市，河北省唐山市，江苏省泰州市、南通市，广东省韶关市，天津市，上海市等
低高关联	海南省东方市、五指山市、乐东黎族自治县、琼海市、海口市、临高县、文昌市、白沙黎族自治县、万宁市，浙江省舟山市，广东省汕头市等
低低关联	福建省漳州市，河北省石家庄市，广东省阳江市，山东省济南市等
高低关联	福建省龙岩市、三明市、南平市，河北省秦皇岛市，江苏省徐州市，广东省珠海市，北京市等

为了进一步识别东部地区中学生均体育场地面积的空间集聚情况，利用 GeoDa 软件，通过 Z 值（$P \leq 0.05$）显著性检验可知：通过 Z 值显著性检验的高高值区分布在海南省儋州市、澄迈县、屯昌县，江苏省南通市，浙江省嘉兴市；低低值区主要集中在河北省衡水市，山东省聊城市、青岛市；低高值区主要位于海南省琼海市、五指山市、白沙黎族自治县；高低值区主要位于江苏省徐州市，其余 70 个城市不显著。可见，LISA 聚集图进一步说明我国东部地区中学生均体育场地面积空间关联以高高聚集和低低聚集的两级聚集为主。

六、学校校均体育场地数空间自相关分析

利用 GeoDa 软件中的空间分析功能进行计算分析，生成东部地区校均体育场地数的 Moran 散点图和 LISA 聚集图。小学校均体育场地数 Moran's I 值为 0.444 476，大于 0，具有明显的空间正相关性，说明在东部地区空间分布聚集程度较大的城市其校均体

育场地数也较大。东部地区小学校均体育场地数的莫兰散点在第一、二象限内有部分向外扩散的散点，说明小学校均体育场地数在第一、二象限内所在城市中呈现两极分化的态势，而在第三、四象限小学校均体育场地数莫兰散点分布较为集中，整体上东南部地区小学校均体育场地数莫兰散点呈现向中心集聚分布，表明东部地区小学校均体育场地数分布较为均衡；从地区上看，高高值类型主要位于海南省、浙江省、江苏省、广东省和上海市等，低高值类型主要位于福建省、海南省、浙江省、广东省等的少数城市，低低值类型大部分位于天津市、福建省、河北省、广东省和山东省的较多城市，高低值类型主要位于北京市和广东省等的部分城市，东部地区小学校均体育场地数空间关联关系在东部地区市域单元具体分布情况详见下表 5. 13。

表 5. 13　东部地区小学校均体育场地数空间关联关系市域分布情况统计表

空间关系	市域具体分布情况
高高关联	海南省东方市、乐东黎族自治县、三亚市、琼海市、陵水黎族自治县、屯昌县、保亭黎族苗族自治县、文昌市、儋州市、昌江黎族自治县，广东省珠海市、江门市，上海市等
低高关联	福建省宁德市，海南省五指山市、海口市、澄迈县、临高县，浙江省舟山市、湖州市、丽水市、嘉兴市，广东省惠州市、广州市、佛山市等
高低关联	福建省厦门市，海南省定安县，北京市等
低低关联	福建省漳州市、泉州市，河北省石家庄市，江苏省连云港市，广东省揭阳市，山东省泰安市，天津市等

为了进一步识别东部地区小学校均体育场地数的空间集聚情况，利用 GeoDa 软件，通过 Z 值（$P \leqslant 0.05$）显著性检验可知：通过 Z 值显著性检验的高高值区分布在浙江省宁波市、台州市、金华市、温州市、绍兴市和江苏省泰州市；低低值区主要集中在天津市，河北省石家庄市，山东省泰安市；低高值区主要位于浙江省丽水市；高低值区主要位于北京市，其余 78 个城市不显著。可见，LISA 聚集图进一步说明我国东部地区小学校均体育场地数空间关联以高高聚集和低低聚集的两级聚集为主。

中学校均体育场地数 Moran' s I 值为 0. 278 894，大于 0，具有较低的空间正相关性，说明在东部地区空间分布聚集程度较大的城市及周边，其中学校均体育场地数也较大。中学校均体育场地数莫兰散点在第一、二象限内有部分向外扩散的散点，说明中学校均体育场地数在第一、二象限所在的城市中有两极分化的态势且不明显，而在第三、四象限中学校均体育场地数莫兰散点呈集聚分布，整体上体育场地数莫兰散点呈现向中心的集聚分布，表明东部地区中学校均体育场地数分布较为均衡；从地区上看，高高值类型主要位于浙江省、江苏省和广东省，低高值类型主要位于海南省、浙江省、广东省等的少数城市，低低值类型大部分位于天津市、上海市、福建省、河北省、广东省和山东省等的较多城市，高低值类型主要位于北京市、海南省和广东省等的部分城市，东部地区中学校均体育场地数空间关联关系在东部地区市域单元具体分布情况详见下表 5.14。

表 5.14　东部地区中学校均体育场地数空间关联关系市域分布情况统计表

空间关系	市域具体分布情况
高高关联	海南省屯昌县、白沙黎族自治县、昌江黎族自治县，浙江省宁波市，江苏省泰州市，广东省珠海市等
低高关联	福建省宁德市，海南省乐东黎族自治县、临高县、文昌市、万宁市、琼中黎族苗族自治县，浙江省湖州市，广东省汕头市等
低低关联	福建省漳州市、泉州市、龙岩市、福州市、三明市、南平市、莆田市，海南省大部，浙江省舟山市，河北省石家庄市，广东省深圳市，山东省大部，天津市，上海市等
高低关联	福建省厦门市，海南省东方市、儋州市，浙江省杭州市，江苏省徐州市，广东省揭阳市、惠州市、潮州市、茂名市、韶关市、广州市，北京市等

为了进一步识别东部地区中学校均体育场地数的空间集聚情况，利用 GeoDa 软件，通过 Z 值（$P \leqslant 0.05$）显著性检验可知：通过 Z 值显著性检验的高高值区分布在浙江省宁波市、台州市、金华市、温州市、绍兴市；低低值区主要集中在河北省衡水市，山东省济南市；低高值区主要位于浙江省丽水市，无城市位于高低值区，且其余 85 个城市不显著。可见，LISA 聚集图进一步说明我国东部地区中学校均体育场地数空间关联以高高聚集和低低聚集的两级聚集为主。

第五节　东部地区市域学校体育场地的最邻近点指数分析

最邻近点指数能够很好地反应数据的空间分布特征，通过 ArcMap 软件计算出我国东部地区中小学体育场地的最邻近点指数（Nearest Neighbor Indicator，NNI），进而探索体育场地空间分布的聚集、分散程度及分布类型（见下表 5.15）。

表 5.15　东部地区学校体育场地空间分布的最邻近点指数统计表

省（区、市）	小学			中学		
	NNI	Z 值	分布类型	NNI	Z 值	分布类型
北京	0.711 149	−16.651 26	聚集-随机分布	0.625 444 0	−19.227 111 0	聚集-随机分布
天津	0.620 983	−13.833 766	聚集-随机分布	0.705 697 0	−11.004 165 0	聚集-随机分布

续表

省（区、市）	小学			中学		
	NNI	Z 值	分布类型	NNI	Z 值	分布类型
河北	0.385 186	-37.119 691	聚集分布	0.488 338 0	-41.747 481 0	聚集分布
山东	0.509 246	-43.79498	聚集-随机分布	0.602 277 0	-32.155 277 0	聚集-随机分布
浙江	0.637 967	-34.671 224	聚集-随机分布	0.575 167 0	-36.100 475 0	聚集-随机分布
上海	0.612 352	-19.409 496	聚集-随机分布	0.627 433 0	-17.209 533 0	聚集-随机分布
江苏	0.806 460	-20.545 051	聚集-随机分布	0.702 692 0	-31.519 323 0	聚集-随机分布
福建	0.513 808	-35.951 244	聚集-随机分布	0.632 241 0	-24.874 207 0	聚集-随机分布
广东	0.553 264	-61.699 777	聚集-随机分布	0.543 028 0	-54.902 054 0	聚集-随机分布
海南	0.622 584	-14.797 089	聚集-随机分布	0.676 852 0	-11.058 775 0	聚集-随机分布
均值	0.597 299 9	-29.847 358	/	0.617 916 9	-27.979 840 1	/

由表 5.15 可知：小学体育场地最邻近点指数均值约为 0.60，Z 值约为-29.85；中学体育场地最邻近点指数为最邻近比率约为 0.62，Z 值约为-27.98，可见，东部地区学校体育场地空间分布呈现聚集分布和聚集-随机分布两种空间分布类型，且以聚集-随机分布为主。从市域范围看，河北省中小学体育场地空间分布的最邻近点指数均小于 0.5，体育场地为聚集型空间分布，说明河北省学校体育场地的聚集程度相对较高，其他省（区、市）学校体育场地最邻近点指数均大于 0.5 小于 0.8，体育场地呈聚集-随机型空间分布，且北京、江苏、浙江和天津四个地区的最邻近点指数相对较高，表明这四个地区学校体育场地空间呈现“去中心化”分布状态，具有渐趋均匀分布的态势。

第六节　东部地区市域学校体育场地的标准差椭圆分析

基于我国东部地区中小学体育场地的 POI 数据，利用 ArcGIS10.2 空间统计分析中的标准差椭圆工具，生成我国东部地区中小学体育场地的标准椭圆图。从标准差椭圆分析结果看：东部地区的东北部小学体育场地标准差椭圆长轴半径为 98.71 千米，短轴半径为 37.95 千米，标准差椭圆扁率为 0.616，方向角度为 8°41′，总体呈现“西偏南、东偏北聚集，西北和东南分散”的方向性空间分布，在偏东、东南地区的南北方向为椭圆的长轴，学校体育场地在分布和规模上具有强化趋势，而在西北-东南方向为椭圆的短轴，体育场地在分布和规模上呈现弱化趋势，标准差椭圆内小学体育场地个数为 12 183 个，占东部地区小学体育场地总量的 68. 29%，说明小学体育场地在东部地区偏东方向为密集分布，偏西方向为稀疏分布。中学体育场地标准差椭圆长轴半径为 1 967. 66 千米，短轴半径为 762. 19 千米，标准差椭圆的扁率为 0. 612，方向角度为 5°09′36"，总体呈现为南北向偏东走向，其中，南北向偏西为最大扩散方向，椭圆范围涵盖东部地区中西部，体育场地在分布和规模上呈强化趋势，南北向偏东为体育场地的最小扩散方向，场地的分布和规模为弱化趋势，标准差椭圆内中学体育场地个数为8 958 个，占东部地区中学体育场地总量的 56. 52%，说明中学体育场地在南北向偏东方向为密集分布，偏西方向为稀疏分布。

第七节　东部地区市域学校体育场地的冷热点分析

基于东部地区 10 省（区、市）104 个市域学校体育场地的 POI 数据，利用 ArcGIS10. 2 空间统计工具，计算出东部地区在校生人数、学校数量、教育经费投入、学校体育场地数、生均体育场地面积以及校均体育场地数的 Getis-Ord Gi^* 统计量，以此来进行东部地区中小学体育场地相关指标的冷热点分析，并生成相关指标数据的冷热点空间格局分布图。

一、学校在校生人数冷热点分析

基于东部地区市域中小学在校生人数数据，利用 ArcGIS10. 2 空间统计工具，计算 Getis-Ord Gi^* 统计量并以此来进行冷热点分析，生成东部地区中小学在校生人数冷热点空间分布图。东部地区学校在校生人数沿标准椭圆长轴（自北向南方向）依次呈现热点区、次热点区、次冷点区和冷点区梯度递减的冷热点格局分布，并以福建省三明市、莆田市为横轴，整体呈现热点区与冷点区南北对称的学校在校生人数冷热点空间分布格局，且中小学在校生人数冷热点分布存在市域差异。小学在校生人数以福建省福州市以北地区为热点区，向南逐次为东部地区在校生人数的次热点区、次冷点区、冷点区，且在福建省龙岩市以南的东北部地区为明显的低值簇，小学在校生人数的次热点区分布在福建省中部的三明市、泉州市、莆田市、厦门市，次冷点区分布在福建省龙岩市和广东省韶关市，冷点区分布在广东省韶关市以外的广大地区和海南省全境。

中学在校生人数沿标准椭圆长轴（自北向南方向）依次呈现热点区、次热点区、次冷点区和冷点区梯度递减的冷热点格局分布，并以福建省福州市以北的东部地区为热点区，向南的东部地区逐次为次热点区、次冷点区、冷点区，次热点区分布在福建省中部的三明市、泉州市、莆田市，福建省厦门市为中学在校生人数的单一次冷点区，广东省和海南省全境为冷点区。

二、学校所数冷热点分析

基于东部地区10省（区、市）104个城市中小学所数数据，利用ArcGIS空间统计工具，计算学校所数Getis-Ord Gi^*统计量，并生成东部地区中小学所数冷热点空间分布图。东部地区小学所数沿标准椭圆长轴（自北向南方向）依次呈现热点区、次热点区、次冷点区和冷点区梯度递减的冷热点格局分布，并以浙江省台州市以北的东部地区为热点区，以南的东部地区为冷点区，整体呈现热点区和冷点区南北对称、次冷点区和次热点区相间分布的分布格局；从地区看，浙江省台州市以北的东部地区为单一的小学所数热点区，说明此地区小学所数分布较为均衡，小学所数次热点区分布在浙江省台州市，福建省泉州市，次冷点区分布在福建省泉州市以南、广东省湛江市以北和海南省大部分城市，其余东部地区为小学所数的冷点区。

东部地区中学所数沿标准椭圆长轴（自北向南方向）依次呈现热点区、次热点区、次冷点区和冷点区梯度递减的冷热点格局分布，并以浙江省丽水市以北的东部地区为热点区，福建省厦门市以南的东部地区是明显的冷点区，整体呈现热点区和冷点区南北相对称的空间格局。从地区看，浙江省丽水市以北东部地区为单一的中学所数热点区，说明此地区中学所数分布较为均衡，次热点区分布在中部浙江省台州市、温州市，福建省的南平市、宁德市、福州市，次冷点区分布在福建省三明市、泉州市、莆田市、厦门市，其他东部地区为中学所数的冷点区。

三、学校教育经费投入冷热点分析

基于东部地区各城市教育经费投入数据，利用ArcGIS空间统计工具，计算出教育经费投入Getis-Ord Gi^*统计量，进而生成东部地区教育经费投入冷热点空间分布图。东部地区教育经费投入沿标准椭圆长轴（自北向南方向）依次呈现热点区、次热点区、次冷点区和冷点区梯度递减的冷热点格局分布，并以浙江省杭州市以北的东部地区为热点区，向南逐次为次热点区、次冷点区、冷点区，其中浙江省台州市以南的东部地区为较明显的次冷点区，广东省广州市以南的东部地区为冷点区，整体呈现热点值自北向南逐渐递减的空间分布规律。从地区看，浙江省杭州市以北地区为单一的教育经费投入的热点区，说明此地区教育经费投入分布较为均衡，次热点区分布在北部的河北省张家口市，中部的江苏省扬州市，上海市以及浙江省衢州市、舟山市；次冷点区分布在福建省三明市，浙江省丽水市以及广东省清远市、广州市、惠州市以北的广大地区；冷点区分布在海南省全境以及广东省清远市、广州市、惠州市以南的地区。

四、学校体育场地数冷热点分析

基于东部地区 10 省（区、市）104 个城市中小学体育场地数的数据，利用 ArcGIS 空间统计工具，计算学校体育场地数 Getis-Ord Gi^* 统计量，并生成东部地区中小学体育场地数冷热点空间的分布图。东部地区小学体育场地数呈现以河北省南部、山东省南部、江苏省、浙江省西北部、福建省北部为核心的多热点区，且在东部地区的山东省、河北省、天津市和北京市有小学体育场地数热点区、次热点区、次冷点区和冷点区四个值区相间分布，小学体育场地数冷点区整体呈现自西向东圈层式递减的空间格局，福建省以南的东部地区呈现热点区自北向南逐级递减的空间分布规律。从地区看，东部地区的江苏省全境为最单一的小学体育场地数地热点区，说明江苏省小学体育场地数分布较为均衡，东部地区的河北省南部、山东省南部、浙江省西北部和福建省北部部分地区亦有小学体育场地数热点区的分布；次热点区分布在河北省邯郸市，山东省德州市、济南市、潍坊市的山东省大部分地区，浙江省金华市、台州市、绍兴市、宁波市以及福建省三明市、泉州市，次冷点区分布在福建省厦门市、龙岩市以南，广东省云浮市、阳江市以北的地区；冷点区分布在海南省全境以及广东省茂名市、湛江市。

东部地区中学体育场地数沿标准椭圆长轴方向依次呈现热点区、次热点区、次冷点区和冷点区梯度递减的冷热点格局分布，并以福建省福州市以北的东部地区为热点区，福建省厦门市以南为冷点区，整体呈现热点区和冷点区南北相对称的空间格局。从地区看，福建省福州市以北的东部地区为单一的中学体育场地数热点区，说明此地区中学体育场地分布较为均衡，次热点区分布在福建省三明市、莆田市等福建省南部和清远市、广州市、惠州市等广东省以北的地区，次冷点区主要分布在广东省肇庆市、东莞市，冷点区分布在云浮市、中山市、江门市等广东省以南的地区和海南省全境。

五、学校生均体育场地面积冷热点分析

基于东部地区 10 省（区、市）104 个城市中小学生均体育场地面积的数据，利用 ArcGIS 空间统计工具，计算生均体育场地面积的 Getis-Ord Gi^* 统计量，并生成东部地区中小学生均体育场地数冷热点空间的分布图。东部地区小学生均体育场地面积的热点区仅位于海南省陵水黎族自治县，以此向北逐级递减为次热点区、次冷点区、冷点区，且河北省南部、山东省、江苏省、浙江省和福建省北部为明显的低值簇，说明东部地区小学生均占有体育场地面积较低。从地区看，小学生均体育场地面积热点区仅分布在海南省陵水黎族自治县，次热点区分布在广东省和除陵水黎族自治县的海南省全境，次冷点区分布在福建省三明市、莆田市和福州市，北京市、河北省大部；其他东部地区为小学生均体育场地面积的冷点区。

东部地区中学生均体育场地面积的热点区位于福建省南部和广东省中东部地区，并以福建省泉州市以北的东部地区为中学生均体育场地面积的次冷点区，以广东省广州市以南的东部地区逐级递减为中学生均体育场地面积的次热点区和次冷点区。东部地区的广东省韶关市、清远市、河源市、梅州市和福建省泉州市、厦门市、龙岩市为中学生均体育场地面积热点区，说明此地区中学生均占有体育场地面积较为均衡；次热点区分布在福建省莆田市，广东省肇庆市、广州市、佛山市、东莞市、深圳市；冷点区仅在浙江省衢州市，次冷点区分布在河北省、北京市、天津市、浙江省、上海市、山东省等广大的东部地区。

六、学校校均体育场地数冷热点分析

基于东部地区10省（区、市）104个城市校均体育场地数的数据，利用ArcGIS空间统计工具，计算校均体育场地的Getis-Ord Gi^* 统计量，并生成东部地区中小学校均体育场地数的冷热点空间分布图。东部地区小学校均体育场地数的热点区分布在福建省南部和广东省中东部地区，以广东省江门市以南和福建省泉州市以北的东部地区为小学校均体育场地数次热点区，整体呈现自广东省中南部向北热点值逐级递减的冷热点格局分布；从地区看，次冷点区分布在河北省石家庄市和秦皇岛市，冷点区分布在河北省张家口市、承德市和北京市，次热点区广布在东部地区的天津市、山东省、上海市、浙江省、海南省以及福建省的大部分地区。

东部地区中学校均体育场地数的热点区分布在福建省南部和广东省东部地区，以广东省云浮市以南和福建省南平市以北的东部地区为中学校均体育场地数冷点区，整体呈现出自东北部地区中南部向南北两端热点值逐级递减的冷热点格局分布。从地区看，热点区分布在广东省韶关市、河源市、潮州市、梅州市，福建省龙岩市、厦门市、漳州市；次热点区分布在福建省莆田市、泉州市，广东省清远市、广州市、惠州市、东莞市、深圳市、汕尾市；次冷点区分布在福建省三明市、福州市，广东省肇庆市、佛山市；冷点区分布在海南省全境，广东省湛江市，浙江省、天津市、北京市、上海市以及河北省等广大的东部地区。

综上，通过对东部地区10省（区、市）104个市域学校的在校生人数、学校数量、教育经费投入、学校体育场地数量、生均体育场地面积以及校均体育场地数的冷热点分析可知：东部地区学校体育场地数的冷热点格局分布与东部地区的在校生人数、学校数量以及教育经费投入的冷热点分布呈现同向分布的态势，教育经费投入多，学校数量就多，体育场地建设发展得就好，学校在校生人数多，学校体育场地数量也多。可见，教育经费投入、学校在校生人数对于学校体育场地的建设发展、体育场地的冷热点分布具有一定的影响。

第八节　东部地区市域学校体育场地空间分布的影响因素

一、海拔高度

依据东部地区中小学体育场地的 POI 点，采用自然间断点分级法分类，并运用 ArcGIS10.2 对体育场地进行高程提取分析（Digital Elevation Model，DEM），生成东部地区中小学体育场地高程分布图，并获得不同海拔体育场地数量的具体分布情况（表 5.16）。

表 5.16　东部地区不同海拔高度学校体育场地建设数量及占比情况统计表

海拔高度（米）	小学		中学	
	体育场地数（个）	占比（%）	体育场地数（个）	占比（%）
≤200	15 490	87.63	13 662	86.21%
≤500	1 719	9.72	1 598	10.08%
≤1 000	438	2.48	515	3.25%
≤2 000	30	0.17	73	0.46%

由表 5.16 可知：海拔较低，土地相对平整，学校体育场地建设数量的占比较大；海拔升高，土地呈丘陵或山区（如：山东的丘陵地区和福建的武夷山区等），学校体育场地建设数量的占比则较小。平原地区小学体育场地数量占比为 87.63%、中学为 86.21%，丘陵或山区小学体育场地数量占比为 12.37%、中学为 13.79%。可见，海拔越高，体育场地建设数量越少、占比越小，反之亦然。东部地区学校体育场地建设发展、体育场地冷热点格局与土地海拔高度呈现逆向发展趋势。

二、教育经费投入

经济发展水平是影响公共服务资源配置水平的决定性因素，公共服务资源配置水平也对经济发展起推动作用，两者之间相互影响①。本书依据东部地区各省（区、市）官网公布的 2013 年 GDP 总量，通过各省（区、市）GDP 总量中对教育经费的投入情况，衡量经济发展水平对学校体育场地建设和体育场地空间冷热点分布的影响。我国

① 任喜萍．我国城市公共服务资源配置空间格局及驱动机制［J］．当代经济管理，2018，40（10）：61-68.

东部地区教育经费投入和学校体育场地冷热点分布主要以高高和低低聚集的两级分布为主，教育经费投入与学校体育场地热点区分布在浙江省、河北省、江苏省、广东省、山东省、天津市、北京市和上海市等地区，冷点区主要分布在海南省全境和广东省南部地区。教育经费投入与学校体育场地空间冷热点分布呈现"同向性"发展的态势，教育经费投入得多，学校体育场地的建设发展就好。可见，教育经费投入（或地区经济发展水平）则是影响体育场地冷热点分布的一个必要条件因素。

三、在校生人数

体育场地建设发展与人口、经济发展关联性密切，人口分布、经济分布均对体育场地资源均衡性配置产生影响①，且基于人口和经济分布的场地资源配置均衡性，明显好于基于地理面积分布的场地资源配置均衡性②。鉴于此，本书依据《中国城市统计年鉴 2013》和我国各省政府官网，获取东部地区学校在校生人数的数据，运用 Arc GIS10.2 中的 Getis-Ord Gi^* 统计量，计算并生成相关指标数据的冷热点空间格局分布图，以此来考察东部地区中小学在校生人数与体育场地空间冷热点分布的关系。我国东部地区学校在校生人数和体育场地数呈"同向"发展态势，在东部地区的河北省南部、浙江省西北部、福建省北部、河北省邯郸市、山东省大部、浙江省宁波市以及福建省三明市、泉州市等学校在校生人数呈热点分布的地区，也是学校体育场地的热点区。可见，在校生人数是影响东部地区学校体育场地冷热点分布的一个客观因素，但是，在校人数与体育场地热点分布之间并不存在明显的线性相关关系，在校生人数是促进体育场地建设发展的一个客观条件因素，这并不意味着在人口密集的城市学校体育场地就一定建设发展得好。

---

① 寇健忠. 体育场地资源配置的均衡性研究［J］. 北京体育大学学报，2017，40（04）：14-20.

② 朱焱，于文谦，陈冬梅. 基于基尼系数的我国体育场地资源配置均衡性研究［J］. 天津体育学院学报，2018，33（01）：14-19.

第六章　我国中部地区市域学校体育场地空间分布特征

第一节　研究指标选取

依据“六普”学校体育场地的基础数据，运用Google Earth电子地图平台和高德地图，兼顾数据的可获得性、代表性和独立性原则，获取田径场、体育馆、乒乓球场、羽毛球场、篮球场以及网球场等六类体育场地的地理坐标信息，进而得到中部地区6省87个市22 751个中小学体育场地的POI数据（详见表6.1）；各市行政区划面积、人口数量、经济发展水平（GDP）、学校在校人数、教育经费投入等数据均来源于《中国城市统计年鉴2013》和各级地方政府官方网站。

表6.1　中部地区各省中小学体育场地POI基本情况统计表

省份	小学体育场地POI	占比（%）	中学体育场地POI	占比（%）
山西	791	6.69	1 095	10.03
湖南	2 840	24.01	2 475	22.66
湖北	1 455	12.30	1 125	10.30
河南	2 020	17.08	2 528	23.15
安徽	3 875	32.76	2 541	23.27
江西	849	7.18	1 157	10.59
合计	11 830	100	10 921	100

第二节　中部地区市域学校体育场地的平均中心分析

运用 ArcGIS10.2，依据我国中部地区中小学体育场地的 POI 点，通过平均中心分析方法，得出我国中部地区学校体育场地的平均中心，并依据中部地区 6 省官网公布的常住人口总量和 GDP 总量，分析计算出中部地区的人口中心和 GDP 中心，进而得出我国中部地区学校体育场地平均中心、人口中心和经济发展中心的地理坐标位置（见表 6.2）。

表 6.2　中部地区体育场地平均中心、人口中心和经济发展中心地理空间点统计表

	地理空间点名称	经度	纬度	地理位置
小学	体育场地平均中心	114°23′38″E	31°22′18″N	湖北省孝感市大悟县刘集镇沙河村
	中部地区人口中心	115°24′36″E	31°01′12″N	湖北省黄冈市罗田县河铺镇马驿坳村
	中部地区经济发展中心	114°19′12″E	31°43′12″N	湖北省孝感市大悟县宣化店镇铁店村
中学	体育场地平均中心	114°09′31″E	114°09′31″E	湖北省孝感市大悟县阳平镇铁铺村
	中部地区人口中心	114°25′17″E	114°25′17″E	河南省信阳市罗山县潘新镇周家村
	中部地区经济发展中心	114°23′07″E	114°23′07″E	河南省信阳市罗山县山店乡胡畈村

由表 6.2 可知：我国中部地区中小学体育场地的平均中心、人口中心和经济发展中心"三中心"在空间地理位置上的坐标略有偏离，尤其是中学体育场地中心与中部地区的人口和经济发展中心存在一定的偏移，但是，从整体看，中部地区体育场地平均中心与中部地区人口和经济发展中心的"三中心"偏离程度较小，地理位置基本吻合，这表明我国中部地区学校体育场地建设发展与中部地区人口增长、经济发展的中心趋势明显，这为我国中部地区学校体育场地宏观配置建设资源提供了理论依据。

第三节　中部地区市域学校体育场地的核密度分析

为了整体了解我国中部地区学校体育场地在空间上的密度分布、分布格局和聚集程度，采用自然间断点分级法，运用核密度聚类分析，生成我国中部地区学校体育场地核密度分布可视图，并计算出我国中部地区学校体育场地在不同核密度值区的面积占比情况（见表 6.3）。

表 6.3　中部地区不同核密度值区学校体育场地面积占比统计表

	高值区	较高值区	中值区	较低值区	低值区
小学	1.34%	5.81%	11.09%	30.49%	51.27%
中学	4.45%	5.41%	16.53%	32.90%	40.71%

由表 6.3 可知：我国中部地区小学体育场地面积在低值区与较低值区占比较大，占样本总量的 81.76%，而在中值区、较高值区和高值区体育场地面积占比较小，占样本总量的 18.24%；中学体育场地面积在低值区和较低值区占样本总量的 73.61%，中值区、较高值区和高值区体育场地面积占样本总量的 26.39%。可见，中部地区学校体育场地面积分布呈现“核密度低值区密集分布、高值区稀疏分布”的特点。

基于我国中部地区学校体育场地分布的点数据，使用 ArcGIS 10.2 的空间关联工具，并对其进行反距离权重的空间插值计算，得到中部地区学校体育场地的空间插值图，我国中部地区学校体育场地空间呈密集区、较密集区、中值区、较稀疏区、稀疏区五种类型的空间分布。其中，小学体育场地核密度的密集区和较密集区主要分布在我国中部地区的湖南省和安徽省大部、河南省和湖北省中部的部分地区；中值区和较稀疏区大部分分布在中部地区的山西省中部、河南省南部、湖北省南部、湖南省北部以及江西省西部等地区，稀疏区则主要分布在山西省中部以外地区、湖北省西部、江西省东部等地区。

中学体育场地核密度的密集区和较密集区主要分布在 3 个省域 11 个城市并形成独立的核密度高值中心，由北向南分别为河南省郑州市、洛阳市、南阳市密集区，安徽省合肥市、滁州市、安庆市密集区和湖南省岳阳市、常德市、长沙市、邵阳市、衡阳市密集区；稀疏区分布在中部地区以北太行山区的山西省朔州市、忻州市、阳泉市等，中部沿江地区与江汉平原地区的湖北省仙桃市、潜江市、天门市、咸宁市、黄石市，中部地区南段的恩施土家族苗族自治州和十堰市，东部主要以江西省鹰潭市、上饶市为稀疏区。

整体而言，中部地区学校体育场地大部分分布于偏北和偏南方向上，且在中部地区的北部和南部体育场地的核密度值明显高于西部和中部地区，体育场地的密集区和较密集区分布在中部地区南北两端，并呈现出南北两端核密度高值区对称分布的特点。

第四节　中部地区市域学校体育场地的空间自相关分析

为了进一步分析中部地区中小学体育场地的空间分布，选取中部地区 6 省 87 个市的行政区划面积、人口、GDP、在校生人数、学校数量、教育经费投入、学校体育场地数量、生均体育场地面积、校均体育场地数量等统计指标，指标来源于《中国城市统计年鉴 2013》、各级政府官方网站公布数据。

一、学校在校生人数空间自相关分析

根据中部地区中小学体育场地的 POI 点，采用 Moran's I 指数来评估中部地区学校在校生人数的全局空间集聚特征，LISA 聚集图评价市域高低显著性水平的位置和范围，采用 GeoDa 软件生成中部地区中小学在校生人数的 Moran 散点图。中部地区小学在校生人数 Moran's I 值为 0.261 0，远小于 1，具有较低的空间正相关性，说明在中部地区空间分布聚集程度较大的城市及周边，其小学在校人数亦较多。中部地区小学在校生人数在四个象限向中心集聚，且在第四象限内的莫兰散点较少，而在第一、二、三象限的莫兰散点较多，小学在校生人数莫兰散点整体较集聚，说明中部地区各城市间小学人数两极分化的现象不显著。从地区看，高高值类型主要分布在湖南省岳阳市、邵阳市，湖北省黄冈市，河南省商丘市、平顶山市，江西省宜春市、吉安市，安徽省六安市、宿州市；低高值类型分布在湖南省湘潭市、益阳市、娄底市，湖北省十堰市、随州市，河南省三门峡市、鹤壁市，江西省新余市、鹰潭市，山西省长治市；低低值类型分布在湖南省湘西土家族苗族自治州、张家界市、常德市，湖北省咸宁市、天门市、鄂州市，河南省济源市，江西省景德镇市，山西省太原市、吕梁市，安徽省芜湖市、马鞍山市；高低值类型分布在湖南省怀化市、湖北省襄阳市、江西省上饶市等（详见下表 6.4）。

表 6.4　中部地区小学在校生人数空间关联关系市域分布情况统计表

空间关系	市域具体分布情况
高高关联	湖南省岳阳市、邵阳市、永州市、衡阳市、郴州市，湖北省黄冈市，河南省商丘市、平顶山市、南阳市、洛阳市、濮阳市、开封市、郑州市、驻马店市、新乡市、许昌市、周口市、信阳市、安阳市，江西省宜春市、吉安市、南昌市、九江市、抚州市、赣州市，安徽省六安市、宿州市、亳州市、阜阳市
低高关联	湖南省湘潭市、益阳市、株洲市、娄底市，湖北省十堰市、随州市，河南省三门峡市、焦作市、漯河市、鹤壁市，江西省新余市、萍乡市、鹰潭市，山西省长治市，安徽省淮南市、淮北市
低低关联	湖南省湘西土家族苗族自治州、张家界市、常德市，湖北省咸宁市、天门市、孝感市、恩施土家族苗族自治州、黄石市、仙桃市、宜昌市、荆门市、武汉市、神农架林区、荆州市、潜江市、鄂州市，河南省济源市，江西省景德镇市，山西省太原市、大同市、阳泉市、晋城市、朔州市、晋中市、运城市、忻州市、临汾市、吕梁市，安徽省芜湖市、马鞍山市、宣城市、滁州市、安庆市、池州市、黄山市、铜陵市、蚌埠市
高低关联	湖南省怀化市、长沙市，湖北省襄阳市，江西省上饶市，安徽省合肥市

为了进一步识别中部地区小学在校生人数的空间集聚情况，利用 GeoDa 软件，通过 Z 值（$P \leqslant 0.05$）显著性检验可知：通过 Z 值显著性检验的高高值区分布在河南省平顶山市、开封市、驻马店市、许昌市、周口市、信阳市，湖南省郴州市，江西省抚州市，安徽省阜阳市；低高值区分布在湖北省随州市，河南省三门峡市、漯河市；低低值区分布在湖北省天门市、恩施土家族苗族自治州、荆门市、潜江市，安徽省芜湖市、宣城市，其余地区城市不显著。可见，LISA 聚集图进一步说明我国中部地区小学在校生人数空间关联以高高聚集和低低聚集的两级聚集为主。

中部地区中学在校生人数 Moran's I 值为 0.180 9，大于 0，远小于 1，表明中部地区空间分布聚集程度较大的城市其中学在校生人数也较多，中学在校人生数具有较低的空间正相关性。中部地区中学在校生人数在四个象限向中心集聚，仅在第一象限内有部分向外扩散的散点，说明中部地区各城市间中学人数两极分化的现象不显著，且在校生人数分布比较均衡。从地区看，高高值类型主要分布在湖南省岳阳市、邵阳市，湖北省黄冈市，河南省商丘市、平顶山市，江西省宜春市、吉安市，安徽省六安市、安庆市；低高值类型分布在湖南省湘潭市、益阳市，湖北省十堰市、咸宁市，河南省济源市、三门峡市，江西省新余市、鹰潭市，山西省长治市，安徽省马鞍山市、淮南市；低低值类型分布在湖南省怀化市、湘西土家族苗族自治州、常德市，湖北省襄阳市、天门市、潜江市，江西省景德镇市，山西省大同市、阳泉市，安徽省芜湖市、宣城市；高低值类型分布在湖南省岳阳市、邵阳市，湖北省鄂州市，河南省商丘市、平顶山市、安阳市，江西省宜春市、赣州市，安徽省六安市、安庆市，中学在校生人数空间关联关系在中部地区市域单元具体分布情况见表 6.5。

表 6.5　中部地区中学在校生人数空间关联关系市域分布情况统计表

空间关系	市域具体分布情况
高高关联	湖南省岳阳市、邵阳市、永州市、衡阳市、郴州市，湖北省黄冈市，河南省商丘市、平顶山市、南阳市、洛阳市、濮阳市、开封市、焦作市、郑州市、驻马店市、新乡市、许昌市、周口市、信阳市、安阳市，江西省宜春市、吉安市、南昌市、九江市、赣州市，安徽省六安市、安庆市、宿州市、亳州市、阜阳市
低高关联	湖南省湘潭市、益阳市、株洲市、娄底市，湖北省十堰市、咸宁市、随州市，河南省济源市、三门峡市、焦作市、漯河市、鹤壁市，江西省新余市、抚州市、萍乡市、鹰潭市，山西省长治市，安徽省马鞍山市、淮南市、铜陵市、淮北市
低低关联	湖南省怀化市、湘西土家族苗族自治州、张家界市、常德市，湖北省襄阳市、天门市、孝感市、恩施土家族苗族自治州、黄石市、仙桃市、宜昌市、荆门市、神农架林区、荆州市、潜江市，江西省景德镇市，山西省大同市、阳泉市、晋城市、朔州市、晋中市、忻州市、临汾市、吕梁市，安徽省芜湖市、宣城市、滁州市、池州市、黄山市、蚌埠市

续表

空间关系	市域具体分布情况
高低关联	湖南省岳阳市、邵阳市、永州市、衡阳市、郴州市，湖北省鄂州市，河南省商丘市、平顶山市、南阳市、洛阳市、濮阳市、开封市、焦作市、郑州市、驻马店市、新乡市、许昌市、周口市、信阳市、安阳市，江西省宜春市、吉安市、南昌市、九江市、赣州市，安徽省六安市、安庆市、宿州市、亳州市、阜阳市

为了进一步识别中部地区中学在校生人数的空间集聚情况，利用 GeoDa 软件，通过 Z 值（$P \leqslant 0.05$）显著性检验可知：通过 Z 值显著性检验的高高值区分布在河南省平顶山市、开封市、驻马店市、许昌市、周口市、信阳市，湖南省郴州市，安徽省阜阳市、六安市、亳州市；低高值区分布在安徽省淮南市与河南省三门峡市、漯河市；高低值区分布在湖北省武汉市，低低值区分布在湖北省天门市、恩施土家族苗族自治州、荆门市、潜江市，安徽省宣城市，其余地区城市不显著。可见，LISA 聚集图进一步说明我国中部地区中学在校生人数空间关联以高高聚集和低低聚集的两级聚集为主。

二、学校所数空间自相关分析

运用 GeoDa 软件生成中部地区小学所数的 Moran 散点图，中部地区小学所数的 Moran's I 值为 0.279 1，大于 0，远小于 1，表明中部地区空间分布聚集程度较大的城市中小学所数也较多，小学所数的空间分布具有较低的空间正相关特性。中部地区小学所数莫兰散点在第四象限分布较少，在第一、二象限有部分向外扩散的散点，小学所数莫兰散点整体上向中心集聚，两极分化不明显，表明中部地区小学所数在城市分布比较均衡。从地区看，高高值类型主要位于湖南省邵阳市、娄底市，河南省商丘市、平顶山市，江西省南昌市、九江市、抚州市，安徽省六安市、宿州市；低高值类型分布在湖南省湘潭市、益阳市，湖北省黄冈市、随州市，河南省济源市、三门峡市，江西省景德镇市、鹰潭市，山西省长治市、晋城市，安徽省淮南市；低低值类型分布在湖南省湘西土家族苗族自治州、株洲市，湖北省襄阳市、咸宁市、天门市、鄂州市，江西省吉安市、萍乡市，山西省太原市、大同市、吕梁市，安徽省芜湖市、马鞍山市；高低值类型分布在湖南省岳阳市，江西省宜春市，山西省运城市，小学所数空间关联关系在中部地区市域单元具体分布情况详见下表 6.6。

表 6.6　中部地区小学所数空间关联关系市域分布情况统计表

空间关系	市域具体分布情况
高高关联	湖南省邵阳市、娄底市，河南省商丘市、平顶山市、南阳市、洛阳市、濮阳市、开封市、郑州市、驻马店市、新乡市、许昌市、周口市、信阳市、安阳市，江西省南昌市、九江市、抚州市，安徽省六安市、宿州市、亳州市、阜阳市

续表

空间关系	市域具体分布情况
低高关联	湖南省湘潭市、益阳市、永州市、郴州市，湖北省黄冈市、十堰市、随州市，河南省济源市、三门峡市、焦作市、漯河市、鹤壁市，江西省景德镇市、新余市、鹰潭市，山西省长治市、晋城市，安徽省淮南市、淮北市
低低关联	湖南省湘西土家族苗族自治州、株洲市、张家界市、常德市，湖北省襄阳市、咸宁市、天门市、孝感市、恩施土家族苗族自治州、黄石市、仙桃市、宜昌市、荆门市、武汉市、神农架林区、荆州市、潜江市、鄂州市，江西省吉安市、萍乡市，山西省太原市、大同市、阳泉市、朔州市、晋中市、忻州市、吕梁市，安徽省芜湖市、马鞍山市、宣城市、滁州市、合肥市、池州市、黄山市、铜陵市、蚌埠市
高低关联	湖南省岳阳市、怀化市、长沙市、衡阳市，江西省宜春市、上饶市、赣州市，山西省运城市、临汾市，安徽省安庆市

为了进一步识别中部地区小学所数的空间集聚情况，利用 GeoDa 软件，通过 Z 值（$P\leqslant 0.05$）显著性检验可知：通过 Z 值显著性检验的高高值区分布在河南省商丘市、平顶山市、开封市、驻马店市、许昌市、周口市、信阳市，安徽省阜阳市、亳州市；低高值区分布在河南省三门峡市、漯河市；低低值区分布在湖北省天门市、恩施土家族苗族自治州、仙桃市、荆门市、武汉市、潜江市，安徽省宣城市、芜湖市，无城市分布在高低值区，且其余中部地区城市不显著。可见，LISA 聚集图进一步说明我国中部地区小学所数空间关联以高高聚集和低低聚集的两级聚集为主。

中部地区中学所数的 Moran's I 值为 0.124 3，大于 0，表明在中部地区空间分布聚集程度较大的城市其中学所数也较多，具有较低的空间正相关性。由中学所数的莫兰散点图可知：中部地区中学所数在四个象限内都有分布，且中学所数莫兰散点在四个象限内都有部分向外扩散的散点，这表明中部地区中学所数分布具有两极化的态势。从地区上看，高高值类型主要分布在湖南省岳阳市、怀化市，湖北省黄冈市，河南省商丘市、平顶山市，江西省宜春市、赣州市，山西省临汾市、吕梁市，安徽省六安市、安庆市、宿州市；低高值类型分布在湖南省湘潭市、张家界市，湖北省十堰市、随州市，河南省濮阳市、鹤壁市，江西省新余市、鹰潭市，山西省阳泉市、长治市、晋中市，安徽省马鞍山市、淮南市；低低值类型分布在湖南省湘西土家族苗族自治州，湖北省天门市、孝感市、恩施土家族苗族自治州、潜江市，江西省景德镇市，安徽省芜湖市、宣城市；高低值类型分布在湖南省长沙市、常德市，湖北省襄阳市、武汉市，河南省安阳市，江西省上饶市、吉安市，山西省太原市、忻州市，安徽省滁州市，中部地区中学所数空间关联关系在中部地区市域单元具体分布情况见下表 6.7。

表 6.7　中部地区中学所数空间关联关系市域分布情况统计表

空间关系	市域具体分布情况
高高关联	湖南省岳阳市、怀化市、邵阳市、永州市、衡阳市、郴州市、娄底市，湖北省黄冈市，河南省商丘市、平顶山市、南阳市、洛阳市、开封市、郑州市、驻马店市、新乡市、许昌市、周口市、信阳市，江西省宜春市、南昌市、九江市、赣州市，山西省临汾市、吕梁市，安徽省六安市、安庆市、宿州市、亳州市、阜阳市
低高关联	湖南省湘潭市、益阳市、株洲市、张家界市，湖北省十堰市、咸宁市、黄石市、鄂州市、随州市，河南省濮阳市、济源市、三门峡市、焦作市、漯河市、鹤壁市，江西省新余市、抚州市、萍乡市、鹰潭市，山西省阳泉市、长治市、晋城市、朔州市、晋中市，安徽省马鞍山市、淮南市、铜陵市、淮北市
低低关联	湖南省湘西土家族苗族自治州，湖北省天门市、孝感市、恩施土家族苗族自治州、仙桃市、宜昌市、荆门市、神农架林区、荆州市、潜江市，江西省景德镇市，安徽省芜湖市、宣城市、池州市、黄山市、蚌埠市
高低关联	湖南省长沙市、常德市，湖北省襄阳市、武汉市，河南省安阳市，江西省上饶市、吉安市，山西省太原市、大同市、运城市、忻州市，安徽省滁州市、合肥市

为了进一步识别中部地区中学所数的空间集聚情况，利用 GeoDa 软件，通过 Z 值（$P \leqslant 0.05$）显著性检验可知：通过 Z 值显著性检验的高高值区分布在湖南省邵阳市、永州市、郴州市、娄底市，河南省平顶山市、开封市、驻马店市、许昌市、周口市、信阳市，安徽省阜阳市、六安市；低高值区分布在河南省三门峡市、漯河市，安徽省淮南市；高低值区分布在湖北省武汉市；低低值区分布在湖北省天门市、荆门市、潜江市，安徽省宣城市，其余地区城市不显著。可见，LISA 聚集图进一步说明我国中部地区中学所数空间关联以高高聚集和低低聚集的两级聚集为主。

三、学校教育经费投入空间自相关分析

运用 GeoDa 软件生成中部地区教育经费投入的 Moran 散点图。我国中部地区教育经费投入的 Moran's I 值为-0.049，小于 0，教育经费投入具有较低的空间负相关性。中部地区教育经费投入莫兰散点在四个象限内分散分布，说明中部地区各城市间教育经费投入两极分化的现象显著。从地区看，高高值类型主要分布在湖南省岳阳市、郴州市，湖北省黄冈市，河南省商丘市、信阳市，江西省宜春市、赣州市，安徽省六安市；低高值类型分布在湖南省湘潭市、娄底市，湖北省十堰市、随州市，河南省平顶山市、鹤壁市，江西省新余市、鹰潭市、萍乡市，安徽省马鞍山市、滁州市；低低值类型分布在湖南省湘西土家族苗族自治州，湖北省天门市、潜江市，江西省景德镇市，山西省阳泉市、临汾市，安徽省宣城市、池州市；高低值类型分布在湖南省怀化市、

长沙市、常德市，湖北省襄阳市、恩施土家族苗族自治州、武汉市，河南省商丘市、安阳市，江西省上饶市，山西省太原市、吕梁市，安徽省芜湖市（详见下表 6.8）。

表 6.8　中部地区教育经费投入空间关联关系市域分布情况统计表

空间关系	市域具体分布情况
高高关联	湖南省岳阳市、邵阳市、永州市、郴州市，湖北省黄冈市，河南省商丘市、南阳市、洛阳市、郑州市、驻马店市、新乡市、许昌市、周口市、信阳市，江西省宜春市、南昌市、九江市、抚州市、赣州市，安徽省六安市、安庆市、阜阳市等
低高关联	湖南省湘潭市，湖北省十堰市，河南省平顶山市，江西省新余市，安徽省马鞍山市等
低低关联	湖南省湘西土家族苗族自治州，湖北省天门市，江西省景德镇市，山西省阳泉市，安徽省宣城市等
高低关联	湖南省常德市，湖北省襄阳市、恩施土家族苗族自治州、宜昌市、武汉市，河南省商丘市，江西省上饶市，山西省吕梁市，安徽省芜湖市等

为了进一步识别中部地区教育经费投入的空间集聚情况，利用 GeoDa 软件，通过 Z 值（$P\leqslant 0.05$）显著性检验可知：通过 Z 值显著性检验的高高值区分布在湖北省黄冈市，江西省抚州市；高低值区分布在湖北省天门市、潜江市；低低值区分布在湖北省咸宁市、黄石市、鄂州市，河南省平顶山市、开封市，江西省萍乡市，其余地区城市不显著。可见，LISA 聚集图进一步说明我国中部地区教育经费投入空间关联以高高聚集和低低聚集的两级聚集为主。

四、学校体育场地数空间自相关分析

运用 GeoDa 软件生成中部地区学校体育场地数的 Moran 散点图和 LISA 聚集图。小学体育场地数的 Moran's I 值为 0.227 8，大于 0，说明在中部地区空间分布聚集程度较大的城市其小学体育场地数也较多，呈较低的空间正相关性。中部地区小学体育场地莫兰散点在四个象限内均有分布，且在第三象限较多，而在第一、二、四象限有部分向外的散点分布，整体上小学体育场地莫兰散点分布比较聚集，说明中部地区小学体育场地数两极分化现象不显著，体育场地分布相对均衡。从地区看，高高值类型主要分布在湖南省岳阳市、怀化市、娄底市，湖北省黄冈市，河南省信阳市，安徽省芜湖市、六安市；低高值类型分布在湖南省湘潭市、张家界市，湖北省咸宁市、鄂州市，河南省平顶山市、信阳市，江西省宜春市、九江市；低低值类型分布在湖南省湘西土家族苗族自治州，湖北省十堰市、襄阳市，河南省濮阳市，江西省上饶市、鹰潭市，山西省大同市、阳泉市、吕梁市，安徽省池州市；高低值类型分布在湖南省常德市，湖北省武汉市，河南省南阳市、新乡市，山西省太原市，安徽省宣城市，小学体育场地数空间关联关系在中部地区市域单元具体分布情况见下表 6.9。

表 6.9　中部地区小学体育场地数空间关联关系市域分布情况统计表

空间关系	市域具体分布情况
高高关联	湖南省岳阳市，湖北省黄冈市，河南省信阳市，安徽省芜湖市等
低高关联	湖南省湘潭市，湖北省咸宁市，河南省平顶山市，江西省萍乡市，安徽省铜陵市等
低低关联	湖南省湘西土家族苗族自治州，湖北省十堰市，河南省濮阳市，江西省景德镇市，山西省大同市，安徽省池州市等
高低关联	湖南省常德市，湖北省武汉市，河南省南阳市，山西省太原市，安徽省宣城市等

为了进一步识别中部地区小学体育场地数的空间集聚情况，利用 GeoDa 软件，通过 Z 值（$P \leqslant 0.05$）显著性检验可知：通过 Z 值显著性检验的高高值区分布在湖南省娄底市，安徽省滁州市等；高低值区分布在湖南省湘潭市、益阳市，安徽省马鞍山市、铜陵市；低高值区分布在湖北省武汉市；低低值区分布在湖北省天门市、荆门市、潜江市，江西省上饶市，山西省大同市、临汾市，其余地区城市不显著。可见，LISA 聚集图进一步说明我国中部地区小学体育场地数空间关联以高高聚集和低低聚集的两级聚集为主。

中部地区中学体育场地数的 Moran's I 值为 0.186 3，大于 0，说明在中部地区空间分布聚集程度较大的城市其中学体育场地数也较多，呈较低的空间正相关性。中部地区中学体育场地数的莫兰散点在四个象限内均有分布，且在各象限内有部分向外的散点分布，中学体育场地数莫兰散点整体呈现为均匀分散分布，说明中部地区各城市间中学体育场地数具有多极分化的显现。从地区看，高高值类型主要分布在湖南省岳阳市，河南省商丘市，江西省赣州市，安徽省芜湖市、六安市；低高值类型分布在湖南省湘潭市，湖北省随州市，河南省濮阳市、鹤壁市，江西省新余市、萍乡市，安徽省马鞍山市、池州市；低低值类型分布在湖南省湘西土家族苗族自治州，湖北省天门市、孝感市、恩施土家族苗族自治州、鄂州市，河南省安阳市，江西省景德镇市、鹰潭市，山西省大同市、阳泉市；高低值类型分布在湖南省常德市，湖北省襄阳市、武汉市，河南省南阳市、新乡市，江西省上饶市、吉安市，山西省太原市、临汾市，安徽省宣城市，中学体育场地数空间关联关系在中部地区市域单元具体分布情况见下表 6.10。

表 6.10　中部地区中学体育场地数空间关联关系市域分布情况统计表

空间关系	市域具体分布情况
高高关联	湖南省岳阳市，河南省商丘市，江西省宜春市，安徽省芜湖市等
低高关联	湖南省湘潭市，湖北省随州市，河南省鹤壁市，江西省新余市，安徽省铜陵市等

续表

空间关系	市域具体分布情况
低低关联	湖南省湘西土家族苗族自治州，湖北省鄂州市，河南省安阳市，江西省景德镇市，山西省吕梁市，安徽省黄山市等
高低关联	湖南省常德市，湖北省襄阳市，河南省南阳市，江西省上饶市，山西省临汾市，安徽省宿州市等

为了进一步识别中部地区中学体育场地数的空间集聚情况，利用 GeoDa 软件，通过 Z 值（$P \leqslant 0.05$）显著性检验可知：通过 Z 值显著性检验的高高值区分布在湖南省益阳市、永州市、郴州市，安徽省六安市、滁州市、合肥市、淮南市；低高值区分布在河南省三门峡市、平顶山市与安徽省马鞍山市、铜陵市；低低值区分布在湖北省天门市、孝感市、仙桃市、荆门市、潜江市；高低值区分布在湖北省武汉市、江西省上饶市，其余地区城市不显著。可见，LISA 聚集图进一步说明我国中部地区中学体育场地数空间关联以高高聚集和低低聚集的两级聚集为主。

五、学校生均体育场地面积空间自相关分析

利用 GeoDa 软件中的空间分析功能进行计算分析，生成中部地区学校生均体育场地面积的 Moran 散点图和 LISA 聚集图。小学生均体育场地面积的 Moran's I 值为 0.321 4，大于 0，但远小于 1，表明在中部地区空间分布聚集程度较大的城市其生均体育场地面积也较大，具有明显的空间正相关性。中部地区小学生均体育场地面积的莫兰散点在第四象限分布较少，而在第一、二、三象限分布较多，小学生均体育场地面积的莫兰散点整体分布较为集中，说明中部地区各城市间小学生均占有体育场地面积的集聚现象较显著，小学生均体育场地面积两极化分布不明显。从地区看，高高值类型分布在湖南省湘潭市、怀化市、常德市，湖北省宜昌市、鄂州市，安徽省芜湖市、六安市；低高值类型分布在湖南省湘西土家族苗族自治州、娄底市，湖北省黄冈市、十堰市、荆州市，河南省商丘市，江西省景德镇市；低低值类型分布在湖南省邵阳市、郴州市，湖北省天门市，河南省平顶山市、南阳市、安阳市，江西省宜春市、鹰潭市，山西省大同市；高低值类型分布在湖南省岳阳市，湖北省荆门市，河南省三门峡市，山西省太原市，安徽省阜阳市，小学生均体育场地面积空间关联关系在中部地区市域单元具体分布情况见下表 6.11。

表 6.11 中部地区小学生均体育场地面积空间关联关系市域分布情况统计表

空间关系	市域具体分布情况
高高关联	湖南省常德市，湖北省宜昌市，安徽省大部等

续表

空间关系	市域具体分布情况
低高关联	湖南省湘西土家族苗族自治州、衡阳市、娄底市，湖北省黄冈市，河南省商丘市，江西省景德镇市、九江市、萍乡市等
低低关联	湖南省邵阳市，湖北省天门市，河南省大部，江西省宜春市，山西省大同市等部分地区等
高低关联	湖南省岳阳市，湖北省荆门市、武汉市、神农架林区、潜江市，河南省三门峡市，山西省太原市、阳泉市，安徽省阜阳市等

为了进一步识别中部地区小学生均体育场地面积的空间集聚情况，利用 GeoDa 软件,通过 Z 值($P\leqslant 0.05$)显著性检验可知：通过 Z 值显著性检验的高高值区分布在安徽省铜陵市、蚌埠市等大部分地区；低高值区分布在湖北省恩施土家族苗族自治州，低低值区分布在湖北省随州市，河南省安阳市等部分地区，江西省南昌市、抚州市、鹰潭市，山西省长治市、晋城市，其余地区城市不显著。可见，LISA 聚集图进一步说明我国中部地区小学生均体育场地面积空间关联以高高聚集和低低聚集的两级聚集为主。

中部地区中学生均体育场地面积的 Moran's I 值为 0.226 1，大于 0，但远小于 1，表明在中部地区空间分布聚集程度较大的城市其生均体育场地面积也较大，具有较低的空间正相关性。中部地区中学生均体育场地面积的莫兰散点在四个象限内均有分布，在第一、二象限有部分向外扩散的散点，中学生均体育场地面积的莫兰散点分布较为聚集，说明中学生均体育场地面积在中部地区城市中分布较为均衡，生均体育场地面积两极分化现象不明显。从地区看，高高值类型分布在湖南省湘潭市，湖北省宜昌市，安徽省芜湖市、宣城市；低高值类型分布在湖南省湘西土家族苗族自治州、娄底市，湖北省十堰市、荆州市，江西省景德镇市、萍乡市，安徽省六安市；低低值类型分布在湖南省邵阳市、永州市，湖北省黄冈市、武汉市、随州市，河南省商丘市、安阳市，江西省南昌市、新余市、鹰潭市，山西省太原市、长治市、吕梁市，安徽省宿州市；高低值类型分布在湖南省岳阳市、株洲市，湖北省黄石市、鄂州市，山西省大同市、临汾市，安徽省淮北市，中学生均体育场地面积空间关联关系在中部地区市域单元具体分布情况见下表 6.12。

表 6.12　中部地区中学生均体育场地面积空间关联关系市域分布情况统计表

空间关系	市域具体分布情况
高高关联	湖南省湘潭市，安徽省芜湖市等部分地区
低高关联	湖南省娄底市，湖北省十堰市、襄阳市、恩施土家族苗族自治州、荆州市，江西省景德镇市、萍乡市，安徽省六安市、亳州市等

续表

空间关系	市域具体分布情况
低低关联	湖南省邵阳市，湖北省随州市，河南省大部，江西省部分地区，山西省朔州市，安徽省宿州市等
高低关联	湖南省株洲市，湖北省潜江市，山西省阳泉市，安徽省淮北市等

为了进一步识别中部地区中学生均体育场地面积的空间集聚情况，利用 GeoDa 软件，通过 Z 值（$P \leqslant 0.05$）显著性检验可知：通过 Z 值显著性检验的高高值区分布在安徽省芜湖市、马鞍山市、宣城市、滁州市、合肥市、池州市、蚌埠市；低高值区分布在湖北省恩施土家族苗族自治州；低低值区分布在河南安阳市，江西省南昌市、抚州市、鹰潭市，其余地区城市不显著。可见，LISA 聚集图进一步说明我国中部地区中学生均体育场地面积空间关联以高高聚集和低低聚集的两级聚集为主。

六、学校校均体育场地数空间自相关分析

利用 GeoDa 软件中的空间分析功能进行计算分析，生成中部地区校均体育场地数的 Moran 散点图和 LISA 聚集图。小学校均体育场地数 Moran's I 值为 0.382 1，大于 0，说明在中部地区空间分布聚集程度较大的城市其校均体育场地数也较大，具有明显的空间正相关性。中部地区小学校均体育场地数的莫兰散点在四个象限内均有分布，在第一、二象限有部分向外的散点分布，小学校均体育场地数的莫兰散点整体分布较为聚集，说明中部地区小学校均体育场地数在城市中的分布较为均衡，两极分化的现象不明显。从地区看，高高值类型分布在湖南省湘潭市，湖北省仙桃市、宜昌市、鄂州市，安徽省芜湖市、宣城市、滁州市；低高值类型分布在湖南省怀化市、衡阳市、娄底市，湖北省襄阳市、咸宁市、鄂州市，江西省萍乡市、景德镇市，安徽省马鞍山市；低低值类型分布在湖南省岳阳市，湖北省随州市，河南省商丘市，江西省鹰潭市，山西省大同市、阳泉市、长治市；高低值类型分布在湖南省永州市，湖北省荆门市、武汉市、神农架林区，河南省三门峡市、郑州市，江西省新余市，山西省太原市，安徽省阜阳市，小学校均体育场地数空间关联关系在中部地区市域单元具体分布情况见下表 6.13。

表 6.13　中部地区小学校均体育场地数空间关联关系市域分布情况统计表

空间关系	市域具体分布情况
高高关联	湖南省湘潭市，湖北省仙桃市，安徽省大部
低高关联	湖南省怀化市、衡阳市，湖北省黄石市、荆州市、鄂州市，江西省萍乡市、景德镇市，安徽省马鞍山市等

续表

空间关系	市域具体分布情况
低低关联	湖南省岳阳市、邵阳市，湖北省黄冈市、十堰市、天门市，河南省大部，江西省宜春市，山西省吕梁市等
高低关联	湖南省永州市，湖北省荆门市、武汉市、神农架林区，河南省三门峡市、郑州市，江西省新余市，山西省太原市，安徽省阜阳市等

为了进一步识别中部地区小学校均体育场地数的空间集聚情况，利用 GeoDa 软件，通过 Z 值（$P \leqslant 0.05$）显著性检验可知：通过 Z 值显著性检验的高高值区分布在安徽省芜湖市等安徽部分地区；低高值区分布在湖北省恩施土家族苗族自治州，安徽省马鞍山市；低低值区分布在河南省平顶山市等河南省部分地区，江西省南昌市、抚州市、鹰潭市，山西省长治市、晋城市、临汾市；河南省郑州市为高低值区，其余地区城市不显著。可见，LISA 聚集图进一步说明中部地区小学校均体育场地数的空间关联以高高聚集和低低聚集的两级聚集为主。

中部地区中学校均体育场地数 Moran's I 值为 0.382 1，大于 0，说明在中部地区空间分布聚集程度较大的城市其校均体育场地数也较大，具有明显的空间正相关性。中部地区中学校均体育场地数的莫兰散点在第一、四象限有部分向外分布的散点，而在第二、三象限分布较为集中，中学校均体育场地数整体分布较为聚集，说明中部地区中学校均体育场地数在城市中分布较为均衡。从地区看，高高值类型分布在湖南省湘潭市、衡阳市，湖北省天门市、宜昌市、潜江市，安徽省芜湖市、滁州市；低高值类型分布在湖南省怀化市，湖北省十堰市，江西省萍乡市，安徽省六安市、阜阳市；低低值类型分布在湖南省湘西土家族苗族自治州、邵阳市，湖北省黄冈市、咸宁市、武汉市、随州市，河南省商丘市、安阳市，江西省上饶市、鹰潭市，山西省太原市、大同市；高低值类型分布在江西省宜春市、新余市，湖南省岳阳市、张家界市、常德市，湖北省黄石市、鄂州市，河南省洛阳市，中学校均体育场地数空间关联关系在中部地区市域单元具体分布情况见下表 6.14。

表 6.14　中部地区中学校均体育场地数空间关联关系市域分布情况统计表

空间关系	市域具体分布情况
高高关联	湖南省湘潭市、益阳市、株洲市、长沙市、衡阳市，湖北省天门市，安徽省大部
低高关联	湖南省娄底市，湖北省荆州市，江西省景德镇市、九江市、萍乡市，安徽省六安市、阜阳市等
低低关联	湖南省湘西土家族苗族自治州、邵阳市，湖北省黄冈市，河南省周口市等河南省部分地区，江西省赣州市，山西省吕梁市等

续表

空间关系	市域具体分布情况
高低关联	江西省宜春市、新余市，湖南省岳阳市、张家界市、郴州市、常德市，湖北省黄石市、仙桃市、神农架林区、鄂州市，河南省洛阳市、济源市、漯河市等

为了进一步识别中部地区中学校均体育场地数的空间集聚情况，利用 GeoDa 软件，通过 Z 值（$P \leqslant 0.05$）显著性检验可知：通过 Z 值显著性检验的高高值区分布在安徽省芜湖市、马鞍山市、宣城市、滁州市、安庆市、合肥市、池州市、铜陵市、蚌埠市；低低值区分布在河南省南阳市、开封市、新乡市、信阳市，山西省太原市、大同市、朔州市；其余地区城市不显著。可见，LISA 聚集图进一步说明中部地区中学校均体育场地数的空间关联以高高聚集和低低聚集的两级聚集为主。

综上，通过对我国中部地区 6 省 87 个市域学校体育场地相关指标的空间自相关分析可知：中部地区学校在校生人数、学校数量、教育经费投入、学校体育场地数、生均体育场地面积以及校均体育场地数等指标均存在空间正相关特性，且以高高聚集和低低聚集的两级聚集分布为主。

第五节　中部地区市域学校体育场地的最邻近点指数分析

最邻近点指数能够很好地反映数据的空间分布特征，通过 ArcMap 软件计算出我国中部地区中小学体育场地的最邻近点指数（详见表 6. 15）。

表 6. 15　中部地区学校体育场地最邻近点指数统计表

省（区、市）	小学				中学			
	平均观测距离（米）	NNI	Z 值	分布类型	平均观测距离（米）	NNI	Z 值	分布类型
安徽	2 796. 75	0. 74	−30. 75	聚集−随机	3 403. 83	0. 75	−24. 61	聚集−随机
河南	2 829. 03	0. 49	−43. 92	聚集分布	2 888. 11	0. 55	−42. 78	聚集−随机
湖北	3 819. 37	0. 52	−35. 09	聚集−随机	4 310. 59	0. 53	−29. 95	聚集−随机
湖南	3 513. 99	0. 68	−33. 17	聚集−随机	3 921. 41	0. 70	−28. 38	聚集−随机
江西	4 870. 68	0. 58	−23. 69	聚集−随机	4 657. 28	0. 63	−24. 23	聚集−随机
山西	3 564. 84	0. 48	−28. 19	聚集分布	2 960. 23	0. 47	−33. 81	随机分布
均值	3 565. 78	0. 58	−32. 47	/	3 690. 24	0. 61	−30. 63	/

最邻近点指数（NNI）≤0.5 为聚集分布，0.5<NNI≤0.8 为聚集-随机分布，0.8<NNI≤1.2 为随机分布，1.2≤NNI<1.5 为随机-离散分布，NNI≥1.5 为均匀分布①。由表 6.15 可知：小学体育场地最邻近点指数的均值为 0.58，小学体育场地 NNI 大于 0，*Z* 值得分为-32.47；中学体育场地最邻近点指数为 0.61，中学体育场地 NNI 大于 0，*Z* 值得分为-30.63，表明中部地区学校体育场地空间分布为聚集-随机性分布。可见，我国中部地区中小学体育场地的最邻近点指数大于 0，*Z* 值得分为一个较小的负值，表明中部地区学校体育场地局部聚集、成片稀疏，空间分布以聚集-随机性分布为主且存在市域体育场地空间分布整体极不平衡的格局，这在一定程度上说明我国中部地区学校体育场地呈现不平衡的建设发展现况。

第六节　中部地区市域学校体育场地的标准差椭圆分析

基于我国中部地区中小学体育场地的 POI 数据，利用 ArcGIS 10.2 空间统计分析中的标准差椭圆工具，生成我国中部地区中小学体育场地的标准椭圆图。中部地区小学体育场地标准椭圆长轴半径为 48.88 千米，为中部地区小学体育场地的最大扩散方向，短轴半径 30.47 千米，为小学体育场地的最小扩散方向，标准差椭圆的扁率为 0.377，方向角度为 5°01′，说明中部地区小学体育场地总体呈现"西南和东北方向集聚、西北和东南方向分散"的空间分布特征，这说明中部地区小学体育场地建设发展规模在偏东地区的较北方向和偏西地区的较南方向上具有延伸趋势，体育场地建设发展较好，而在西北-东南方向（标准椭圆短轴方向）小学体育场地建设发展规模呈现弱化趋势，体育场地建设发展较差，场地分布稀疏，体育场地相对匮乏；标准椭圆内体育场地数量为 7 335 个、占样本总量的 62.01%。

中部地区中学体育场地标准椭圆长轴半径为 104.19 千米，为中学体育场地的最大扩散方向，短轴半径为 610.49 千米，为中学体育场地最小扩散方向，标准差椭圆扁率为 0.414，方向角度为向东偏转 176°16′48″，中学体育场地标准椭圆方向整体呈南北向偏西，说明我国中部地区中学体育场地在空间上分布的方向明显；体育场地在标准椭圆长轴（南北向偏西方向）呈现聚集分布，标准椭圆短轴（西北-东南方向）呈稀疏分布。同时，中学体育场地标准椭圆的短轴距离较长，数据的离散程度较大，说明中

① 潘竟虎．中国国家森林公园空间可达性测度［J］．长江流域资源与环境．2013，22（09）：1180-1187.

学体育场地空间分布具有离散的趋势，标准椭圆内体育场地数量为 6 690 个、占样本总量的 61.35%。

第七节　中部地区市域学校体育场地的冷热点分析

基于中部地区 6 省 87 个市域学校体育场地的 POI 数据，利用 ArcGIS10.2 空间统计工具，计算出中部地区在校生人数、学校数量、教育经费投入、学校体育场地数、生均体育场地面积以及校均体育场地数的 Getis-Ord Gi^* 统计量，以此来进行中部地区中小学体育场地相关指标的冷热点分析，并生成相关指标数据的冷热点空间格局分布图。

一、学校在校生人数冷热点分析

基于中部地区市域中小学在校生人数数据，利用 ArcGIS10.2 空间统计工具，计算 Getis-Ord Gi^* 统计量并以此来进行冷热点分析，生成中部地区中小学在校生人数冷热点空间分布图，用以考察中部地区市域中小学在校生人数的属性特征与空间关联特征。中部地区小学在校生人数冷热点整体呈现热点区集中分布，次热点区和冷点区零星分布，而次冷点区整片广布的空间格局，且在校生人数的冷点区整体多于热点区，热点值由热点区中心沿标准椭圆长轴方向呈现圈层式递减，依次为次热点区、次冷点区、冷点区。其中，中部地区小学在校生人数的热点区集中分布在河南省境内的南阳市，安徽省的阜阳市；次热点区分布在热点区周围，主要分布在河南省的信阳市、洛阳市，安徽省亳州市、淮北市，以及中部地区南部的江西省赣州市，并形成了小学在校生人数的四个次热点区；冷点区域主要分布在中部地区的东、西两侧，并构成小学在校生人数的两个独立冷点区域，西侧冷点区分布在湖北省宜昌市、荆州市、天门市、仙桃市、潜江市、荆门市，东侧冷点区分布在安徽省池州市、宣城市、芜湖市、铜陵市，小学在校生人数的次冷点区分布在山西省、湖南省全境和中部的其他地区。

中部地区中学在校生人数呈现冷热点区聚集分布，次热点区带状分布，冷点区零星分布和次冷点区整片广布的冷热点空间格局，且在校生人数的冷点区整体多于热点区，热点值由热点区中心沿标准椭圆长轴方向呈现圈层式递减，依次为次热点区、冷点区和次冷点区。其中，中部地区中学在校生人数的热点区主要分布在河南省的周口市、漯河市、平顶山市、许昌市、开封市、商丘市，安徽省的阜阳市；次热点区分布在河南省南阳市，安徽省亳州市，江西省赣州市并构成中部地区中学在校生人数次热点区的带状分布格局；冷点区主要分布在中部地区的东、西两侧，并构成中学在校生人数的两个独立冷点区域，西侧冷点区分布在湖北省宜昌市、荆州市、天门市、仙桃市、潜江市、荆门市，冷点区分布在东侧安徽省池州市、黄山市、宣城市；次冷点区主要分布在山西省与湖南省境内。

二、学校所数冷热点分析

基于中部地区6省87个城市中小学所数数据，利用ArcGIS空间统计工具，计算学校所数Getis-Ord Gi^*统计量，并生成中部地区中小学所数冷热点空间分布图。中部地区小学所数冷热点整体呈现热点区聚集分布，次冷点区和冷点区零星分布，次热点区整片广布的空间格局，且小学所数的热点区域整体多于冷点区域；小学所数热点值由热点区中心沿标准椭圆长轴依次为冷点区、次冷点区和次热点区。小学所数的次热点区广布在整个中部的大部分地区；热点区分布在河南省南阳市，安徽省阜阳市、亳州市；冷点区集中分布在中部地区的东、西两侧，东侧冷点区分布在安徽省宣城市和芜湖市，西侧冷点区分布在湖北省荆门市、天门市、仙桃市；次冷点区分布在湖北省荆州市。

中部地区中学所数冷热点呈现热点区“八字”形（或带状）分布，次热点区零星分布，冷点区整片广布的空间格局，且中学所数的冷点区域多于热点区域，整体上呈现东西两侧对称的格局分布；中学所数的热点值由热点区中心沿标准椭圆长轴依次为次冷点区、冷点区、次热点区和次冷点区。其中，热点区呈“八字形”或带状分布在河南省东西两侧，并与安徽省西北部连成一带，主要分布在河南省南阳市、平顶山市、许昌市、漯河市、周口市、商丘市，安徽省阜阳市和六安市；次热点区分布在河南省开封市，湖南省邵阳市，江西省赣州市；冷点区聚集在中部地区的东、西两侧，西侧冷点区分布在湖北省十堰市，东侧冷点区分布在安徽省宣城市、黄山市、池州市、芜湖市。

三、学校教育经费投入冷热点分析

基于中部地区各城市教育经费投入数据，利用ArcGIS空间统计工具，计算出教育经费投入Getis-Ord Gi^*统计量，进而生成中部地区教育经费投入冷热点空间分布图。中部地区教育经费投入冷热点整体呈现热点区和冷点区零星分布，次冷点区整片广布的空间格局，教育经费投入的冷点区域多于热点区域，且无次热点区分布。中部地区教育经费投入形成了三个独立的热点区，分别分布在河南省平顶山市、安徽省六安市、江西省赣州市；中部地区教育经费投入形成两个独立的冷点区分布在东西两侧，西侧冷点区分布在湖北省荆门市、荆州市、潜江市，东侧的冷点区分布在安徽省宣城市、池州市；其他中部地区均为教育经费投入的次冷点区域。

四、学校体育场地数冷热点分析

基于中部地区 6 省 87 个城市中小学体育场地数的数据，利用 ArcGIS 空间统计工具，计算学校体育场地数 Getis-Ord Gi^* 统计量，并生成中部地区中小学体育场地数冷热点空间的分布图。中部地区小学体育场地数冷热点呈现热点区聚集分布，次热点区和冷点区零星分布，次冷点区整片广布的冷热点格局分布，小学体育场地数的冷点区域整体上多于热点区域，且中部地区绝大部分城市为小学体育场地数的次冷点区。小学体育场地数的热点区集中在中部地区的东北部，皖西、皖中和皖北的城市，主要分布在安徽省亳州市、淮北市、蚌埠市、滁州市、合肥市、六安市、淮南市、阜阳市、芜湖市；次热点区分布在河南省商丘市，安徽省宿州市、马鞍山市、铜陵市，湖北省黄冈市，湖南省益阳市；冷点区分布在山西省长治市，湖北省荆门市，江西省南昌市。

中部地区中学体育场地数冷热点呈现热点区“三中心”集聚分布，冷点区独立分布，次冷点区零星分布的冷热点格局，中学体育场地数热点区域多于次冷点区域，大部分中部地区体育场地数为次热点分布。中学体育场地数的热点区呈点状聚集在中部地区的西侧、东侧和南侧，主要分布在河南省南阳市、平顶山市，安徽省滁州市、蚌埠市、淮南市、合肥市、六安市，湖南省益阳市；冷点区独立分布在中部地区的湖北省荆门市、孝感市、天门市；次冷点区分布在湖北省十堰市、潜江市、仙桃市、武汉市。

五、学校生均体育场地面积冷热点分析

基于中部地区 6 省 87 个城市中小学生均体育场地面积的数据，利用 ArcGIS 空间统计工具，计算生均体育场地面积的 Getis-Ord Gi^* 统计量，并生成中部地区中小学生均体育场地数冷热点空间的分布图。中部地区小学生均体育场地面积冷热点呈现热点区聚集分布在标准椭圆短轴两侧，次热点区整片分布，次冷点区带状分布和冷点区零星分布的空间格局，且小学生均体育场地面积的热点区域分布多于冷点区域。小学生均体育场地面积热点区集中分布在中部地区的东西两侧，并呈现热点区东西对称分布的格局，热点区主要分布在湖北省宜昌市、十堰市、神农架林区，安徽省六安市、安庆市、池州市、黄山市、宣城市、芜湖市、铜陵市、合肥市、淮南市、蚌埠市、滁州市、马鞍山市；冷点区位于中部地区的北部，主要分布在河南省安阳市、鹤壁市、新乡市、焦作市、开封市、许昌市、漯河市，江西省南昌市；次冷点区分布在山西省长治市、晋城市，河南省濮阳市、郑州市、平顶山市、周口市、驻

马店市，江西省鹰潭市，其中河南省内次冷点区以包围冷点区的形式分布，而江西省的次冷点区则是并列分布。

中部地区中学生均体育场地面积冷热点呈现热点区聚集分布在标准椭圆短轴两侧，次热点区整片分布，次冷点区和冷点区交替分布在中部地区南北两侧的空间格局，且中学生均体育场地面积的热点区域多于冷点区域。中学生均体育场地面积热点区集中分布在中部地区的东西两侧，并呈现热点区东西对称分布的格局，热点地区主要分布在湖北省宜昌市、十堰市、神农架林区，安徽省安庆市、池州市、黄山市、宣城市、芜湖市、铜陵市、合肥市、滁州市、马鞍山市；次冷点区主要分布在河南省濮阳市、安阳市、新乡市、焦作市、信阳市、漯河市，江西省宜春市、新余市、抚州市；冷点区主要分布在河南省鹤壁市、开封市、许昌市、周口市、驻马店市与江西省南昌市、鹰潭市。同时，中学生均体育场地面积冷点区与次冷点区之间夹杂分布，无明显的次序分布特征。

六、学校校均体育场地数冷热点分析

基于中部地区 6 省 87 个城市校均体育场地数的数据，利用 ArcGIS 空间统计工具，计算校均体育场地的 Getis-Ord Gi^* 统计量，并生成中部地区中小学校均体育场地数的冷热点空间的分布图。中部地区小学校均体育场地数的冷热点呈现热点区和冷点区聚集分布，次冷点区零星分布，次热点区整片广布的空间格局，且热点区域多于冷点区域。小学校均体育场地数热点区集中分布在安徽省境内的池州市、黄山市、宣城市、铜陵市、芜湖市、马鞍山市、合肥市、滁州市、蚌埠市，而冷点区则集中分布在河南省的驻马店市、周口市、漯河市、许昌市、开封市、郑州市、新乡市、焦作市、濮阳市、安阳市、鹤壁市，山西省长治市；次冷点区分布在山西省临汾市、晋城市，河南省平顶山市，江西省南昌市、鹰潭市。

中部地区中学校均体育场地数的冷热点呈现热点区和冷点区聚集分布，次冷点区零星分布，次热点区整片广布的空间格局，且中学校均体育场地数的冷点区域分布极少。中部地区中学校均体育场地数热点区集中分布在安徽省中东部地区，主要分布在安庆市、池州市、黄山市、宣城市、铜陵市、芜湖市、合肥市、马鞍山市、滁州市、蚌埠市、淮南市；次热点区广布在中部大部分地区；次冷点区分布在河南省驻马店市、安阳市、鹤壁市，江西省鹰潭市；冷点区分布在河南省信阳市。

综上，通过对中部地区 6 省 87 个市域学校的在校生人数、学校数量、教育经费投入、学校体育场地数量、生均体育场地面积以及校均体育场地数的冷热点分析可知：中部地区学校体育场地数的冷热点格局分布与中部地区的在校生人数、学校数量以及教育经费投入的冷热点分布呈现同向分布的态势，教育经费投入多，学校数量就多，体育场地建设发展得就好，学校在校生人数多，学校体育场地数量也多。可见，教育经费投入、学校在校生人数对于学校体育场地的建设发展、体育场地的冷热点分布具有一定的影响。

第八节　中部地区市域学校体育场地空间分布的影响因素

一、海拔高度

依据中部地区中小学体育场地的 POI 点，采用自然间断点分级法分类，并运用 ArcGIS10.2 对体育场地进行高程提取分析（Digital Elevation Model，DEM），生成中部地区中小学体育场地高程分布图，并获得不同海拔体育场地数量的具体分布情况（表 6.16）。

表 6.16　不同海拔高度学校体育场地数量及占比统计表

海拔高度（米）	小学		中学	
	体育场地数（个）	占比（%）	体育场地数（个）	占比（%）
≤500	10 502	88.78	9 452	86.55
≤1 000	917	7.75	982	8.99
≤1 500	385	3.25	444	4.07
≤2 000	26	0.22	43	0.39

由表 6.16 可知：我国中部地区学校体育场地热点区主要位于海拔低于 1 000 米的汾河谷地、华北平原、江汉平原和洞庭湖平原等地区。其中，小学体育场地数占 96.53%、中学占 95.54%，而体育场地冷点区广布在海拔高度在 1 000 米以上的丘陵或山区（如：北部太行山区的山西省朔州市、忻州市、阳泉市，湖北省恩施土家族苗族自治州，十堰市，东部的江西省鹰潭市、上饶市等）。可见，海拔高度对体育场地建设有着重要影响，海拔越高，体育场地建设数量越少，场地空间呈稀疏分布；海拔降低，体育场地建设数量增多，且场地空间呈聚集分布，学校体育场地建设与海拔高度呈逆向发展态势。

二、教育经费投入

经济发展水平是影响公共服务资源配置水平的决定性因素，公共服务资源配置水平也对经济发展起推动作用，两者之间相互影响①。本书依据中部地区各省官网公布的2013年GDP总量，通过各省GDP总量中对教育经费的投入情况，运用ArcGIS10.2中的Getis-Ord Gi^*统计量，计算并生成中部地区教育经费投入和学校体育场地的冷热点空间格局分布图，以此来考察中部地区教育经费投入与学校体育场地空间冷热点分布的关系。我国中部地区教育经费投入和学校体育场地冷热点分布主要以高高和低低聚集的两级分布为主，教育经费投入与学校体育场地热点区分布在中部地区的西侧、东侧和南侧，主要分布在河南省南阳市、平顶山市，安徽省滁州市、蚌埠市、淮南市、合肥市、六安市，湖南省益阳市；冷点区分布在中部地区的湖北省荆门市、孝感市、天门市。教育经费投入与学校体育场地空间冷热点分布呈现"同向性"发展的态势，教育经费投入得多，学校体育场地的建设发展就好。可见，教育经费投入（或地区经济发展水平）是影响体育场地冷热点分布的一个必要条件因素。

三、学校在校生人数

体育场地建设发展与人口、经济发展关联性密切，人口分布、经济分布均对体育场地资源均衡性配置产生影响②，且基于人口和经济分布的场地资源配置均衡性，明显好于基于地理面积分布的场地资源配置均衡性③。鉴于此，本书依据《中国城市统计年鉴2013》和我国各省政府官网，获取中部地区学校在校人数的数据，运用Arc GIS10.2中的Getis-Ord Gi^*统计量，计算并生成相关指标数据的冷热点空间格局分布图，以此来考察中部地区中小学在校生人数与体育场地空间冷热点分布的关系。

我国中部地区学校在校生人数和体育场地数呈"同向"发展态势，中部地区的河南省境内的南阳市、驻马店市、周口市、漯河市、平顶山市、许昌市、开封市、商丘市、信阳市、洛阳市，安徽省的阜阳市、亳州市、淮北市以及中部地区南部的江西省赣州市等学校在校生人数为热点分布地区，同时，也是学校体育场地的热点区。可见，在校生人数是影响中部地区学校体育场地冷热点分布的一个客观因素，但是，在校生人数与体育场地热点分布之间并不存在明显的线性相关关系，在校生人数是促进体育场地建设发展的一个客观条件因素，这并不意味着在人口密集城市学校体育场地就一定建设发展得好。

---

① 任喜萍．我国城市公共服务资源配置空间格局及驱动机制［J］．当代经济管理，2018，40（10）：61-68.

② 寇健忠．体育场地资源配置的均衡性研究［J］．北京体育大学学报，2017，40（04）：14-20.

③ 朱焱，于文谦，陈冬梅．基于基尼系数的我国体育场地资源配置均衡性研究［J］．天津体育学院学报，2018，33（01）：14-19.

第七章　我国西部地区市域学校体育场地空间分布特征

第一节　研究指标选取

依据“六普”学校体育场地的基础数据，运用Google Earth电子地图平台和高德地图，兼顾数据的可获得性、代表性和独立性原则，获取田径场、体育馆、乒乓球场、羽毛球场、篮球场以及网球场等六类体育场地的地理坐标信息，进而得到西部地区12省（区、市）140市27 605个中小学体育场地的POI数据（详见表7.1）；各市行政区划面积、人口数量、经济发展水平（GDP）、学校在校人数、教育经费投入等数据均来源于《中国城市统计年鉴2013》和各级地方政府官方网站。

表7.1　西部地区各省中小学体育场地POI基本情况统计表

省（区、市）	小学体育场地POI	占比（%）	中学体育场地POI	占比（%）	省（区、市）	小学体育场地POI	占比（%）	中学体育场地POI	占比（%）
广西	2 305	15.03	2 020	16.46	陕西	2 764	18.03	1 454	11.85
贵州	590	3.85	941	7.67	内蒙古	816	5.32	747	6.09
四川	3 747	24.44	2 706	22.05	甘肃	400	2.61	647	5.27
新疆	378	2.47	563	4.59	青海	108	0.70	161	1.31
西藏	184	1.20	136	1.11	云南	2 618	17.07	1 774	14.46
宁夏	601	3.92	311	2.53	重庆	822	5.36	812	6.62

第二节　西部地区市域学校体育场地的平均中心分析

运用ArcGIS10.2，依据我国西部地区中小学体育场地的POI点，通过平均中心分析方法，得出我国西部地区学校体育场地的平均中心，并依据西部地区12省（区、市）官网公布的常住人口总量和GDP总量，分析计算出西部地区的人口中心和GDP中心，进而得出我国西部地区学校体育场地平均中心、人口中心和经济发展中心的地理坐标位置（见表7.2）。

表7.2　西部地区体育场地平均中心、人口中心和经济发展中心地理空间点统计表

	地理空间点名称	经度	纬度	地理位置
小学	体育场平均中心	105°43′53″E	30°31′18″N	四川省遂宁市蓬溪县任隆镇黑白沟村
	西部地区人口中心	105°45′36″E	30°01′12″N	重庆市潼南区塘坝镇封坝村
	西部地区经济发展中心	106°07′48″E	30°22′48″N	四川省南充市南部县永定镇同心村
中学	体育场平均中心	105°29′38″E	30°40′21″N	四川省遂宁市蓬溪县红江镇顺江村
	西部地区人口中心	104°41′12″E	30°56′509″N	四川省德阳市中江县辑庆镇长梁村
	西部地区经济发展中心	105°02′51″E	31°33′59″N	四川省绵阳市梓潼县石牛镇清泉村

由表7.2可知：我国西部地区中小学校体育场地的平均中心、人口中心和经济发展中心"三中心"在空间地理位置上的坐标略有偏离，但是，"三中心"偏离程度较小，地理位置基本吻合，这表明我国西部地区学校体育场地建设发展与西部地区人口增长、经济发展的中心趋势明显，这为我国西部地区学校体育场地宏观配置建设资源提供了理论依据。

第三节　西部地区市域学校体育场地的核密度分析

为了整体了解我国西部地区学校体育场地在空间上的密度分布、分布格局和聚集程度，采用自然间断点分级法，运用核密度聚类分析，生成我国西部地区学校体育场地核密度分布可视图，并计算出我国西部地区学校体育场地在不同核密度值区的面积占比情况（见表7.3）。

表 7.3　西部地区不同核密度值区学校体育场地面积占比统计表

	高值区	较高值区	中值区	较低值区	低值区
小学	2.87%	5.17%	9.63%	24.84%	57.49%
中学	2.48%	5.15%	13.30%	21.40%	57.67%

由表 7.3 可知：我国西部地区小学体育场地面积在低值区和较低值区占比较大、占样本总量的 82.33%，而在中值区、较高值区和高值区体育场地面积占比较小、占样本总量的 17.67%；中学体育场地面积在低值区和较低值区占样本总量的 79.07%，中值区、较高值区和高值区体育场地面积占样本总量的 20.93%。可见，西部地区学校体育场地面积分布呈现“核密度低值区密集分布、高值区稀疏分布”的特点。西部地区小学体育场地核密度的密集区和较密集区主要分布于陕西省、重庆市、四川省东部、云南省东部、广西壮族自治区中部，体育场地的中值区和较稀疏区大部分位于广西壮族自治区密集区外围、云南省和四川省西部、宁夏回族自治区和内蒙古自治区南部、贵州省北部等地区，而体育场地稀疏区广布在内蒙古自治区、新疆维吾尔自治区和西藏自治区以及甘肃省和青海省大部；中学体育场地的密集区主要分布在重庆市和四川省成都市两个等级区，并以这两个等级区为核心由东向西方向核密度等级呈递减分布，中值区分布在陕西省关中地区的西安市、咸阳市、宝鸡市，广西壮族自治区的桂林市与南宁市，贵州省的遵义市，云南省昆明市，稀疏区主要分布在新疆维吾尔自治区、青海省和西藏自治区。整体而言，西部地区学校体育场地大部分分布于偏东方向上，且东部方向上体育场地的核密度值明显高于西部，体育场地的密集区和较密集区分布在西部地区南北向偏东的地区上，而在南北向偏西方向上体育场地呈稀疏分布，呈现“东南密集、西北稀疏”的核密度分布特点。

第四节　西部地区市域学校体育场地的空间自相关分析

为了进一步分析西部地区中小学体育场地的空间分布，选取西部地区 12 个省（区、市）共计 140 个市的行政区划面积、人口、GDP、在校生人数、学校数量、教育经费投入、学校体育场地数量、生均体育场地面积、校均体育场地数量等统计指标，指标来源于《中国城市统计年鉴 2013》和各级政府官方网站公布数据。

一、学校在校生人数空间自相关分析

根据西部地区中小学体育场地的 POI 点，采用 Moran's I 指数来评估西部地区学校

在校生人数的全局空间集聚特征，LISA聚集图评价市域高低显著性水平的位置和范围，采用 GeoDa 软件生成西部地区中小学在校生人数的 Moran 散点图。西部地区小学在校生人数 Moran's I 值为 0.275 3，大于 0，但远小于 1，这说明在西部地区空间分布聚集程度较大的城市及周边，其小学在校生人数亦较多，具有较低的空间正相关性。

小学在校生人数莫兰散点仅在第一、二象限里有部分向外扩散的散点，整体上向中心集聚，说明西部地区小学在校生人数的两极分化不明显，在校生人数分布比较均衡；从地区上看，高高值类型主要位于陕西省、重庆市、贵州省、广西壮族自治区、四川省、云南省等，低高值类型广布于陕西省、新疆维吾尔自治区、广西壮族自治区、四川省、云南省等的部分城市，低低值类型主要位于青海省、西藏自治区、甘肃省、新疆维吾尔自治区、宁夏回族自治区、四川省和内蒙古自治区以及云南省的部分城市，高低值类型主要位于甘肃省、新疆维吾尔自治区、四川省、云南省等部分城市，其余西部地区城市不显著，小学在校生人数空间关联关系在西部地区市域单元具体分布情况见表 7.4。

表 7.4　西部地区小学在校生人数空间关联关系市域分布情况统计表

空间关系	市域具体分布情况
高高关联	陕西省渭南市、西安市、咸阳市、汉中市、宝鸡市、延安市，重庆市，贵州省安顺市、黔西南布依族苗族自治州、黔东南苗族侗族自治州、遵义市，新疆维吾尔自治区和田地区、阿克苏地区，广西壮族自治区大部，四川省资阳市、内江市等部分地区，云南省昆明市、文山壮族苗族自治州、曲靖市、昭通市等
低高关联	陕西省铜川市，甘肃省平凉市，新疆维吾尔自治区克孜勒苏柯尔克孜自治州、阿拉尔市，广西壮族自治区防城港市、北海市、贺州市、崇左市、来宾市，四川省德阳市、凉山彝族自治州、眉山市、自贡市、巴中市、遂宁市、阿坝藏族羌族自治州、雅安市，云南省临沧市等
低低关联	青海省西宁市、玉树藏族自治州，西藏自治区阿里地区，甘肃省酒泉市、嘉峪关市等甘肃部分地区，新疆维吾尔自治区铁门关市、双河市、阿勒泰地区、博尔塔拉蒙古自治州、吐鲁番市、昌吉回族自治州、塔城地区、石河子市、克拉玛依市、巴音郭楞蒙古自治州，宁夏回族自治区银川市，四川省攀枝花市，内蒙古自治区阿拉善盟、兴安盟、锡林郭勒盟，云南省丽江市、德宏傣族景颇族自治州、临沧市、西双版纳傣族自治州、迪庆藏族自治州、保山市、普洱市、怒江傈僳族自治州等
高低关联	陕西省榆林市，甘肃省天水市、兰州市、临夏回族自治州、陇南市，新疆维吾尔自治区乌鲁木齐市、和田地区、喀什地区、巴音郭楞蒙古自治州、伊犁哈萨克自治州，四川省绵阳市、成都市，内蒙古自治区赤峰市，云南省大理白族自治州、保山市

为了进一步识别西部地区小学在校生人数的空间集聚情况，利用 GeoDa 软件，通过 Z 值（$P \leqslant 0.05$）显著性检验可知：通过 Z 值显著性检验的高高值区分布在陕西省渭南市、西安市、咸阳市、汉中市、宝鸡市、延安市，重庆市，贵州省安顺市、黔西

南布依族苗族自治州、黔东南苗族侗族自治州，广西壮族自治区河池市，云南省昆明市，四川省资阳市、内江市；低低值区主要集中在新疆维吾尔自治区石河子市、克拉玛依市、巴音郭楞蒙古自治州、哈密市和北疆地区以及东疆部分地区，甘肃省和西藏自治区部分地区以及内蒙古自治区呼伦贝尔市、乌海市；低高值区主要位于甘肃省陇南市，陕西省榆林市，广西壮族自治区北海市；高低值区主要位于新疆维吾尔自治区图木舒克市、可克达拉市、克孜勒苏柯尔克孜自治州、阿拉尔市。可见，LISA 聚集图进一步说明西部地区小学在校生人数空间关联以高高聚集和低低聚集的两级聚集为主。

西部地区中学在校生人数 Moran's I 值为 0.265 1，大于 0，远小于 1，表明西部地区空间分布聚集程度较大的城市其中学在校生人数也较多，中学在校生人数具有较低的空间正相关性。西部地区中学在校生人数在四个象限向中心集聚，仅在第一象限里有部分向外扩散的散点，说明西部地区中学在校生人数的两极分化不明显，且在校人数分布比较均衡。从地区看，高高值类型主要位于陕西省、重庆市、贵州省、广西壮族自治区、四川省、云南省等，低高值类型主要位于陕西省、新疆维吾尔自治区、广西壮族自治区、四川省和云南省等的部分城市，低低值类型广布于青海省、西藏自治区、甘肃省、新疆维吾尔自治区、宁夏回族自治区、四川省、内蒙古自治区以及云南省等的部分城市，高低值类型主要位于甘肃省、新疆维吾尔自治区、四川省、云南省等部分城市，西部地区中学在校生人数空间关联关系在西部地区市域单元具体分布情况见表 7.5。

表 7.5　西部地区中学在校生人数空间关联关系市域分布情况统计表

空间关系	市域具体分布情况
高高关联	陕西省渭南市、西安市、咸阳市、汉中市、宝鸡市，重庆市，贵州省安顺市、黔西南布依族苗族自治州、黔东南苗族侗族自治州等，甘肃省天水市，广西壮族自治区桂林市，四川省巴中市、遂宁市，云南省红河哈尼族彝族自治州等
低高关联	陕西省商洛市、延安市、安康市、铜川市，甘肃省陇南市，新疆维吾尔自治区图木舒克市、可克达拉市、克孜勒苏柯尔克孜自治州、阿拉尔市，广西壮族自治区北海市，四川省攀枝花市、自贡市、阿坝藏族羌族自治州、雅安市、广元市、达州市，云南省玉溪市、德宏傣族景颇族自治州、临沧市、普洱市等
高低关联	甘肃省定西市，新疆维吾尔自治区喀什地区、阿克苏地区、乌鲁木齐市等，宁夏回族自治区银川市，四川省绵阳市、成都市，内蒙古自治区呼和浩特市、赤峰市，云南省大理白族自治州、保山市等
低低关联	陕西省榆林市，青海省西宁市、玉树藏族自治州等，西藏自治区昌都市等，甘肃省金昌市、临夏回族自治州等，新疆维吾尔自治区北疆部分地区、阿勒泰地区、南疆喀什地区和阿克苏地区、石河子市、克拉玛依市、巴音郭楞蒙古自治州、哈密市等，宁夏回族自治区中卫市、固原市，四川省甘孜藏族自治州，内蒙古自治区呼伦贝尔市等，云南省西双版纳傣族自治州、迪庆藏族自治州、怒江傈僳族自治州等

为了进一步识别西部地区中学在校生人数的空间集聚情况，利用 GeoDa 软件，通过 Z 值（$P \leqslant 0.05$）显著性检验可知：通过 Z 值显著性检验的高高值区为重庆市，贵州省安顺市、黔西南布依族苗族自治州、黔东南苗族侗族自治州等，广西壮族自治区桂林市，云南省昆明市，四川省资阳市、内江市；低低值区主要集中在新疆维吾尔自治区北疆部分地区、南疆的阿克苏地区、克拉玛依市、巴音郭楞蒙古自治州、哈密市等，甘肃省和西藏自治区部分地区以及内蒙古自治区呼伦贝尔市、乌海市等；低高值区主要位于甘肃省陇南市、定西市、兰州市；高低值区主要位于新疆维吾尔自治区图木舒克市、可克达拉市、克孜勒苏柯尔克孜自治州、阿拉尔市。可见，LISA 聚集图进一步说明西部地区中学在校人数空间关联以高高聚集和低低聚集的两级聚集为主。

二、学校所数空间自相关分析

运用 GeoDa 软件生成西部地区小学所数的 Moran 散点图，西部地区小学所数的 Moran's I 值为 0.316 2，大于 0，远小于 1，表明西部地区空间分布聚集程度较大的城市其中小学所数也较多，小学所数的空间分布具有较低的空间正相关特性。

西部地区小学所数两极分化不明显，在第一、二象限有部分向外扩散的散点，莫兰散点整体上向中心集聚，表明西部地区小学所数在城市分布比较均衡。从地区看，高高值类型主要位于陕西省、重庆市、贵州省、广西壮族自治区、四川省、云南省等，低高值类型主要位于陕西省、新疆维吾尔自治区、广西壮族自治区、四川省以及云南省的部分城市，低低值类型广布于青海省、西藏自治区、甘肃省、新疆维吾尔自治区、宁夏回族自治区、四川省、内蒙古自治区、云南省等的部分城市，高低值类型位于甘肃省、新疆维吾尔自治区、四川省、云南省等的部分城市，西部地区小学所数空间关联关系在西部地区市域单元具体分布情况详见下表 7.6。

表 7.6　西部地区小学所数空间关联关系市域分布情况统计表

空间关系	市域具体分布情况
高高关联	贵州省安顺市、黔东南苗族侗族自治州、遵义市、铜仁市、六盘水市、毕节市、贵阳市，甘肃省庆阳市、陇南市等，广西壮族自治区河池市等，四川省资阳市、内江市、广安市、巴中市、遂宁市、广元市、达州市、成都市等，云南省昆明市、红河哈尼族彝族自治州等
低高关联	陕西省商洛市、延安市、铜川市，贵州省安顺市、黔西南布依族苗族自治州，甘肃省临夏回族自治州，新疆维吾尔自治区图木舒克市、可克达拉市、昆玉市、克孜勒苏柯尔克孜自治州，广西壮族自治区防城港市、北海市、贺州市、崇左市、梧州市、钦州市、来宾市，四川省自贡市、阿坝藏族羌族自治州、雅安市，云南省玉溪市等

续表

空间关系	市域具体分布情况
低低关联	青海省西宁市、玉树藏族自治州等，西藏自治区昌都市、阿里地区等，甘肃省白银市、酒泉市等，新疆维吾尔自治区五家渠市、北屯市、铁门关市、双河市、阿勒泰地区、阿拉尔市、石河子市、克拉玛依市、巴音郭楞蒙古自治州、哈密市等，宁夏回族自治区固原市、吴忠市等，四川省甘孜藏族自治州等，内蒙古自治区锡林郭勒盟、乌兰察布市、包头市、通辽市、巴彦淖尔市，云南省楚雄彝族自治州、临沧市、西双版纳傣族自治州、迪庆藏族自治州、保山市、普洱市、怒江傈僳族自治州等
高低关联	陕西省榆林市，甘肃省庆阳市，新疆维吾尔自治区乌鲁木齐市、和田地区、喀什地区、伊犁哈萨克自治州，广西壮族自治区桂林市、玉林市、南宁市，四川省凉山彝族自治州，内蒙古自治区呼和浩特市、赤峰市，云南省大理白族自治州等

西部地区小学所数通过 Z 值显著性检验的高高值区有甘肃省天水市、定西市等，陕西省西安市，贵州省黔西南布依族苗族自治州和黔东南苗族侗族自治州等，广西壮族自治区桂林市等；低低值区为新疆维吾尔自治区五家渠市、克拉玛依市、巴音郭楞蒙古自治州、哈密市，甘肃省庆阳市、张掖市等，西藏自治区阿里地区、那曲市等，内蒙古自治区呼伦贝尔市、乌海市；低高值区为四川省绵阳市，广西壮族自治区崇左市、来宾市；高低值区主要位于新疆维吾尔自治区图木舒克市。可见，LISA 聚集图进一步说明西部地区小学所数空间关联以高高聚集和低低聚集的两级聚集为主。

西部地区中学所数的 Moran's I 值为 0.370 949，大于 0，表明在西部地区空间分布聚集程度较大的城市其中学所数也较多，具有明显的空间正相关性。西部地区中学所数在西部地区两极分化不明显，莫兰散点整体上向中心集聚，仅仅在第一象限有部分向外扩散的散点，这表明西部地区中学所数分布比较均衡。从地区上看，高高值类型主要位于陕西省、重庆市、贵州省、广西壮族自治区、四川省、云南省等，低高值类型分布在陕西省、新疆维吾尔自治区、广西壮族自治区、四川省和云南省的部分城市，低低值类型广布于青海省、西藏自治区、甘肃省、新疆维吾尔自治区、宁夏回族自治区、四川省、内蒙古自治区和云南省的部分城市，高低值类型主要位于甘肃省、新疆维吾尔自治区、四川省、云南省等的部分城市，西部地区中学所数空间关联关系在西部地区市域单元具体分布情况见下表 7.7。

表 7.7 西部地区中学所数空间关联关系市域分布情况统计表

空间关系	市域具体分布情况
高高关联	陕西省渭南市、西安市、咸阳市、商洛市、汉中市、宝鸡市、安康市，重庆市，贵州省毕节市、贵阳市、黔西南布依族苗族自治州，甘肃省天水市、定西市、平凉市、兰州市、白银市、庆阳市、临夏回族自治州、陇南市，新疆维吾尔自治区阿克苏地区，广西壮族自治区桂林市、防城港市、河池市，四川省达州市，云南省文山壮族苗族自治州等

续表

空间关系	市域具体分布情况
高低关联	甘肃省武威市，新疆维吾尔自治区南疆的和田、阿克苏和喀什地区等，四川省成都市、凉山彝族自治州，云南省楚雄彝族自治州
低高关联	陕西省榆林市、商洛市、延安市、铜川市，贵州省黔西南布依族苗族自治州，甘肃省甘南藏族自治州，新疆维吾尔自治区图木舒克市、可克达拉市、克孜勒苏柯尔克孜自治州、阿拉尔市，广西壮族自治区北海市、崇左市、来宾市，宁夏回族自治区中卫市，四川省绵阳市、资阳市、内江市、广安市、泸州市、攀枝花市、南充市、巴中市、遂宁市、阿坝藏族羌族自治州、雅安市、广元市，云南省曲靖市、昭通市、红河哈尼族彝族自治州
低低关联	青海省西宁市、玉树藏族自治州等，陕西省榆林市，西藏自治区林芝市、昌都市、阿里地区、日喀则市、山南市等，甘肃省张掖市，新疆维吾尔自治区五家渠市、铁门关市、北屯市、双河市、阿勒泰地区、乌鲁木齐市、博尔塔拉蒙古自治州、吐鲁番市、昌吉回族自治州、塔城地区、石河子市、克拉玛依市等，宁夏回族自治区石嘴山市等，四川省雅安市、甘孜藏族自治州等，内蒙古自治区锡林郭勒盟、赤峰市等，云南省昆明市、玉溪市等

由西部地区中学所数 LISA 聚集图可知：中学所数通过 *Z* 值显著性检验的高高值区包括重庆市，甘肃省天水市、定西市、平凉市、兰州市、白银市，陕西省渭南市、西安市，贵州省安顺市、黔西南布依族苗族自治州、黔东南苗族侗族自治州、遵义市、铜仁市，四川省乐山市、绵阳市、资阳市、内江市；低低值区主要集中在新疆维吾尔自治区五家渠市、铁门关市、北屯市、双河市、昆玉市、阿勒泰地区、阿克苏地区、石河子市、克拉玛依市、巴音郭楞蒙古自治州、哈密市，甘肃省甘南藏族自治州、白银市、嘉峪关市，西藏自治区林芝市、昌都市、阿里地区、日喀则市、山南市、那曲市、拉萨市，内蒙古自治区呼伦贝尔市、乌海市；低高值区主要位于陕西省商洛市；高低值区主要位于新疆维吾尔自治区图木舒克市、可克达拉市。可见，LISA 聚集图进一步说明西部地区中学所数空间关联以高高聚集和低低聚集的两级聚集为主。

三、学校教育经费投入空间自相关分析

运用 GeoDa 软件生成西部地区教育经费投入的 Moran 散点图。我国西部地区教育经费投入的 Moran's *I* 值为 0.114 1，大于 0，远小于 1，教育经费投入具有较低的空间正相关性。西部地区教育经费投入的两极分化不明显，在第一、二、四象限有部分向外扩散散点，莫兰散点整体上向中心集聚，说明教育经费投入在西部地区分布比较均衡。从地区上看，高高值类型位于陕西省、重庆市、贵州省、广西壮族自治区、四川省、云南省等，低高值类型位于陕西省、新疆维吾尔自治区、广西壮族自治区、四川省、云南省等的部分城市，低低值类型大部分位于青海省、西藏自治区、甘肃省、新

疆维吾尔自治区、宁夏回族自治区、四川省、内蒙古自治区、云南省等的部分城市，高低值类型主要位于甘肃省、新疆维吾尔自治区、四川省、云南省等的部分城市，西部地区教育经费投入空间关联关系在西部地区市域单元具体分布情况见下表7.8。

表7.8　西部地区教育经费投入空间关联关系市域分布情况统计表

空间关系	市域具体分布情况
高高关联	陕西省西安市、宝鸡市等，重庆市，贵州省安顺市、黔西南布依族苗族自治州、黔东南苗族侗族自治州、遵义市、铜仁市、六盘水市、毕节市、贵阳市、黔南布依族苗族自治州，甘肃省天水市，新疆维吾尔自治区阿克苏地区，广西壮族自治区桂林市、河池市等，四川巴中市、达州市等，内蒙古自治区包头市、呼和浩特市，云南省曲靖市、昭通市、红河哈尼族彝族自治州等
低高关联	陕西省榆林市、铜川市，甘肃省平凉市，新疆维吾尔自治区图木舒克市、可克达拉市、五家渠市、克孜勒苏柯尔克孜自治州、阿拉尔市、和田地区、克拉玛依市，广西壮族自治区钦州市、来宾市等，四川省资阳市、内江市、广安市、德阳市、凉山彝族自治州、眉山市、自贡市、巴中市、遂宁市、阿坝藏族羌族自治州、雅安市、广元市，内蒙古自治区锡林郭勒盟，云南省玉溪市、楚雄彝族自治州、文山壮族苗族自治州、红河哈尼族彝族自治州、临沧市、普洱市等
低低关联	青海省玉树藏族自治州、黄南藏族自治州、果洛藏族自治州、海北藏族自治州等，陕西省榆林市，西藏自治区林芝市、昌都市、日喀则市、山南市、那曲市，甘肃省定西市、临夏回族自治州、武威市、酒泉市、嘉峪关市，新疆维吾尔自治区铁门关市、北屯市、双河市、昆玉市、阿勒泰地区、博尔塔拉蒙古自治州、吐鲁番市、昌吉回族自治州、塔城地区、石河子市、巴音郭楞蒙古自治州、哈密市，宁夏回族自治区中卫市等，四川省攀枝花市等，内蒙古自治区阿拉善盟、兴安盟、乌兰察布市、巴彦淖尔市，云南省楚雄彝族自治州、丽江市、德宏傣族景颇族自治州、西双版纳傣族自治州、迪庆藏族自治州、保山市、普洱市、怒江傈僳族自治州等
高低关联	青海省西宁市，陕西省延安市，甘肃省天水市、定西市、兰州市、庆阳市，西藏自治区阿里地区、拉萨市，新疆维吾尔自治区喀什地区、伊犁州，四川省成都市，内蒙古自治区呼伦贝尔市，云南省大理白族自治州等

由教育经费投入LISA聚集图可知：西部地区教育经费投入通过Z值显著性检验的高高值区包括重庆市，陕西省渭南市，贵州省安顺市、黔西南布依族苗族自治州、黔东南苗族侗族自治州、遵义市、铜仁市，四川省乐山市、绵阳市、资阳市；低低值区主要集中在新疆维吾尔自治区五家渠市、铁门关市、北屯市、阿克苏地区、石河子市、克拉玛依市、巴音郭楞蒙古自治州、哈密市，甘肃省甘南藏族自治州、武威市、酒泉市、嘉峪关市，西藏自治区林芝市、昌都市、山南市、那曲市、拉萨市，内蒙古自治区呼伦贝尔市、乌海市；低高值区主要位于四川省资阳市、内江市、广安市、德阳市、凉山彝族自治州、眉山市；高低值区主要位于新疆维吾尔自治区图木舒克市、可克达拉市，西藏自治区阿里地区、拉萨市。可见，LISA聚集图进一步说明西部地区教育经

费投入的空间关联以高高聚集和低低聚集的两级聚集为主。

四、学校体育场地数空间自相关分析

运用 GeoDa 软件生成西部地区学校体育场地数的 Moran 散点图和 LISA 聚集图。小学体育场地数的 Moran's I 值为 0.377 084，大于 0，说明在西部地区空间分布聚集程度较大的城市其小学体育场地数也较多，呈明显的空间正相关性。西部地区小学体育场地莫兰散点在第一、二象限有部分向外扩散的散点，但整体上向中心集聚分布，这说明西部地区小学体育场地数的两极分化现象不明显，小学体育场地数的分布比较均衡。从地区上看，高高值类型主要位于陕西省、重庆市、贵州省、广西壮族自治区、四川省、云南省等，低高值类型主要位于陕西省、新疆维吾尔自治区、广西壮族自治区、四川省、云南省等部分城市，低低值类型广布于青海省、西藏自治区、甘肃省、新疆维吾尔自治区、宁夏回族自治区、四川省以及内蒙古自治区和云南省的部分城市，高低值类型主要位于甘肃省、新疆维吾尔自治区、四川省、云南省等的部分城市，小学体育场地数空间关联关系在西部地区市域单元具体分布情况见下表 7.9。

表 7.9　西部地区小学体育场地数空间关联关系市域分布情况统计表

空间关系	市域具体分布情况
高高关联	陕西延安市、安康市，重庆市，贵州省遵义市，广西壮族自治区桂林市、河池市、来宾市等，宁夏回族自治区吴忠市，四川省乐山市、凉山彝族自治州、南充市、自贡市、巴中市、遂宁市、阿坝藏族羌族自治州、雅安市、广元市、达州市、成都市等，云南省昆明市、玉溪市、楚雄彝族自治州、文山壮族苗族自治州、大理白族自治州、曲靖市、昭通市、红河哈尼族彝族自治州、临沧市、保山市、普洱市等
低高关联	陕西省铜川市，贵州省黔西南布依族苗族自治州、黔东南苗族侗族自治州、铜仁市、六盘水市、毕节市，甘肃省平凉市、庆阳市、陇南市，新疆维吾尔自治区图木舒克市、可克达拉市、克孜勒苏柯尔克孜自治州、阿拉尔市，广西壮族自治区防城港市、北海市、崇左市、梧州市，四川省攀枝花市、自贡市、阿坝藏族羌族自治州，内蒙古自治区鄂尔多斯市，云南西双版纳傣族自治州等
低低关联	青海省西宁市、海东市等，贵州省安顺市、六盘水市、黔南布依族苗族自治州，西藏自治区那曲市、拉萨市等，甘肃省天水市、定西市、甘南藏族自治州、白银市、张掖市、金昌市、临夏回族自治州、武威市、酒泉市、嘉峪关市，新疆维吾尔自治区图木舒克市、五家渠市、铁门关市、北屯市、双河市、可克达拉市、昆玉市、阿勒泰地区、阿拉尔市、乌鲁木齐市、喀什地区、克拉玛依市、巴音郭楞蒙古自治州、哈密市等，宁夏回族自治区中卫市、石嘴山市，四川省甘孜藏族自治州，内蒙古自治区阿拉善盟、兴安盟等，云南省迪庆藏族自治州、怒江傈僳族自治州等
高低关联	陕西省榆林市，宁夏回族自治区固原市，甘肃省兰州市，内蒙古自治区呼和浩特市、赤峰市，云南省保山市等

由西部地区小学体育场地数 LISA 聚集图可知：小学体育场地数通过 Z 值显著性检验的高高值区分布在甘肃省天水市、定西市，陕西省渭南市、西安市，贵州省安顺市、黔西南布依族苗族自治州、遵义市，四川省乐山市、绵阳市、资阳市、内江市，云南省昆明市、玉溪市、楚雄彝族自治州、文山壮族苗族自治州、大理白族自治州、曲靖市、昭通市、红河哈尼族彝族自治州；低低值区主要集中在新疆维吾尔自治区五家渠市、铁门关市、北屯市、阿勒泰地区、阿克苏地区、石河子市、克拉玛依市、巴音郭楞蒙古自治州、哈密市，甘肃省甘南藏族自治州、白银市、嘉峪关市等，西藏自治区林芝市、昌都市、阿里地区、日喀则市、山南市、那曲市、拉萨市，内蒙古自治区呼伦贝尔市、乌海市；低高值区主要位于陕西省商洛市，贵州省安顺市；高低值区主要位于甘肃省兰州市，其余西部城市不显著。可见，LISA 聚集图进一步说明西部地区小学体育场地数以高高聚集和低低聚集的两级聚集为主。

西部地区中学体育场地数的 Moran's I 值为 0.292 394，大于 0，说明在西部地区空间分布聚集程度较大的城市其中学体育场地数也较多，呈较低的空间正相关性。中学体育场地数的莫兰散点在第一、二象限有部分向外扩散的散点，整体上向中心极度集聚，这说明中学体育场地数在西部地区两极分化不明显、中学体育场地数的分布比较均衡。从地区上看，高高值类型主要位于陕西省、重庆市、贵州省、广西壮族自治区、四川省、云南省等，低高值类型主要位于陕西省、新疆维吾尔自治区、广西壮族自治区、四川省、云南省等部分城市，低低值类型广布于青海省、西藏自治区、甘肃省、新疆维吾尔自治区、宁夏回族自治区、四川省、内蒙古自治区以及云南省的部分城市，高低值类型主要位于甘肃省、新疆维吾尔自治区、四川省、云南省等的部分城市，中学体育场地数空间关联关系在西部地区市域单元具体分布情况见下表 7.10。

表 7.10　西部地区中学体育场地数空间关联关系市域分布情况统计表

空间关系	市域具体分布情况
高高关联	陕西省渭南市、西安市等，重庆市，贵州省遵义市、毕节市、贵阳市、黔南布依族苗族自治州，广西壮族自治区钦州市、来宾市等，四川省宜宾市、泸州市、凉山彝族自治州、眉山市、南充市、遂宁市、广元市、达州市、成都市，云南省昆明市、玉溪市、楚雄彝族自治州、文山壮族苗族自治州、曲靖市、昭通市、红河哈尼族彝族自治州、临沧市、保山市、普洱市等
低低关联	青海省西宁市、海东市等，西藏自治区林芝市、昌都市、阿里地区、日喀则市、山南市、那曲市、拉萨市，甘肃省天水市、定西市、甘南藏族自治州、白银市、张掖市、金昌市、临夏回族自治州、武威市、酒泉市、嘉峪关市，新疆维吾尔自治区图木舒克市、五家渠市、铁门关市、北屯市、双河市、可克达拉市、昆玉市、阿勒泰地区、阿拉尔市、乌鲁木齐市、喀什地区、克拉玛依市、巴音郭楞蒙古自治州、哈密市，宁夏回族自治区中卫市等，四川省甘孜藏族自治州，内蒙古自治区乌海市、兴安盟等，云南省迪庆藏族自治州等

续表

空间关系	市域具体分布情况
高低关联	陕西省榆林市，甘肃省兰州市，新疆维吾尔自治区乌鲁木齐市，内蒙古自治区呼和浩特市、赤峰市、包头市，云南省大理白族自治州、保山市等
低高关联	陕西省铜川市，贵州省安顺市、黔西南布依族苗族自治州、铜仁市、六盘水市，甘肃省平凉市、天水市、庆阳市、陇南市，广西壮族自治区防城港市、北海市、崇左市，四川省内江市、攀枝花市、自贡市、巴中市、阿坝藏族羌族自治州、雅安市，云南省德宏傣族景颇族自治州、西双版纳傣族自治州

由西部地区中学体育场地数 LISA 聚集图可知：西部地区中学体育场地数通过 Z 值显著性检验的高高值区包括甘肃省天水市、定西市，陕西省渭南市、西安市，贵州省安顺市、黔西南布依族苗族自治州、遵义市，四川省乐山市、绵阳市、资阳市、内江市，云南省玉溪市，广西壮族自治区桂林市、河池市、玉林市；低低值区主要集中在新疆维吾尔自治区五家渠市、铁门关市、北屯市、阿勒泰地区、阿克苏地区、巴音郭楞蒙古自治州、哈密市，甘肃省甘南藏族自治州、白银市、张掖市、金昌市、临夏回族自治州、武威市、酒泉市、嘉峪关市，西藏自治区林芝市、昌都市、阿里地区、日喀则市、山南市、那曲市、拉萨市，内蒙古自治区呼伦贝尔市、乌海市；低高值区主要位于四川省内江市，贵州省安顺市；高低值区主要位于新疆维吾尔自治区乌鲁木齐市，其余城市不显著。可见，由中学体育场地数 LISA 聚集图进一步可知：西部地区中学体育场地数以高高聚集和低低聚集的两级聚集为主。

五、学校生均体育场地面积空间自相关分析

利用 GeoDa 软件中的空间分析功能进行计算分析，生成西部地区学校生均体育场地面积的 Moran 散点图和 LISA 聚集图。小学生均体育场地面积的 Moran's I 值为 0.198 415，大于 0，但远小于 1，表明在西部地区空间分布聚集程度较大的城市其生均体育场地面积也较大，具有较低的空间正相关性。西部地区小学生均体育场地面积的莫兰散点在四个象限均有分布，整体上向中心集聚，在第一象限有部分向外扩散的散点，说明小学生均体育场地面积的两极分化现象不明显，生均体育场地面积分布比较均衡。从地区上看，高高值类型主要位于陕西省、西藏自治区、广西壮族自治区、四川省、内蒙古自治区、云南省等，低高值类型主要位于西藏自治区、甘肃省、四川省、云南省等的部分城市，低低值类型广布于青海省、贵州省、西藏自治区、甘肃省、新疆维吾尔自治区、广西壮族自治区、重庆市、内蒙古自治区等的部分城市，高低值类型主要位于广西壮族自治区、宁夏回族自治区、内蒙古自治区等部分城市，小学生均体育场地面积空间关联关系在西部地区市域单元具体分布情况见下表 7.11。

表 7.11　西部地区小学生均体育场地面积空间关联关系市域分布情况统计表

空间关系	市域具体分布情况
高高关联	陕西省延安市、铜川市、安康市，甘肃省金昌市，西藏自治区林芝市、山南市、拉萨市，宁夏回族自治区银川市，四川省凉山彝族自治州、南充市、自贡市、巴中市、遂宁市、阿坝藏族羌族自治州、雅安市、广元市、成都市，内蒙古自治区乌海市、阿拉善盟、鄂尔多斯市、乌兰察布市、包头市、巴彦淖尔市、呼和浩特市，云南省昆明市、玉溪市、楚雄彝族自治州、丽江市、文山壮族苗族自治州、大理白族自治州、德宏傣族景颇族自治州、西双版纳傣族自治州、保山市、普洱市、迪庆藏族自治州、怒江傈僳族自治州、红河哈尼族彝族自治州等
低高关联	西藏自治区昌都市、日喀则市，甘肃省平凉市、白银市、庆阳市、张掖市、武威市、酒泉市、陇南市，广西壮族自治区桂林市、崇左市，四川省资阳市、攀枝花市、自贡市、达州市，内蒙古自治区兴安盟，云南省曲靖市、昭通市、临沧市
低低关联	青海省西宁市、海北藏族自治州等，重庆市，贵州省安顺市、黔西南布依族苗族自治州、黔东南苗族侗族自治州、遵义市、铜仁市、六盘水市、毕节市、贵阳市、黔南布依族苗族自治州，西藏自治区阿里地区、那曲市，甘肃省天水市、定西市、甘南藏族自治州、兰州市、临夏回族自治州，新疆维吾尔自治区图木舒克市、五家渠市、铁门关市、北屯市、双河市、可克达拉市、昆玉市、阿勒泰地区、喀什地区、巴音郭楞蒙古自治州、伊犁哈萨克自治州、哈密市等，广西壮族自治区河池市、钦州市等，四川省内江市、泸州市，内蒙古自治区兴安盟、赤峰市、通辽市
高低关联	陕西省宝鸡市，甘肃省嘉峪关市，广西壮族自治区防城港市、柳州市、南宁市、来宾市，四川省内江市、广安市、阿坝藏族羌族自治州，内蒙古自治区呼伦贝尔市、锡林郭勒盟

由西部地区小学生均体育场地面积 LISA 聚集图可知：西部地区小学生均体育场地面积通过 Z 值显著性检验的高高值区包括内蒙古自治区乌海市、阿拉善盟、鄂尔多斯市，云南省昆明市、楚雄彝族自治州，陕西省渭南市、榆林市，宁夏回族自治区中卫市、银川市；低低值区主要集中在新疆维吾尔自治区五家渠市、铁门关市、北屯市、阿勒泰地区、阿克苏地区、巴音郭楞蒙古自治州、哈密市，甘肃省甘南藏族自治州、白银市、张掖市、金昌市；低高值区主要位于甘肃省天水市、定西市、甘南藏族自治州、兰州市、临夏回族自治州，内蒙古自治区兴安盟、赤峰市、通辽市；其余城市不显著。可见，LISA 聚集图进一步说明西部地区小学生均体育场地面积以高高聚集和低低聚集的两级聚集为主。

中学生均体育场地面积数 Moran's I 值为 0.024 422 3，大于 0，小于 1，说明在西部地区空间分布聚集程度较大的城市其中学生均占有体育场地面积也较大，具有较低的空间正向关性。西部地区中学生均体育场地面积的莫兰散点在四个象限均有分布，整体上向中心集聚，在第一、二象限有部分向外扩散的散点，说明中学生均体育场地面积的两极分化现象不明显，生均体育场地面积分布比较均衡。从地区上看，高高值类型主要位于陕西省、西藏自治区、广西壮族自治区、四川省、内蒙古自治区、云南省等，低高值类型主要位于西藏自治区、甘肃省、四川省、云南省等部分城市，低低值类型大部分位于青海省、贵州省、西藏自治区、甘肃省、新疆维吾尔自治区、重庆市、广西壮族自治区、内蒙古自治区等的部分城市，高低值类型主要位于广西壮族自治区、宁夏回族自治区、内蒙古自治区等的部分城市，中学生均体育场地面积空间关联关系在西部地区市域单元具体分布情况见下表 7.12。

表 7.12　西部地区中学生均体育场地面积空间关联关系市域分布情况统计表

空间关系	市域具体分布情况
高高关联	青海省海西蒙古族藏族自治州，陕西渭南市、安康市等，甘肃省金昌市、张掖市、嘉峪关市，西藏自治区林芝市、山南市、拉萨市、阿里地区、日喀则市、那曲市，宁夏回族自治区中卫市、石嘴山市，广西壮族自治区崇左市，四川省甘孜藏族自治州、阿坝藏族羌族自治州、雅安市，内蒙古自治区乌海市、阿拉善盟、鄂尔多斯市、乌兰察布市，云南省怒江傈僳族自治州等
低高关联	青海省玉树藏族自治州、果洛藏族自治州、海北藏族自治州，陕西省西安市，西藏自治区昌都市，甘肃省白银市、庆阳市、金昌市、武威市、酒泉市、陇南市，新疆维吾尔自治区铁门关市、北屯市、双河市、阿勒泰地区、乌鲁木齐市、吐鲁番市、昌吉回族自治州、和田地区、阿克苏地区、石河子市、伊犁哈萨克自治州，广西壮族自治区桂林市、南宁市，宁夏回族自治区银川市、吴忠市，四川省绵阳市、巴中市、成都市等，内蒙古自治区兴安盟、乌兰察布市、通辽市、巴彦淖尔市、呼和浩特市、赤峰市，云南省保山市
低低关联	青海省黄南藏族自治州、海南藏族自治州、海东市等，重庆市，贵州省安顺市、黔西南布依族苗族自治州、黔东南苗族侗族自治州、遵义市、铜仁市、六盘水市、毕节市、贵阳市、黔南布依族苗族自治州，甘肃省天水市、定西市、平凉市、临夏回族自治州，新疆维吾尔自治区图木舒克市、五家渠市、可克达拉市、昆玉市、克孜勒苏柯尔克孜自治州、阿拉尔市、喀什地区，广西壮族自治区玉林市，四川省泸州市，内蒙古自治区包头市，云南省昆明市、文山壮族苗族自治州、曲靖市、昭通市、红河哈尼族彝族自治州等
高低关联	陕西省榆林市、宝鸡市，甘肃省甘南藏族自治州、兰州市、嘉峪关市，新疆维吾尔自治区阿勒泰地区、博尔塔拉蒙古自治州、克拉玛依市、巴音郭楞蒙古自治州，广西壮族自治区防城港市、河池市、贺州市、百色市、来宾市，宁夏回族自治区固原市，四川省遂宁市、阿坝藏族羌族自治州、广元市、达州市，内蒙古自治区呼伦贝尔市、阿拉善盟、锡林郭勒盟，云南省玉溪市、德宏傣族景颇族自治州等

由西部地区中学生均体育场地面积 LISA 聚集图可知：西部地区中学生均体育场地面积通过 Z 值显著性检验的高高值区分布在内蒙古自治区乌海市、鄂尔多斯市，西藏自治区林芝市、山南市，甘肃省张掖市、嘉峪关市，宁夏回族自治区中卫市、银川市等；低低值区主要集中在新疆维吾尔自治区五家渠市、北屯市、阿勒泰地区、阿克苏地区，甘肃省甘南藏族自治州、金昌市，四川省内江市、宜宾市、泸州市，云南省昆明市；低高值区主要位于新疆维吾尔自治区乌鲁木齐市、吐鲁番市、昌吉回族自治州，

西藏自治区昌都市，甘肃省庆阳市等；高低值区主要位于甘肃省甘南藏族自治州，其余城市不显著。可见，LISA 聚集图进一步说明西部地区中学生均体育场地面积以高高聚集和低低聚集的两级聚集为主。

六、学校校均体育场地数空间自相关分析

利用 GeoDa 软件中的空间分析功能进行计算分析，生成西部地区校均体育场地数的 Moran 散点图和 LISA 聚集图。小学校均体育场地数 Moran's *I* 值为 0.360 027，大于 0，说明在西部地区空间分布聚集程度较大的城市其校均体育场地数也较大，具有空间正相关性。西部地区小学校均体育场地数莫兰散点在四个象限里均有分布，整体上向中心集聚，在第一、二、三象限有部分向外扩散的散点部分，这说明小学校均体育场地数在西部地区两极分化不明显，而且这进一步表明西部地区小学校均场地数分布比较均衡。从地区看，高高值类型主要位于陕西省、新疆维吾尔自治区、宁夏回族自治区、四川省、内蒙古自治区、云南省等，低高值类型主要位于西藏自治区、甘肃省、四川省、内蒙古自治区、云南省等的部分城市，低低值类型大部分位于青海省、重庆市、贵州省、西藏自治区、甘肃省、新疆维吾尔自治区、广西壮族自治区、内蒙古自治区等的部分城市，高低值类型主要位于广西壮族自治区、宁夏回族自治区、内蒙古自治区等的部分城市，小学校均体育场地数空间关联关系在西部地区市域单元具体分布情况见下表 7.13。

表 7.13　西部地区小学校均体育场地数空间关联关系市域分布情况统计表

空间关系	市域具体分布情况
高高关联	陕西省榆林市、汉中市、延安市、铜川市，西藏自治区拉萨市，新疆维吾尔自治区五家渠市，宁夏回族自治区石嘴山市，四川省乐山市、绵阳市等，内蒙古自治区阿拉善盟、鄂尔多斯市、乌兰察布市、包头市、巴彦淖尔市、呼和浩特市，云南省昆明市、玉溪市、丽江市、大理白族自治州、德宏傣族景颇族自治州、西双版纳傣族自治州、保山市、普洱市、红河哈尼族彝族自治州、曲靖市、昭通市、临沧市等
低高关联	陕西省渭南市、咸阳市、汉中市，贵州省六盘水市，西藏自治区林芝市、昌都市、日喀则市，甘肃省张掖市、酒泉市，广西壮族自治区百色市，四川省乐山市、凉山彝族自治州、达州市，内蒙古自治区兴安盟、通辽市、赤峰市，云南省楚雄彝族自治州、文山壮族苗族自治州等
低低关联	青海省西宁市、海东市、海西蒙古族藏族自治州，陕西省商洛市、安康市，重庆市，贵州省贵阳市、黔西南布依族苗族自治州，甘肃天水市、临夏回族自治州、武威市、陇南市、酒泉市，新疆维吾尔自治区图木舒克市、铁门关市、北屯市、双河市、可克达拉市、昆玉市、阿勒泰地区、克孜勒苏柯尔克孜自治州、阿拉尔市、博尔塔拉蒙古自治州、吐鲁番市、昌吉州、塔城地区、和田地区、阿克苏地区、石河子市、喀什地区、巴音郭楞蒙古自治州、伊犁哈萨克自治州、哈密市，广西壮族自治区桂林市、梧州市等，四川省甘孜藏族自治州，内蒙古自治区赤峰市、通辽市等

续表

空间关系	市域具体分布情况
高低关联	青海省黄南藏族自治州，陕西省西安市、宝鸡市，贵州省黔西南布依族苗族自治州，西藏自治区阿里地区、山南市、那曲市，甘肃省金昌市、嘉峪关市，新疆维吾尔自治区克拉玛依市，四川省泸州市、阿坝藏族羌族自治州，内蒙古自治区呼伦贝尔市、锡林郭勒盟，云南省迪庆藏族自治州

由西部地区小学校均体育场地数 LISA 聚集图可知：西部地区小学校均体育场地数通过 Z 值显著性检验的高高值区包括云南省昆明市、玉溪市、丽江市、大理白族自治州、德宏傣族景颇族自治州、西双版纳傣族自治州，内蒙古自治区乌海市、阿拉善盟；低低值区主要集中在新疆维吾尔自治区图木舒克市、五家渠市、北屯市，甘肃省天水市、定西市、平凉市，青海省西宁市，贵州省安顺市、黔西南布依族苗族自治州和黔东南苗族侗族自治州，广西壮族自治区桂林市；低高值区主要位于西藏自治区林芝市，四川省乐山市、凉山彝族自治州，云南省楚雄彝族自治州；高低值区主要位于青海省黄南藏族自治州，其余 110 个城市不显著。可见，LISA 聚集图进一步说明西部地区小学校均体育场地数以高高聚集和低低聚集的两级聚集为主。

中学校均体育场地数 Moran's I 值为 0. 191 487，大于 0，但远小于 1，说明在西部地区空间分布聚集程度较大的城市其中学校均场地数也较大，具有较低的空间正相关性。西部地区中学校均体育场地数莫兰散点在四个象限里均有分布，整体上向中心集聚，且在四个象限有部分向外扩散的散点部分，这说明中学校均体育场地数在西部地区两极分化不明显，中学校均场地数分布比较均衡。从地区上看，高高值类型主要位于陕西省、新疆维吾尔自治区、宁夏回族自治区、四川省、内蒙古自治区、云南省等，低高值类型主要位于西藏自治区、甘肃省、四川省、内蒙古自治区、云南省等的部分城市，低低值类型大部分位于青海省、重庆市、贵州省、西藏自治区、甘肃省、新疆维吾尔自治区、广西壮族自治区、内蒙古自治区等的部分城市，高低值类型主要位于广西壮族自治区、宁夏回族自治区、内蒙古自治区等的部分城市，中学校均体育场地数空间关联关系在西部地区市域单元具体分布情况见下表 7. 14。

表 7. 14　西部地区中学校均体育场地数空间关联关系市域分布情况统计表

空间关系	市域具体分布情况
高高关联	青海省玉树藏族自治州、海西蒙古族藏族自治州，陕西省铜川市，西藏自治区昌都市、阿里地区、日喀则市、山南市、那曲市、拉萨市，甘肃省张掖市，新疆维吾尔自治区北屯市、双河市、巴音郭楞蒙古自治州，广西壮族自治区防城港市、河池市、贵港市、崇左市、南宁市、梧州市、百色市，宁夏回族自治区银川市，四川省甘孜藏族自治州、雅安市、成都市，内蒙古自治区乌海市、阿拉善盟、鄂尔多斯市，云南省大理白族自治州、迪庆藏族自治州等

续表

空间关系	市域具体分布情况
低高关联	青海省果洛藏族自治州，陕西省渭南市、榆林市、西安市，甘肃省庆阳市、张掖市、酒泉市，新疆维吾尔自治区铁门关市、乌鲁木齐市、吐鲁番市、昌吉州、塔城地区、和田地区、哈密市等，广西壮族自治区桂林市、玉林市，四川省攀枝花市、凉山彝族自治州、甘孜藏族自治州，内蒙古自治区兴安盟、通辽市等，云南省文山壮族苗族自治州、临沧市、普洱市等
低低关联	青海省西宁市、海北藏族自治州、海南藏族自治州、海东市，陕西省榆林市、汉中市、安康市，重庆市，贵州省黔东南苗族侗族自治州、黔南布依族苗族自治州等，甘肃省定西市、平凉市、甘南藏族自治州、兰州市、白银市、临夏回族自治州、武威市、陇南市，新疆维吾尔自治区图木舒克市、可克达拉市等，四川省南充市、自贡市、巴中市、遂宁市、广元市、达州市，内蒙古自治区呼伦贝尔市、兴安盟、通辽市，云南省昭通市等
高低关联	青海省黄南藏族自治州，陕西省咸阳市、商洛市、宝鸡市、延安市、铜川市，贵州省黔西南布依族苗族自治州，西藏自治区阿里地区、山南市、那曲市，甘肃省金昌市、嘉峪关市，新疆维吾尔自治区阿勒泰地区、克孜勒苏柯尔克孜自治州、阿拉尔市、博尔塔拉蒙古自治州、克拉玛依市，广西壮族自治区河池市、柳州市、北海市、贺州市，宁夏回族自治区中卫市、固原市，四川省乐山市、德阳市、攀枝花市、阿坝藏族羌族自治州、雅安市、成都市，内蒙古自治区包头市、锡林郭勒盟，云南省曲靖市、红河哈尼族彝族自治州、西双版纳傣族自治州

由西部地区中学校均体育场地数 LISA 聚集图可知：西部地区中学校均体育场地数通过 *Z* 值显著性检验的高高值区包括西藏自治区林芝市、昌都市、日喀则市、山南市、拉萨市，青海省玉树藏族自治州、海西蒙古族藏族自治州；低低值区主要集中在重庆市、甘肃省天水市、定西市、平凉市，青海省西宁市，贵州省安顺市、黔西南布依族苗族自治州，陕西省榆林市、汉中市，青海省西宁市、海北藏族自治州；低高值区主要位于新疆维吾尔自治区铁门关市、乌鲁木齐市、吐鲁番市、昌吉回族自治州、阿克苏地区、喀什地区、巴音郭楞蒙古自治州、伊犁哈萨克自治州、哈密市，青海省果洛藏族自治州；高低值区主要位于新疆维吾尔自治区图木舒克市，宁夏回族自治区中卫市，陕西省咸阳市、宝鸡市，其余城市不显著。可见，LISA 聚集图进一步说明西部地区中学校均体育场地数以高高聚集和低低聚集的两级聚集为主。

综上，通过对我国西部地区 12 个省（区、市）140 个市域学校体育场地相关指标的空间自相关分析可知：西部地区学校在校生人数、学校数量、教育经费投入、学校体育场地数、生均体育场地面积以及校均体育场地数等指标均存在空间正相关特性，且以高高聚集和低低聚集的两级聚集分布为主。

第五节　西部地区市域学校体育场地的最邻近点指数分析

最邻近点指数能够很好地反映数据的空间分布特征，通过 ArcMap 软件计算出我国西部地区中小学体育场地的最邻近点指数（详见表 7.15），并生成西部地区学校体育场地的最邻近点指数可视图。

表 7.15　西部地区学校体育场地最邻近点指数统计表

省（区、市）	小学				中学			
	平均观测距离（米）	NNI	Z 值	分布类型	平均观测距离（米）	NNI	Z 值	分布类型
甘肃	5 408.61	0.56	-20.60	聚集-随机	4 628.79	0.28	-35.11	随机分布
广西	5 910.82	0.25	-41.01	随机分布	4 033.25	0.58	-36.24	聚集-随机
贵州	2 892.55	0.49	-23.78	随机分布	5 272.80	0.67	-19.26	聚集-随机
内蒙古	14 128.72	0.44	-11.19	随机分布	5 158.37	0.21	-41.40	随机分布
宁夏	2 934.75	0.50	-50.15	随机分布	4 019.38	0.51	-16.49	聚集-随机
青海	3 479.03	0.62	-14.80	聚集-随机	9 655.89	0.31	-16.74	随机分布
陕西	21 748.03	0.56	-11.36	聚集-随机	3 778.37	0.47	-38.31	随机分布
四川	7 657.13	0.27	-27.11	随机分布	4 143.18	0.51	-48.45	聚集-随机
西藏	4 555.56	0.54	-44.89	聚集-随机	28 150.68	0.62	-8.56	聚集-随机
新疆	3 739.61	0.53	-25.73	聚集-随机	6 064.60	0.26	-33.74	随机分布
云南	5 408.61	0.56	-20.60	聚集-随机	5 991.63	0.59	-32.81	聚集-随机
重庆	5 910.82	0.25	-41.01	随机分布	3 911.78	0.55	-24.48	聚集-随机
均值	6 981.19	0.46	-27.69	/	7 067.39	0.46	-29.30	/

由表 7.15 可知：小学体育场地最邻近点指数均值为 0.46，远小于 1，Z 值得分均值为-27.69，说明我国西部地区小学体育场地空间分布的聚集程度较高；中学体育场地最邻近点指数均值为 0.46，远小于 1，Z 值得分均值为-29.30，表明西部地区中学体育场地空间分布的聚集程度较高。可见，我国西部地区中小学体育场地的最邻近点指数大于 0 且远小于 1，Z 值得分为一个较小的负值，学校体育场地空间以聚集分布和聚集-随机分布为主，且整体呈现局部聚集、成片稀疏的分布态势，体育场地空间分布呈现不平衡的格局，这在一定程度上说明我国西部地区学校体育场地呈现不平衡的建设发展现况。

第六节　西部地区市域学校体育场地的标准差椭圆分析

基于我国西部地区中小学体育场地的 POI 数据，利用 ArcGIS10.2 空间统计分析中的标准差椭圆工具，生成我国西部地区中小学体育场地的标准椭圆图。西部地区小学体育场地的标准差椭圆长轴半径为 92.5 千米、短轴半径 63.9 千米，扁率为 0.31，方向角度为 67°13′，这表明西部地区小学体育场地在空间分布上呈现“西偏南和东偏北集聚、西北和东南分散”的方向性分布特征，西部地区小学体育场地在偏东地区的南北方向上（标准椭圆长轴方向）具有延伸趋势，场地建设发展较好，而在西北-东南方向（标准椭圆短轴方向）弱化，体育场地建设发展较弱；标准椭圆内体育场地数量为 11 337个、占样本总量的 73.96%，小学体育场地在西部地区偏东方向为密集分布、偏西方向为稀疏分布，场地设施相对匮乏。

中学体育场地标准椭圆长轴半径为 198.66 千米、短轴半径为 147.21 千米，标准差椭圆扁率为 0.26，方向角度为 163°43′，标准椭圆偏转幅度较大，数据的离散程度较大；西部地区中学体育场地在南北偏西方向（标准椭圆长轴方向）具有延伸趋势，场地建设发展较好，而在西北-东南方向（标准椭圆短轴方向）场地建设发展较弱；标准椭圆内体育场地数量为 9 517 个、占样本总量的 77.77%，标准椭圆涵盖西部地区中南部，中学体育场地在南北向偏西方向上为密集分布，西北方向为稀疏分布。

第七节　西部地区市域学校体育场地的冷热点分析

基于西部地区 12 个省（区、市）140 个市域学校体育场地的 POI 数据和 2003 年各级政府官方网站提供数据，利用 ArcGIS10.2 空间统计工具，计算出西部地区在校生人数、学校数量、教育经费投入、学校体育场地数、生均体育场地面积以及校均体育场地数的 Getis-Ord Gi^* 统计量，以此来进行西部地区中小学体育场地相关指标的冷热点分析，并生成相关指标数据的冷热点空间格局分布图。

一、学校在校生人数冷热点分析

基于西部地区市域中小学在校生人数数据，利用 ArcGIS10.2 空间统计工具，计算 Getis-Ord Gi^* 统计量并以此来进行冷热点分析，生成西部地区中小学在校生人数冷热点空间分布图。我国西部地区学校在校生人数呈现热点区、次热点区、次冷点区和冷点区四个等级的冷热点格局分布，在校生人数"东热西冷"的格局显著，体育场地冷热点等级沿标准差椭圆短轴（东南-西北方向）自东向西依次为热点区、次热点区、次冷点区和冷点区的梯度递减式分布，在校生人数的热点区聚集分布、次热点区零星分布、次冷点区整片分布、冷点区片状分布，中小学在校生人数冷热点格局存在一定的市域性差异。

小学在校生人数核心热点区分布在我国西部地区的四川省东部、重庆市、贵州省、云南省东部、广西壮族自治区北部以及陕西省中南部，小学在校生人数热点区集中分布在我国西部的东南部地区，在校生人数的热点值整体呈现出由东南部向西圈层式递减分布，其中，西部地区的新疆维吾尔自治区、青海省大部、甘肃省大部、内蒙古自治区部分地区以及西藏自治区大部为明显的低值簇，小学在校生人数的次冷点区和冷点区呈现相间分布的空间格局。从地区上看，四川省东部、重庆市、贵州省、云南省东部、广西壮族自治区北部、陕西省中南部为热点区，次热点区分布在热点区周围的陕西省西安市、陇南市、汉中市、安康市，广西壮族自治区的桂林市、来宾市等14个地级市以及云南省昆明市、凉山彝族自治州等，冷点区分布在新疆维吾尔自治区的塔城地区、阿勒泰地区、博尔塔拉蒙古自治州、克拉玛依市、石河子市、伊犁哈萨克自治州、昌吉回族自治州、乌鲁木齐市，内蒙古自治区的阿拉善盟，甘肃省的酒泉市、嘉峪关市、金昌市、张掖市、武威市，青海省西宁市、海东市，西藏自治区的林芝市、昌都市等地区，次冷点区广布在西部地区次热点和冷点区相间的地区。

中学在校生人数的核心热点区主要分布在四川省东部、重庆市、贵州省、云南省东部、广西壮族自治区北部以及陕西省的中南部，中学在校生人数的热点区主要分布在西部的东南部地区；中学在校生人数的热点值整体呈现由东南部向西圈层式梯度递减分布。其中，西部地区中的新疆维吾尔自治区、青海省大部、甘肃省大部、内蒙古自治区部分、西藏自治区大部、宁夏回族自治区为明显的低值簇，中学在校生人数的次冷点区和冷点区呈现相间分布的空间格局。从地区上看，中学在校生人数热点区集中分布在四川省东部、重庆市、贵州省、云南省东部、广西壮族自治区北部、陕西省中南部，次热点区分布在陕西省西安市、广西壮族自治区桂林市和柳州市、四川省凉山彝族自治州等，次冷点区广布在西部地区次热点和冷点区相间的地区，冷点区集中分布在新疆维吾尔自治区的塔城地区、博尔塔拉蒙古自治州、克拉玛依市、石河子市、伊犁哈萨克自治州、昌吉回族自治州、乌鲁木齐市，甘肃省的张掖市、金昌市、武威市，青海省西宁市、海东市，西藏自治区的林芝市、昌都市等地区。

二、学校所数冷热点分析

基于西部地区 12 个省（区、市）140 个城市中小学所数数据，利用 ArcGIS 空间统计工具，计算学校所数 Getis-Ord Gi^* 统计量，并生成西部地区中小学所数冷热点空间分布图。西部地区小学所数呈现“东热西冷”的格局分布，热点区集中分布、次热点区成片广布、次冷点区零星分布、冷点区集中分布，其中，热点区分布在四川省东部、重庆市、贵州省、云南省东部、广西壮族自治区、陕西省中南部和甘肃省东南部，热点区主要分布在西部地区的东南部，小学所数冷热点自东南向西北逐级递减为次热点区、次冷点区、冷点区，且西部地区中的新疆维吾尔自治区为明显的低值簇。从地区上看，四川省东部、重庆市、贵州省、云南省东部、广西壮族自治区、陕西省中南部、甘肃省东南部为小学所数的热点区，云南省临沧市、德宏傣族景颇族自治州、大理白族自治州，甘肃省张掖市，内蒙古自治区巴彦淖尔市，新疆维吾尔自治区吐鲁番市为次冷点区，新疆维吾尔自治区塔城地区、阿勒泰地区、博尔塔拉蒙古自治州、伊犁哈萨克自治州、昌吉回族自治州、乌鲁木齐市为冷点区，次热点区成片广布在热点区和冷点区之外的西部地区。

西部地区中学所数热点区分布在四川省东部、重庆市、贵州省、云南省东北部、广西壮族自治区北部、陕西省中南部和甘肃省东南部，中学所数呈现“东热西冷”的格局分布，中学所数冷热点沿标准椭圆短轴（自东南向西北）逐级递减为次热点区、次冷点区、冷点区，其中，西部地区的新疆维吾尔自治区大部、西藏自治区、青海省和甘肃省部分城市为明显的低值簇，整体呈现出热点值由东南部向西圈层式递减，热点区集中分布、冷点区和次冷点区片状分布、次热点区成片广布且次冷点区和冷点区相间分布的空间结构。从地区上看，四川省东部、重庆市、贵州省、云南省东北部、广西壮族自治区北部、陕西省中南部、甘肃省东南部为中学所数的热点区，冷点区分布在西藏自治区的林芝市、昌都市，青海省果洛藏族自治州，甘肃省金昌市，新疆维吾尔自治区塔城地区、博尔塔拉蒙古自治州、伊犁哈萨克自治州、昌吉回族自治州、乌鲁木齐市，次冷点区分布在新疆维吾尔自治区的阿勒泰地区、阿克苏地区、吐鲁番市，甘肃省的酒泉市、张掖市、武威市、嘉峪关市，宁夏回族自治区银川市，青海省西宁市，内蒙古自治区阿拉善盟，中学所数的次热点区分布在冷点区和热点区以外的西部广大地区。

三、学校教育经费投入冷热点分析

基于西部地区各城市教育经费投入数据，利用 ArcGIS 空间统计工具，计算出教育经费投入 Getis-Ord Gi^* 统计量，进而生成西部地区教育经费投入冷热点空间分布图。

西部地区教育经费投入整体呈现"东热西冷"的格局，教育经费投入冷热点自东南向西北逐级递减为次热点区、次冷点区、冷点区，热点区和次热点区集中分布、冷点区零星分布、次冷点区成片分布，热点区分布在四川省东部、重庆市、贵州省和陕西省南部，次热点区分布在贵州省西南部、广西壮族自治区西北部、四川省东北部、甘肃省东南部和陕西省西南部，冷点区分布在新疆维吾尔自治区、青海省、宁夏回族自治区和甘肃省的小部分地区，次冷点区广布在西部地区大部。从地区上看，教育经费投入的热点区分布在四川省东部、重庆市、贵州省、陕西省南部地区，次热点区分布在四川省广元市、绵阳市、德阳市，陕西省西安市、汉中市，甘肃省陇南市，贵州省黔西南布依族苗族自治州、安顺市、六盘水市，广西壮族自治区百色市、河池市，冷点区分布在新疆维吾尔自治区昌吉回族自治州、石河子市、乌鲁木齐市，甘肃省金昌市、武威市、兰州市、甘南藏族自治州，青海省西宁市、海东市、海北藏族自治州、海南藏族自治州、黄南藏族自治州，西部的其他地区为教育经费投入的次冷点区。

四、学校体育场地数冷热点分析

基于西部地区 12 个省（区、市）140 个城市中小学体育场地数的数据，利用 ArcGIS 空间统计工具，计算学校体育场地数 Getis-Ord Gi^* 统计量，并生成西部地区中小学体育场地数冷热点空间的分布图。西部地区小学体育场地数整体呈现"东热西冷"的格局分布，体育场地冷热点沿标准椭圆短轴自东南向西北方向逐级递减为次热点区、次冷点区和冷点区，热点值由东南部向西部呈圈层式递减分布，次热点区、次冷点区和冷点区呈相间分布的空间结构；西部地区的四川省东部、重庆市、贵州省、云南省东南和西南部、广西壮族自治区西北部、陕西省为小学体育场地的热点区，新疆维吾尔自治区、青海省、宁夏回族自治区和甘肃省的部分地区呈现明显的低值簇，为小学体育场地的冷点区。从地区上看，四川省东部、重庆市、贵州省、云南省东南部和西南部、广西壮族自治区西北部、陕西省为热点区，次热点区分布在内蒙古自治区大部、西藏自治区大部、新疆维吾尔自治区哈密市、铁门关市、巴音郭楞蒙古自治州，云南省昆明市、普洱市、临沧市等大部分地区，广西壮族自治区南宁市、贺州市、来宾市、崇左市、贵港市等大部分地区，次冷点区分布在西藏自治区的昌都市，内蒙古自治区阿拉善盟，甘肃省酒泉市、张掖市、嘉峪关市、金昌市，新疆维吾尔自治区喀什地区、和田地区、克孜勒苏柯尔克孜自治州、吐鲁番市、昌吉回族自治州、阿勒泰地区，冷点区分布在新疆维吾尔自治区塔城地区、伊犁哈萨克自治州、乌鲁木齐市，甘肃省武威市，青海省西宁市、海北藏族自治州以及海南藏族自治州。

西部地区中学体育场地数整体呈现"东热西冷"的格局分布，体育场地冷热点沿标准椭圆短轴自东南向西北方向逐级递减为次热点区、次冷点区和冷点区，热点值由东南部向西部呈圈层式递减分布，次热点区、次冷点区和冷点区呈相间分布的空间结构；西部地区的四川省东部、重庆市、贵州省、云南省东部、广西壮族自治区北部和南部、陕西省南部、甘肃省东南部为中学体育场地的热点区，新疆维吾尔自治区、青海省、西藏自治区、宁夏回族自治区以及甘肃省的小部分地区呈现明显的低值簇、为中学体育场地的冷点区。从地区上看，四川省东部、重庆市、贵州省、云南省东部、广西壮族自治区北部和南部、陕西省南部、甘肃省东南部为中学体育场地的热点区，次热点区分布在内蒙古自治区大部、西藏自治区大部、新疆维吾尔自治区吐鲁番市、阿勒泰地区、哈密市、铁门关市、巴音郭楞蒙古自治州，甘肃省酒泉市、嘉峪关市，云南省昆明市、普洱市、临沧市等大部分地区，广西壮族自治区南宁市、贺州市、来宾市、崇左市、贵港市，次冷点区分布在西藏自治区的林芝市，内蒙古自治区阿拉善盟，新疆维吾尔自治区喀什地区、和田地区、克孜勒苏柯尔克孜自治州、吐鲁番市，冷点区分布在新疆维吾尔自治区塔城地区、昌吉回族自治州、伊犁哈萨克自治州阿克苏地区，甘肃省张掖市、金昌市、兰州市、武威市，青海省西宁市、海北藏族自治州、海南藏族自治州以及黄南藏族自治州。

五、学校生均体育场地面积冷热点分析

基于西部地区 12 个省（区、市）140 个城市中小学生均体育场地面积的数据，利用 ArcGIS 空间统计工具，计算生均体育场地面积的 Getis-Ord Gi^* 统计量，并生成西部地区中小学生均体育场地数冷热点空间的分布图。西部地区小学生均体育场地面积冷热点整体呈现三大热点区聚集、三大次冷点区聚集、冷点区中心聚集、次热点区整片分布的格局，热点值由西部地区三大热点地区向周边、向西逐级递减，自南向北依次为次热点区、次冷点区、冷点区的空间结构。从地区上看，云南省普洱市、西双版纳傣族自治州、临沧市、保山市、楚雄彝族自治州和大理白族自治州，内蒙古自治区西部的巴彦淖尔市、阿拉善盟、乌海市和甘肃省白银市、宁夏回族自治区银川市和中卫市，陕西省榆林市和延安市构成小学生均体育场地面积三个热点区；广西壮族自治区的河池市，贵州省黔东南苗族侗族自治州、黔西南布依族苗族自治州，新疆维吾尔自治区塔城地区、克拉玛依市、博尔塔拉蒙古自治州，克孜勒苏柯尔克孜自治州构成三个次冷点区；新疆维吾尔自治区的伊犁哈萨克自治州、阿克苏地区、喀什地区和和田地区为明显的低值簇，为小学生均体育场地面积的冷点区；其他地区为小学生均体育场地面积的次热点区。

西部地区中学生均体育场地面积冷热点呈现以内蒙古自治区中部为热点核心，向外、向南逐级递减为次热点区、次冷点区、冷点区，其中南部的贵州省大部分城市为明显的低值簇，整体呈现出热点值由内蒙古自治区向周边逐级递减，自北向南依次降

低的空间结构。从地区上看，内蒙古自治区中部的巴彦淖尔市为单一的热点区，次热点区广布在西部12省（区、市）大部，次冷点区分布在新疆维吾尔自治区的阿克苏地区、喀什地区和和田地区，贵州省的贵阳市、遵义市、安顺市、黔西南布依族苗族自治州以及广西壮族自治区河池市，冷点区分布在贵州省铜仁市和黔东南苗族侗族自治州、黔南布依族苗族自治州。

六、学校校均体育场地数冷热点分析

基于西部地区12个省（区、市）140个城市校均体育场地数的数据，利用ArcGIS空间统计工具，计算校均体育场地的Getis-Ord Gi^*统计量，并生成西部地区中小学校均体育场地数的冷热点空间的分布图。西部地区小学校均体育场地数以内蒙古自治区中部、四川省西南部和云南省为热点核心，向外逐级递减为次热点区、次冷点区、冷点区，其中西部的新疆维吾尔自治区部分、青海省小部分和广西壮族自治区大部分城市为明显的低值簇，整体呈现出热点值由西部地区两大热点区向周边逐级递减，自南北两端向中西部和东南部依次降低的空间结构。从地区上看，内蒙古自治区的巴彦淖尔市，四川省西南部雅安市、乐山市、凉山彝族自治州和云南省为单一的热点区，次冷点区分布在广西壮族自治区的来宾市、贺州市、玉林市、钦州市、崇左市，新疆维吾尔自治区的克孜勒苏柯尔克孜自治州、和田地区，青海省的海北藏族自治州、海南藏族自治州、果洛藏族自治州，冷点区分布在新疆维吾尔自治区的阿克苏地区、喀什地区，甘肃省甘南藏族自治州，广西壮族自治区南宁市、贵港市、河池市、桂林市、柳州市，次热点区广布在西部12省的大部。

中学校均体育场地数以新疆维吾尔自治区东南部、青海省西部、西藏自治区东部为热点核心，向外逐级递减为次热点区、次冷点区、冷点区，其中东部的重庆市、四川省部分为明显的低值簇，整体呈现出热点值由西部地区三省连成一片的热点区向周边逐级递减，自西向东依次降低的空间结构。从地区上看，西部地区的新疆维吾尔自治区东南部的巴音郭楞蒙古自治州，青海省海西蒙古族藏族自治州、玉树藏族自治州，西藏自治区东部的昌都市、林芝市为热点区，次热点区广布在西部12省（区、市）大部分地区，次冷点区分布在甘肃省的兰州市、定西市、天水市、陇南市，陕西省的宝鸡市、平凉市、咸阳市、西安市、商洛市，四川省大部，冷点区分布在青海省黄南藏族自治州，甘肃省甘南藏族自治州，四川省阿坝藏族羌族自治州、德阳市、重庆市、泸州市，贵州省铜仁市。

综上，通过对西部地区12个省（区、市）140个市域学校的在校生人数、学校数量、教育经费投入、学校体育场地数量、生均体育场地面积以及校均体育场地数的冷热点分析可知，西部地区学校体育场地数的冷热点格局分布与西部地区的在校生人数、学校数量以及教育经费投入的冷热点分布呈现同向分布的态势，教育经费投入多，学校数量就多，体育场地建设发展得就好，学校在校生人数多，学校体育场地数量也多。可见，教育经费投入、学校在校生人数对于学校体育场地的建设发展、体育场地的冷热点分布具有一定的影响。

第八节　西部地区市域学校体育场地空间分布的影响因素

一、海拔高度

依据西部地区中小学体育场地的 POI 点，采用自然间断点分级法分类，并运用 ArcGIS10. 2 对体育场地进行高程提取分析（Digital Elevation Model，DEM），生成西部地区中小学体育场地高程分布图，并获得不同海拔体育场地数量的具体分布情况（见下表 7. 16）。

表 7. 16　不同海拔高度学小体育场地数量及占比统计表

海拔高度（米）	小学		中学	
	体育场地数（个）	占比（%）	体育场地数（个）	占比（%）
≤500	5 713	37. 26	4 466	36. 39
≤1 000	3 301	21. 53	4 143	33. 76
≤1 500	2 946	19. 21	1 876	15. 29
≤2 000	1 842	12. 01	1 507	12. 28
≤4 000	1 348	8. 79	200	1. 63
≤6 000	183	1. 19	80	0. 65

由表 7. 16 可知，我国西部地区学校体育场地热点区主要位于海拔低于 2 000 米的平原地区，其中，小学体育场地数占 90. 01%、中学占 97. 72%，而体育场地冷点区广布在海拔高度 2 000 米以上的丘陵或山区（如：西藏、青海、云南、新疆等地）。可见，海拔高度对体育场地建设有着重要影响，海拔越高，体育场地建设数量越少，场地空间呈稀疏分布；海拔降低，体育场地建设数量增多，且场地空间呈聚集分布，学校体育场地建设与海拔高度呈逆向发展态势。

二、教育经费投入

经济发展水平是影响公共服务资源配置水平的决定性因素，公共服务资源配置水平也对经济发展起推动作用，两者之间相互影响①。本书依据西部地区各省（区、市）官网公布的 2013 年 GDP 总量，通过各省 GDP 总量中对教育经费的投入情况，运用 ArcGIS10.2 中的 Getis-Ord Gi^* 统计量，计算并生成西部地区教育经费投入和学校体育场地的冷热点空间格局分布图，以此来考察西部地区教育经费投入与学校体育场地空间冷热点分布的关系。

我国西部地区教育经费投入和学校体育场地冷热点分布主要以高高和低低聚集的两级分布为主，且教育经费投入与学校体育场地冷热点空间分布具有正相关性，在西部地区教育经费投入的热点地区，例如：四川省东部、重庆市和陕西省南部、贵州省西南部、广西壮族自治区西北部、四川省东北部、甘肃省东南部和陕西省西南部，学校体育场地呈热点分布，而在教育经费投入的冷点区，例如新疆维吾尔自治区、青海省、宁夏回族自治区和甘肃省等，学校体育场地呈冷点分布，教育经费投入与学校体育场地空间冷热点分布呈现"同向性"发展的态势，教育经费投入多，学校体育场地的建设发展就好。可见，教育经费投入（或地区经济发展水平）是影响西部地区体育场地冷热点分布的一个必要条件因素。

三、在校生人数

体育场地建设发展与人口、经济发展关联性密切，人口分布、经济分布均对体育场地资源均衡性配置产生影响②，且基于人口和经济分布的场地资源配置均衡性，明显好于基于地理面积分布的场地资源配置均衡性③。鉴于此，本书依据《中国城市统计年鉴 2013》和我国各省政府官网，获取西部地区学校在校生人数的数据，运用 ArcGIS10.2 中的 Getis-Ord Gi^* 统计量，计算并生成相关指标数据的冷热点空间格局分布图，以此来考察西部地区中小学在校生人数与体育场地空间冷热点分布的关系。

我国西部地区学校在校生人数和学校体育场地数呈"同向性"发展态势，且两者之间存在空间正相关性并呈现高高聚集和低低聚集的两级分布态势，在西部地区的四川省东部、重庆市、贵州省、云南省东南部和西南部、广西壮族自治区西北部以及陕西省的学校在校生人数呈高高聚集分布，学校体育场地为热点区，在西部地区的新疆维吾尔自治区、青海省、宁夏回族自治区和甘肃省部分地区的学校在校生人数呈低低聚集分布，学校体育场地则为冷点区。可见，在校生人数是影响西部地

---

① 任喜萍．我国城市公共服务资源配置空间格局及驱动机制［J］．当代经济管理，2018，40（10）：61-68.

② 寇健忠．体育场地资源配置的均衡性研究［J］．北京体育大学学报，2017，40（04）：14-20.

③ 朱焱，于文谦，陈冬梅．基于基尼系数的我国体育场地资源配置均衡性研究［J］．天津体育学院学报，2018，33（01）：14-19.

区学校体育场地冷热点分布的一个客观影响因素，但是，学校在校生人数与体育场地冷热点分布之间并不存在明显的线性相关关系，在校生人数是促进体育场地建设发展的一个客观条件因素，这并不意味着在人口密集的城市学校体育场地就一定建设发展得好。

第八章　我国普通高校体育场地空间分布特征

第一节　研究指标选取

依据“六普”学校体育场地的基础数据，运用 Google Earth 电子地图平台和高德地图，结合中华人民共和国教育部 2017 年公布的高校数量：全国高等学校共计 2 914 所，包括普通高等学校 2 631 所（含独立学院 265 所），成人高等学校 283 所（不包含香港特别行政区、澳门特别行政区和台湾省的高等学校）①，并在兼顾数据的可获得性、代表性和独立性原则的基础上，通过 BIGEMAP 软件逐一对全国普通高等学校进行定位，在谷歌无偏移影像地图上，通过目视方式识别体育场（或田径场），拾取其几何中心的经纬度坐标，用以代表该体育场（或田径场）的空间位置。同时，鉴于 BIGEMAP 软件和谷歌无偏移影像地图中均没有高校校园边界，因此，本书通过百度地图并运用 BIGEMAP 软件与谷歌无偏移影像地图，对全国 2 631 所普通高校的校园和体育场（或田径场）进行比对，进而修正高校体育场在识别和遴选中的多选、少选或错选数据，最终获取了 3 418 个全国普通高校体育场地（或田径场）的 POI 数据（详见表 8.1），并建立了我国高校体育场地的空间数据库；各省（区、市）行政区划面积、经济发展水平（GDP）、高校在校人数、教育经费投入等数据来源于《中国城市统计年鉴 2013》《中国教育统计年鉴（2013）》和各省高校的官方网站。

① 中华人民共和国教育部．全国高等学校名单［EB/OL］．http：//www.moe.gov.cn/srcsite/A03/moe_ 634/201706/t20170614_ 306900.html.

表 8.1　我国普通高校体育场地 POI 基本情况统计表

地区	省（区、市）	省会/首府	高校数量（所）	占比情况（%）	每万人学生拥有田径场地（个）	体育场地数（个）
东北地区	辽宁	沈阳	115	4.37	1.19	137
	黑龙江	哈尔滨	81	3.08	0.89	80
	吉林	长春市	62	2.36	1.01	67
东部地区	北京	/	92	3.50	1.19	115
	天津	/	57	2.17	1.13	63
	河北	石家庄	121	4.60	1.01	138
	上海	/	64	2.43	1.64	115
	江苏	南京	167	6.35	1.19	254
	浙江	杭州	107	4.07	1.25	147
	福建	福州	89	3.38	1.55	121
	山东	济南	145	5.51	0.92	199
	广东	广州	151	5.74	1.15	226
	海南	海口	19	0.72	1.30	27
中部地区	山西	太原	80	3.04	1.25	93
	安徽	合肥	119	4.52	1.23	146
	江西	南昌	100	3.80	1.11	127
	河南	郑州	134	5.09	0.81	167
	湖北	武汉	129	4.90	1.05	176
	湖南	长沙	124	4.71	1.09	157
西部地区	内蒙古	呼和浩特	53	2.01	1.17	55
	广西	南宁	74	2.81	1.05	98
	重庆	/	65	2.47	1.12	92
	四川	成都	109	4.14	1.00	147
	贵州	贵阳	70	2.66	1.09	81
	云南	昆明	77	2.93	1.14	87
	西藏	拉萨	7	0.27	4.27	16
	陕西	西安	93	3.54	0.88	118
	甘肃	兰州	49	1.86	1.41	79
	青海	西宁	12	0.46	1.99	17

续表

地区	省（区、市）	省会/首府	高校数量（所）	占比情况（%）	每万人学生拥有田径场地（个）	体育场地数（个）
西部地区	宁夏	银川	19	0.72	1.86	27
	新疆	乌鲁木齐	47	1.79	1.31	46
总计			2 631	100	/	3 418

注：本表统计的体育场是指在谷歌影像地图上通过目视能够解译的具有环形跑道的田径场地，并包括“第六次全国体育场地普查公报”中所指的露天体育场和田径场。其中，体育场是根据《第六次全国体育场地普查》中规定的：有6条以上标准400米跑道，场地中心含有足球场并建有固定看台的体育建筑，且观众席位不少于500个；对于跑道条数不足6条、无固定看台或观众席位少于500个的体育建筑按照田径场进行统计①。

第二节　我国普通高校体育场地的分布现况

从高校体育场地总体分布来看：通过我国普通高等学校3 418个体育场地的POI数据，运用BIGEMAP软件，将全国高校体育场地的空间数据进行可视化表达，我国高校体育场地主要分布在我国的东部地区和南部地区。同时，进一步对比我国人口分布的胡焕庸线发现：以胡焕庸线为界，94.10%的高校体育场地分布在我国人口密度对比线的东南部，仅有5.90%的高校体育场地位于人口密度对比线的西北部。可见，我国普通高等学校体育场地的分布与我国人口密度分布的格局相似，胡焕庸线东南部占全国36%的国土上分布着我国94.10%的高校体育场地。

从高校体育场地占比情况来看：如图8.1所示，江苏省高校体育场地在全国的占比最高，为8.07%，广东省次之，在全国高校体育场地的占比为7.18%，山东省排第三，占比为6.32%，而青海省和西藏自治区高校体育场地的占比最低，分别为0.54%和0.51%。可见，我国高校体育场地在全国的占比情况存在着显著的地区性差异。

从高校体育场地的地区分布看：全国高校校均体育场地数为1.43个，体育场地占高校校园面积比的平均值为2.81%，生均占有体育场地面积的平均值为1.92米^2/人。其中，东北地区高校校均体育场地数为1.24个，体育场地占校园面积比例均值为2.01%，生均占有体育场地面积均值为1.78米^2/人；东部地区高校校均体育场地数为1.52个，体育场地占校园面积比例均值为2.95%，生均占有体育场地面积均值为

① 国家体育总局．第六次全国体育场地普查数据公告［EB/OL］．http：//www.sport.gov.cn/n16/n1077/n1467/n3895927/n4119307/7153937.html.

2.02 米^2/人；中部地区高校校均体育场地数为 1.34 个，体育场地占校园面积比例均值为 2.56%，生均占有体育场地面积均值为 1.78 米^2/人；西部地区高校校均体育场地数为 1.40 个，体育场地占校园面积比例均值为 2.90%，生均占有体育场地面积均值为 1.93 米^2/人（详见下表 8.2）。

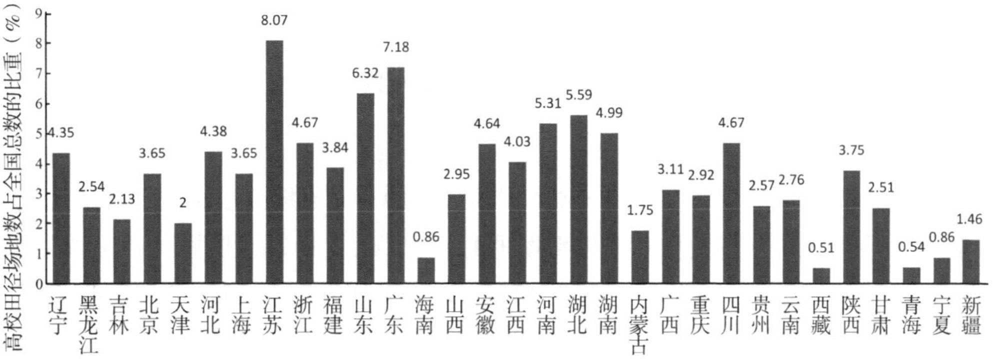

图 8.1　各省（区、市）高校田径场地数占全国总数的比重

表 8.2　全国高校体育场地分布情况统计表

地区		校均体育场地数（个）	体育场地占校园面积比例（%）	生均占有体育场地面积（米^2/人）
东北地区	平均值	1.24	2.01	1.78
	最高值	1.34（沈阳）	2.73（沈阳）	2.05（沈阳）
	最低值	1.11（哈尔滨）	1.18（哈尔滨）	1.54（哈尔滨）
东部地区	平均值	1.52	2.95	2.02
	最高值	2.02（上海）	4.21（上海）	2.84（上海）
	最低值	1.22（河北）	1.62（天津）	1.45（天津）
中部地区	平均值	1.34	2.56	1.78
	最高值	1.44（湖北）	3.66（山西）	2.16（山西）
	最低值	1.11（黑龙江）	1.18（黑龙江）	1.03（河南）
西部地区	平均值	1.40	2.90	1.93
	最高值	2.29（西藏）	7.67（西藏）	7.38（西藏）
	最低值	1.12（内蒙古）	1.50（内蒙古）	1.13（陕西）
全国平均值		1.43	2.81	1.92

我国高校体育场地的校均体育场地数、体育场地占校园面积比例和生均占有体育场地面积这三项指标均为最高值的为我国西部地区的西藏自治区，分别达到 2.29 个、7.67%和 7.38 米^2/人；校均体育场地数（1.11 个）、体育场地占校园面积比例最低为黑

龙江省（1.18%），而生均占有体育场地面积最低的为河南省（1.03 米^2/人）；从东北地区、东部地区、中部地区以及西部地区四个地区来看，东部地区三项指标的平均值均高于其他三个地区，分别达到 1.52 个、2.95%和 2.02 米^2/人，东北地区最低，分别为 1.24 个、2.01%和 1.78 米^2/人。可见，我国高校体育场地的分布存在显著的地区差异。

第三节　我国普通高校体育场地的平均中心分析

运用 ArcGIS10.2，依据我国普通高校体育场地的 POI 数据（以田径场为例），通过平均中心分析方法，求得我国高校体育场地的平均中心。同时，依据《中国城市统计年鉴 2013》，并结合 31 个省（区、市）官网公布的常住人口总量和 GDP 总量，分析计算出我国的人口中心和 GDP 中心，进而得出我国高校体育场地平均中心、人口中心和经济发展中心的地理坐标位置（见表 8.3）。

表 8.3　我国学校体育场地平均中心、人口中心和经济发展中心地理空间点统计表

地理空间点名称	经度	纬度	地理位置
高校体育场地平均中心	114.15°E	32.8°N	河南省驻马店市确山县刘店镇境内
全国人口中心	113°29′07″E	32°24′57″N	河南省南阳市桐柏县吴城镇大陈庄村
全国经济发展中心	114°37′08″E	32°15′09″N	河南省信阳市罗山县东卜镇陈大寨村

由表 8.3 可知，我国高校体育场地的平均中心、人口中心和经济发展中心“三中心”在空间地理位置上的坐标略有偏离，但是，“三中心”偏离程度较小，地理位置基本吻合，这说明我国高校体育场地的建设发展与我国人口增长、经济发展的中心趋势明显，这为我国高校体育场地宏观配置建设资源提供了理论依据和数据支撑。

第四节　我国普通高校体育场地的核密度分析

为了整体了解我国高校体育场地在空间上的密度分布、分布格局和聚集程度，采用自然间断点分级法，运用核密度聚类分析，生成我国高校体育场地核密度分布的可视图，并计算出我国高校体育场地在不同核密度值区的面积占比情况（见表 8.4）。

表 8.4　不同核密度值区高校体育场地面积占比统计表

	高值区	较高值区	中值区	较低值区	低值区
高校	2.72%	9.78%	16.81%	28.82%	41.87%

由表 8.4 可知：全国高校体育场地面积在低值区和较低值区占比较大、占样本总量的 70.69%，而在中值区、较高值区和高值区体育场地面积占比较小、占样本总量的 29.31%，高值区和较高值区面积占比为 12.5%，这在很大程度上受制于全国高校的空间布局。我国普通高等学校主要集中分布在我国东、中部地区的大城市和中、西部地区的省会城市，而面积广大的中小城市高校分布较少，进而导致高校体育场地数量自然较少。可见，我国高校体育场地面积分布整体呈现“核密度低值区密集分布、高值区稀疏分布”的分布特点。

从我国高校体育场地核密度分布可视图可知，全国高校体育场地分布的核密度高值区呈“三中心”集中分布，“三中心”即京津地区、沪苏皖地区和广深地区，这三个地区既是我国的高校聚集地区，又是经济发达地区；较高值区主要分布在湘鄂赣、成渝、晋冀鲁豫和陕西等地的省会城市，这些地区是高校集中地区和经济相对发达地区；较低值区主要位于新疆、甘肃、内蒙古、四川、云南等地的省会城市；低值区主要位于新疆、甘肃、内蒙古、四川、云南等地除省会城市以外的其他市域以及西藏和青海全境。可见，我国高校体育场地的分布与地区经济的发展之间具有一定的内在关系。我国高校体育场地的核密度整体呈现“东高西低”的分布态势，体育场地高值区呈“三中心”聚集分布、中值区呈带状分布、较低值区和低值区则成片广布，且高值区和较高值区体育场地面积占比较小，低值区和较低值区体育场地面积占比较大。

第五节　我国普通高校体育场地的空间自相关分析

空间自相关分为全局空间自相关分析与局域空间自相关分析，前者的指标主要有全局 Moran’s *I* 指数和高/低聚类 Getis-Ord General 系数，后者的指标主要有局域 Moran’s *I* 指数和局域 Getis-Ord General 系数。为了考察我国高校体育场地空间的分布状况、聚类离散特征和空间自相关程度，判断高校体育场地在空间上的聚集特征，采用 Moran’s *I* 指数来评估全局空间集聚特征。Moran’s *I* 指数的取值一般在-1～1 之间，I 大于 0，表示正相关，表明属性值高的区域与属性值高的区域聚集在一起，或者属性值低的区域与属性值低的区域聚集在一起，即高校体育场地建设发展水平较高（或较低）区域在空间上趋于显著集聚；I 小于 0，表示负相关，表明属性值高的区域与属性值低的区域聚集在一起，或者属性值低的区域与属性值高的区域聚集在一起，即高校体育场地建设发展水平较高（或较低）区域与周边区域高校体育场地具有空间差异性，I 值越小，空间差异性越显著；而 I 等于 0，则表示空间不相关。Moran’s *I* 值越趋近于 1，总体空间差异越小；而 Moran’s *I* 值越趋近于-1，则总体空间差异越大。Moran’s *I*

的计算结果可采用随机分布或近似正态分布的标准化统计量 Z 值来进行检验。

一、高校体育场地的全局 Moran's *I* 指数分析

依据《第六次全国体育场地普查》的基础数据，结合百度地图并运用 BIGEMAP 软件与谷歌无偏移影像地图对我国 2 631 所普通高校校园与体育场进行比对修正，本书对反映我国各省（区、市）高校体育场地的相关指标（如：高校体育场地数、校均体育场地数、高校体育场地面积、高校体育场地占校园面积比例、万名大学生拥有体育场地数、生均占有体育场地面积、高校体育场地分布的最邻近点指数、各省高校数量等）进行空间自相关分析。

表 8.5　我国高校体育场地主要指标的全局 Moran's *I* 指数

指标	*I*	*Z*	*P*	显著性水平	分布状态
高校体育场地数	0. 154 346	2. 283 289	0. 022 413	5%	聚类
校均体育场地数	0. 297 492	4. 282 507	0. 000 018	1%	聚类
万名大学生拥有体育场地数	0. 166 842	2. 924 928	0. 003 345	1%	聚类
高校体育场地面积	0. 154 346	2. 283 289	0. 022 413	5%	聚类
高校体育场地占校园面积比重	0. 132 014	2. 152 41	0. 031 365	5%	聚类
高校生均占有体育场地面积	0. 106 838	2. 0713 26	0. 038 328	5%	聚类
高校体育场地分布的最邻近点指数	0. 219 267	3. 096 509	0. 001 958	1%	聚类
各省高校数量	0. 189 051	2. 694 442	0. 007 051	1%	聚类

由表 8.5 可知，我国高校校均体育场地数、万名大学生拥有体育场地数、高校体育场地分布的最邻近点指数以及各省高校数量四个指标（$P<0.01$）在显著水平上呈集聚分布；而高校体育场地数、高校体育场地面积、高校体育场地占校园面积比重、生均占有体育场地面积四个指标（$0.01<P<0.05$）在显著水平上呈集聚分布，这表明在反映我国高校体育场地的指标中，高校校均体育场地数、万名大学生拥有场地数、高校体育场地分布的最邻近点指数具有一定的空间正自相关性，而高校体育场地数、高校体育场地面积、高校体育场地占校园面积比重以及生均占有体育场地面积则具有较显著的空间正自相关性。

二、高校体育场地的高/低聚类分析

由于全局 Moran's *I* 指数分析不能判断地理事物（或 POI 数据）是高值集聚还是低值集聚，而高低聚类 Getis-Ord General G 系数用来检验空间自相关的统计显著性，并可判断属性值是高高（H-H）或低低（L-L）集聚，但是，Moran's *I* 指数分布所不同的

是：Z 值为正值，表示高校体育场地存在着高高（H-H）集聚，Z 值为负值，则表示高校体育场地存在着低低（L-L）集聚。通过对具有显著空间自相关的高校体育场地数、校均体育场地数、高校体育场地面积、高校体育场地占校园面积比重、万名大学生拥有体育场地数、生均占有体育场地面积、高校体育场地分布的最邻近点指数以及各省高校数量进行高/低聚类分析，其结果如表 8.6 所示。

表 8.6 我国高校体育场地主要指标的高/低聚类分析

指标	G	Z	P	显著性水平	分布状态
高校体育场地数	0.000 001	2.888 321	0.003 873	1%	高聚类
校均体育场地数	0.000 001	-0.608 633	0.542 678	-	不显著
万名大学生拥有体育场地数	0.000 001	-1.818 444	0.068 996	10%	低聚类
高校体育场地面积	0.000 001	2.888 321	0.003 873	1%	高聚类
体育场地占校园面积比重	0.000 001	-1.004 899	0.314 946	-	不显著
生均占有体育场地面积	0.000 001	-1.709 406	0.087 376	10%	低聚类
高校体育场地分布的最邻近点指数	0.000 001	0.736 792	0.461 249	-	不显著
各省高校数量	0.000 001	2.899 761	0.003 734	1%	高聚类

由表 8.6 可知：我国高校体育场地数、高校体育场地面积和各省高校数量的 Z 值大于零，且在（$P<0.01$）显著水平上呈高高（H-H）聚类；高校体育场地分布最邻近点指数的 Z 值虽大于 0，但其分布不显著，呈现随机分布状态；而万名大学生拥有体育场地数和生均占有体育场地面积的 Z 值小于 0，且在（$P<0.1$）显著水平上呈低低（L-L）聚类；校均体育场地数和体育场地占校园面积比重的 Z 值小于 0，但其分布不显著，呈现随机分布状态。

三、高校体育场地数的局部 Moran's I 指数分析

通过对反映我国各省（区、市）高校体育场地相关指标（如：高校体育场地数、校均体育场地数、高校体育场地面积、高校体育场地占校园面积比、万名大学生拥有体育场地数、生均占有体育场地面积、各省高校数量等）的局部 Moran's I 指数分析，进一步识别出具有统计学显著性的高值（H-H）聚类、低值（L-L）聚类、高值主要由低值围绕的异常值（H-L）以及低值主要由高值围绕的异常值（L-H），统计显著性的置信度设置为 95%，对具有统计显著性意义的高校体育场地指标一一进行局域 Moran's I 指数分析。根据我国高校体育场地数的 POI 数据，运用 ArcGIS 10.2，生成我国高校体育场地数的高/低聚类分布图。我国高校体育场地数的高值集聚区（H-H）主要包括东部地区的山东省、江苏省、上海市、浙江等省高校和中部地区的

河南省、湖北省、安徽省、湖南省以及江西省等高校；高校体育场地数的低值聚集区（L-L）不显著，即高校体育场地建设发展水平较低区域在空间上趋于不显著集聚、呈现随机分布状态；高校体育场地数的高值区被低值包围区包围（H-L）的异常值区域主要包括我国的广东省高校；高校体育场地数的低值区被高值包围区包围（L-H）的异常值区域不显著，呈现随机分布。可见，我国高校体育场地数多以高值聚集分布在我国的东部和中部地区的高校中。根据我国高校体育场地的 POI 点数据，采用 Moran's *I* 指数来评估高校体育场地数的空间集聚特征，采用 LISA 聚集图来确定通过显著性水平的位置和范围，采用 GeoDa 软件生成高校体育场地的 Moran 散点图。我国高校体育场地数的 Moran's *I* 值为 0.034，远小于 1，这说明高校体育场地数具有较低的空间正相关关系，即高校体育场地数目较多的省份，其邻近省份的高校体育场地数也较多，反之亦然。

表 8.7　高校体育场地数 Moran 散点不同分布状态对应省份统计表

分布状态	省（区、市）
H-H（高值集聚区）	东部：山东*、江苏*、上海*、浙江*、福建*、河北 中部：河南*、江西*、安徽*、湖北、湖南 西部：陕西
L-H（低值被高值包围区）	东部：海南*、天津 中部：山西 西部：重庆、贵州、广西
L-L（低值集聚区）	东北：黑龙江、吉林 西部：甘肃*、新疆*、内蒙古、宁夏、青海、西藏、云南
H-L（高值被低值包围区）	东部：北京、广东 西部：四川

注：*表明该省（区、市）的分布状态通过显著性检验。

高校体育场地的莫兰散点在四个象限内均有分布，且在第一、三象限分布较多，高校体育场地数莫兰散点整体呈分散分布，这说明在我国省域间、地区间高校体育场地数呈现两极分化的现象。由 LISA 聚集图进一步可知：高校体育场地数通过 *Z* 值显著性检验的高高值区分布在我国东部地区的山东省、江苏省、上海市、浙江省和福建省高校以及中部地区的河南省、江西省、安徽省高校中，低高值区仅分布在东部地区的海南省高校中，低低值区分布在西部地区的甘肃省和新疆维吾尔自治区高校中（详见表 8.7）。可见，我国高校体育场地数以高高关联和低低关联的两级聚集分布为主。

四、万名大学生拥有体育场地数的局部 Moran's *I* 指数分析

我国高校万名大学生拥有体育场地数的高值集聚区（H-H）主要分布在西部地区的新疆维吾尔自治区、青海省和西藏自治区等省的高校中；高校万名大学生拥有体育场地数的低值集聚区（L-L）主要分布在中部地区湖南省高校、东部地区广东省高校和西部地区广西壮族自治区的高校中，高校万名大学生拥有体育场地数的高值区被低值包围区包围（H-L）的异常值区域主要包括东部地区福建省高校和海南省高校，而高校万名大学生拥有体育场地数的低值区被高值区包围（L-H）的异常值区域不显著，呈现随机分布。可见，我国高校万名大学生拥有体育场地数高值集聚多分布在我国西部地区的高校中。

根据我国高校万名大学生拥有体育场地的 POI 点数据，采用 Moran's *I* 指数来评估高校万名大学生拥有体育场地数的空间集聚特征，采用 LISA 聚集图来确定通过显著性水平的位置和范围，采用 GeoDa 软件生成高校万名大学生拥有体育场地的 Moran 散点图。我国高校万名大学生拥有体育场地数的 Moran's *I* 值为 0.104，远小于 1，说明高校万名大学生拥有体育场地数具有较低的空间正相关关系，即高校万名大学生拥有体育场地数目较多的省份，其邻近省份高校体育场地数也较多，反之亦然。

表 8.8　高校万名大学生拥有体育场地数 Moran 散点分布状态对应省份统计表

分布状态	省（区、市）
H-H（高值集聚区）	东部：上海、浙江 西部：青海*、新疆*、甘肃、西藏
H-L（高值被低值包围区）	东部：上海、福建、海南 中部：安徽 西部：宁夏、陕西
L-L（低值集聚区）	东部：广东*、河北、北京、天津、山东 中部：湖北、河南、湖南 西部：重庆、贵州、广西、内蒙古、陕西
L-H（低值被高值包围区）	东部：江苏 西部：四川*、云南

注：*表明该省（区、市）的分布状态通过显著性检验。

我国普通高校万名大学生拥有体育场地的莫兰散点在四个象限内均有分布，在第三象限分布较多，且高校万名大学生拥有体育场地数莫兰散点在第一象限有部分向外扩散的散点分布，这说明在我国省域间、地区间高校万名大学生拥有体育场地数具有

两极分化的态势。由 LISA 聚集图进一步可知：高校万名大学生拥有体育场地数通过 *Z* 值显著性检验的高高值区分布在我国西部地区的青海省和新疆维吾尔自治区的高校中，低低值区仅分布在东部地区的广东省高校中，低高值区分布在西部地区的四川省高校中（详见表 8.8）。可见，我国高校万名大学生拥有体育场地数以高高关联和低低关联的两级聚集分布为主。

五、高校体育场地面积的局部 Moran's *I* 指数分析

运用 ArcGIS10.2，根据高校体育场地面积的数据，生成我国高校体育场地面积的高低聚类分布图。我国高校体育场地面积的高值集聚区（H-H）主要分布在我国东部地区的山东省、江苏省、上海市、浙江省高校和中部地区的河南省、湖北省、安徽省以及江西省高校；高校体育场地面积的低值集聚区（L-L）主要分布在我国西部地区的西藏自治区高校；高校体育场地面积的高值区被低值区包围（H-L）的异常值区域主要分布在我国东部地区的广东省高校；高校体育场地面积的低值区被高值区包围（L-H）的异常值区域主要分布在我国中部地区的山西省高校。可见，我国高校体育场地面积高值集聚区多分布在我国的东部和中部地区的高校。

根据我国高校体育场地面积的 POI 数据，采用 Moran's *I* 指数来评估高校体育场地面积的空间集聚特征，采用 LISA 聚集图来确定通过显著性水平的位置和范围，采用 GeoDa 软件生成高校体育场地面积的 Moran 散点图。我国高校体育场地面积的 Moran's *I* 值为 0.154 3，远小于 1，说明高校体育场地面积具有较低的空间正相关关系，即高校体育场地面积较多的省份，其邻近省份高校体育场地面积也较多，反之亦然。

表 8.9　高校田径场地面积 Moran 散点分布状态对应省份统计表

分布状态	省（区、市）
H-H（高值集聚区）	东部：上海*、浙江*、山东*、江苏*、福建*、河北 中部：湖北、湖南、河南*、江西*、安徽* 西部：陕西
L-H（低值被高值包围区）	东部：海南*、天津 中部：山西 西部：重庆、贵州、广西
L-L（低值集聚区）	东北：黑龙江、吉林 西部：甘肃*、新疆*、内蒙古、宁夏、青海、西藏、云南
H-L（高值被低值包围区）	东部：北京、广东 西部：四川

注：*表明该省（区、市）的分布状态通过显著性检验。

高校体育场地面积的莫兰散点在四个象限内均有分布，在第一、三象限分布较多，高校体育场地数莫兰散点整体呈分散分布，且在第一、二、四象限有部分向外扩散的散点分布，这说明在我国省域间、地区间高校体育场地数呈现两极分化的态势。由 LISA 聚集图进一步可知：高校体育场地面积通过 Z 值显著性检验的高高值区分布在我国东部地区的山东省、江苏省、上海市、浙江省和福建省高校以及中部地区的河南省、江西省、安徽省高校中，低高值区仅分布在东部地区的海南省高校中，低低值区分布在西部地区的甘肃省和新疆维吾尔自治区高校中（详见表 8.9）。可见，我国高校体育场地面积以高高关联和低低关联的两级聚集分布为主。

六、高校生均占有体育场地面积的局部 Moran's *I* 指数分析

运用 ArcGIS10.2，根据我国高校生均占有体育场地面积的数据，生成我国高校生均占有体育场地面积的高低聚类分布图。我国高校生均占有体育场地面积的高值集聚区（H-H）主要分布在我国西部地区的青海省高校；高校生均占有体育场地面积的低值集聚区（L-L）分布不显著，呈现随机分布状态；高校生均占有体育场地面积的高值区被低值区包围（H-L）的异常值区域主要分布在我国东部地区的福建省、广东省和海南省高校；高校生均占有体育场地面积的低值区被高值区包围（L-H）的异常值区域主要分布在我国西部地区的新疆维吾尔自治区高校。可见，我国高校生均占有体育场地面积的高值集聚区、低值集聚区以及异常集聚区均呈现零星分布状态，这在一定程度上反映出我国高校体育场地建设不足、生均占有体育场地面积普遍较少的状况。

根据我国高校生均占有体育场地面积的 POI 点数据，采用 Moran's I 指数来评估高校生均占有体育场地面积的空间集聚特征，采用 LISA 聚集图来确定通过显著性水平的位置和范围，采用 GeoDa 软件生成高校生均占有体育场地面积的 Moran 散点图。我国高校生均占有体育场地面积的 Moran's I 值为-0.031，小于 0，说明高校体育场地面积存在空间负相关关系，即生均占有体育场地面积较大的省份，其邻近省份生均占有体育场地面积则较小，反之亦然。

高校生均占有体育场地面积的莫兰散点在四个象限内均有分布，在第二、三、四象限分布较多，且在第一、二象限有部分向外扩散的散点分布，这说明在我国省域间、地区间高校体育场地面积呈现两极分化的态势。由 LISA 聚集图进一步可知：高校生均占有体育场地面积通过 Z 值显著性检验的高高值区分布在我国西部地区的青海省高校中，低高值区仅分布在西部地区的新疆维吾尔自治区高校中（详见表 8.10）。可见，我国高校生均占有体育场地面积以高高关联和低高关联的两级聚集分布为主。

表 8.10 高校生均占有体育场地面积 Moran 散点分布对应省份统计表

分布状态	省（区、市）
H-H（高值集聚区）	东部：江苏 西部：青海*
L-H（低值被高值包围区）	东部：浙江 西部：新疆*、内蒙古、四川、云南
L-L（低值集聚区）	东部：广东、天津、河北、山东 中部：湖北、湖南、河南、江西 西部：广西、贵州、陕西、重庆
H-L（高值被低值包围区）	东部：北京、上海、福建、海南 中部：山西、安徽 西部：宁夏、甘肃、西藏

注：*表明该省（区、市）的分布状态通过显著性检验。

七、高校数量的局部 Moran's *I* 指数分析

运用 ArcGIS10.2，根据我国各省高校数量的数据，生成我国高校数量的高/低聚类分布图。我国各省高校数量的高值集聚区（H-H）主要分布在我国东部地区的山东省、江苏省、上海市的高校和中部地区的山西省、河南省、安徽省、湖北省以及江西省的高校；高校数量的低值集聚区（L-L）主要分布在我国西部地区的西藏自治区高校中，高校数量的高值区被低值区包围（H-L）的异常值区域主要分布在我国东部地区的广东省高校中；而高校数量的低值区被高值区包围（L-H）的异常值区域主要分布在我国东部地区的天津市高校中。根据高校数据，采用 Moran's *I* 指数来评估高校的空间集聚特征，采用 LISA 聚集图来确定通过显著性水平的位置和范围，采用 GeoDa 软件生成高校的 Moran 散点图。我国高校数量的 Moran's *I* 值为 0.021，大于 0，说明我国高校数量存在较低的空间正相关关系，即我国高校数目较多的省份，其邻近省份高校数目也较多，反之亦然。

我国高校数量的莫兰散点在四个象限内均有分布，在第二、三、四象限分布较多，且在第四个象限内有部分向外扩散的散点分布，这说明在我国省域间、地区间高校数量呈现两极分化的态势。由 LISA 聚集图进一步可知：高校数量通过 *Z* 值显著性检验的高高值区分布在我国东部地区的山东省、江苏省、浙江省和中部地区的河南省、湖北省、安徽省以及江西省；低高值区仅分布在我国东部地区的上海市和海南省；低低值区分布在西部地区的新疆维吾尔自治区；高低值区分布在我国西部地区的四川省（详见表 8.11）。可见，我国高校数量以高高、低低和低高关联的三级聚集分布为主。

表 8.11　　我国各省高校数量 Moran 散点分布对应省份统计表

分布状态	省（区、市）
H-H（高值集聚区）	东部：北京、江苏*、浙江*、河北、福建、山东* 中部：湖南、安徽*、河南*、江西*、湖北*、山西 西部：陕西
L-H（低值被高值包围区）	东部：上海*、海南*、天津 东北：吉林 西部：重庆、贵州、广西
L-L（低值集聚区）	西部：新疆*、内蒙古、宁夏、甘肃、青海、西藏、云南
H-L（高值被低值包围区）	东部：广东 东北：黑龙江 西部：四川*

注：*表明该省（区、市）的分布状态通过显著性检验。

第六节　我国普通高校体育场地的最邻近点指数分析

为了进一步考察我国高校体育场地空间的聚集类型，采用 GIS 空间分析法，计算出我国高校体育场地空间分布的最邻近点指数（NNI）。NNI≤0.5 为聚集分布，0.5<NNI≤0.8 为聚集-随机分布，0.8<NNI≤1.2 为随机分布，1.2≤NNI<1.5 为随机-离散分布，NNI≥1.5 为均匀分布①。

表 8.12　我国高校体育场地最邻近点指数统计表

地区	省（区、市）	平均观测距离（米）	预期观测距离（米）	最邻近点指数（NNI）	Z 值得分	空间结构分布类型
东北地区	辽宁	3 582.43	13 262.33	0.27	-16.58	聚集分布
	黑龙江	14 314.99	31 108.96	0.46	-9.24	聚集分布
	吉林	7 100.23	23 647.70	0.30	-11.12	聚集分布
东部地区	北京	2 209.60	3 683.87	0.60	-9.03	聚集-随机分布
	天津	3 008.29	5 414.98	0.55	-6.96	聚集-随机分布
	河北	3 775.13	17 755.62	0.21	-18.33	聚集分布

① 潘竟虎．中国国家森林公园空间可达性测度［J］．长江流域资源与环境．2013，22（09）：1180-1187.

续表

地区	省（区、市）	平均观测距离（米）	预期观测距离（米）	最邻近点指数（NNI）	Z 值得分	空间结构分布类型
东部地区	上海	1 940.58	3 246.92	0.60	-8.40	聚集-随机分布
	江苏	2 621.23	10 258.44	0.26	-23.83	聚集分布
	浙江	3 282.183	10 975.51	0.30	-16.53	聚集分布
	福建	3 689.78	13 512.85	0.27	-15.36	聚集分布
	山东	4 773.57	14 858.54	0.32	-18.77	聚集分布
	广东	3 812.90	14 996.89	0.25	-21.68	聚集分布
	海南	5 966.33	13 205.012	0.45	-4.92	聚集分布
中部地区	山西	3 784.66	17 831.39	0.21	-14.46	聚集分布
	安徽	3 689.28	12 218.12	0.30	-16.99	聚集分布
	江西	2 248.44	14 145.97	0.16	-18.70	聚集分布
	河南	4 953.96	16 119.997	0.31	-17.68	聚集分布
	湖北	2 857.39	14 041.69	0.20	-20.56	聚集分布
	湖南	2 247.56	15 529.26	0.14	-20.95	聚集分布
西部地区	内蒙古	21 399.72	68 352.93	0.31	-10.18	聚集分布
	广西	3 024.60	21 235.57	0.14	-16.65	聚集分布
	重庆	3 640.93	10 904.54	0.33	-12.42	聚集分布
	四川	5 501.31	19 723.67	0.28	-17.45	聚集分布
	贵州	7 197.16	20 641.13	0.35	-10.86	聚集分布
	云南	7 313.52	29 479.73	0.25	-13.87	聚集分布
	西藏	1 196.41	57 333.17	0.02	-7.49	聚集分布
	陕西	2 232.05	17 914.69	0.15	-18.50	聚集分布
	甘肃	9 468.11	31 818.47	0.30	-11.08	聚集分布
	青海	1 632.44	11 593.27	0.14	-5.45	聚集分布
	宁夏	9 692.55	19 160.45	0.51	-4.43	聚集-随机分布
	新疆	20 675.83	62 227.66	0.33	-9.03	聚集分布
平均值		5 575.26	20 522.56	0.30	-13.79	聚集分布

由表 8.12 可知：我国高校体育场地最邻近点指数的均值为 0.30，Z 值得分的均值为-13.79，高校体育场地的最邻近点指数（NNI）为 0.30、小于 0.5，且 Z 值为一个较

低的负数，因此，高校体育场地空间以低值聚集分布为主。同时，在我国东部地区的北京市、天津市和上海市高校以及西部地区的宁夏回族自治区高校中，体育场地的最邻近点指数 0.5<NNI≤0.8，高校体育场地空间呈现低值聚集-随机分布的特点。

第七节　我国普通高校体育场地的标准差椭圆分析

标准差椭圆分析可进一步探索我国高校体育场地分布的中心趋势、离散趋势和方向趋势等空间特征。标准差椭圆的偏转角代表了空间数据主导趋势方向，长、短轴代表了数据空间分布的主次方向与聚集离散程度①。我国高校体育场地标准椭圆长轴为“西南-东北”方向，体育场地在长轴方向上呈现发展态势，高校体育场地的短轴为“东南-西北”方向，体育场地在短轴方向上逐步延伸；我国高校体育场地的长轴半径为1 017千米，短轴半径为 792 千米，扁率为 0.22，标准椭圆内体育场地数量为2 355个，它包括我国东部地区的天津市、河北省、北京市、山东省、江苏省、浙江省、上海市、福建省小部分地区以及广东省的高校，中部地区的山西省、河南省、安徽省、湖北省、湖南省、江西省高校，西部地区的陕西省、重庆市、贵州省大部分地区、甘肃省、四川省、广西壮族自治区的高校，且标准椭圆内体育场地数量占样本总量的 68.90%。

第八节　我国普通高校体育场地的冷热点分析

冷热点分析可进一步说明我国高校体育场地空间高值簇和低值簇的集聚状态和空间精细分布特征。基于全国 2 631 所普通高校 3 418 个体育场地的 POI 数据和《中国城市统计年鉴 2013》以及 2013 年各级政府官方网站提供的数据，利用 ArcGIS10.2 空间统计工具，计算出全国高校体育场地数、万名大学生拥有体育场地数、高校体育场地面积、高校生均占有体育场地面积、高校数量等具有显著性统计意义的高校体育场地指标的局域 Getis-Ord General 系数，采用探索性空间数据分析方法（ESDA），生成全国高校体育场地的冷热点格局图，以此来进行我国高校体育场地相关指标的冷热点分析。

① 于琛，胡德勇，曹诗颂，等. 近30年北京市 ISP-LST 空间特征及其变化［J］. 地理研究，2019，38（09）：2346-2356.

一、高校体育场地数冷热点分析

基于高校体育场地数的POI数据，利用ArcGIS10.2空间统计工具，计算出高校体育场地数Getis-Ord Gi^*统计量，生成我国高校体育场地数冷热点空间格局分布。我国高校体育场地数呈现热点区、次热点区、冷点区和不显著四个等级的冷热点格局分布，全国高校体育场地数"东热西冷"的格局显著，高校体育场地数冷热点等级沿标准差椭圆短轴自东向西方向依次为热点区、次热点区和冷点区的梯度递减式分布，且在标准椭圆长轴由中心向两侧呈现热点区、次热点区、不显著的扩散分布。其中，高校体育场地数的热点区整体呈现聚集分布的状态，在99%的置信度下分布在我国东部地区的江苏省、上海市高校，中部地区的河南省、湖北省和安徽省高校；在95%置信度下分布在我国东部地区的山东省、浙江省高校，中部地区的江西省高校和西部地区的陕西省高校；在90%置信度下分布在东部地区的北京市、天津市、河北省和福建省高校和中部地区的山西省高校中。高校体育场地数的冷点区则呈成片广布在我国东北地区、西部地区和东部与中部地区部分省份的高校，且在95%的置信度下分布在西部地区的西藏自治区高校中。

二、高校万名大学生拥有体育场地数的冷热点分析

基于我国高校万名大学生拥有体育场地的数据，利用ArcGIS10.2空间统计工具，计算出我国高校万名大学生拥有体育场地数Getis-Ord Gi^*统计量，生成我国高校万名大学生拥有体育场地数冷热点空间格局分布图。我国高校万名大学生拥有体育场地数的冷热点呈现热点区、次热点区和不显著的三个等级的分布状态，全国高校万名大学生拥有体育场地数的冷热点"西热东冷"的格局显著，高校万名大学生拥有体育场地数的冷热点沿标准椭圆短轴自西向东方向依次为热点区、不显著和冷点区的梯度分布。其中，高校万名大学生拥有体育场地的热点区呈聚集分布，在99%的置信度下分布在我国西部地区的青海省、西藏自治区和新疆维吾尔自治区高校，高校万名大学生拥有体育场地的冷点区则成片分布；在95%的置信度下分布在我国中部地区的湖南省和江西省高校；90%的置信度下分布在我国东部地区的浙江省、福建省、广东省高校和西部地区的贵州省高校。

三、高校体育场地面积的冷热点分析

基于我国高校体育场地面积的数据，利用ArcGIS10.2空间统计工具，计算出我国高校体育场地面积的Getis-Ord Gi^*统计量，生成高校体育场地面积冷热点空间分布图。我国高校体育场地面积呈现热点区、次热点区、冷点区和不显著四个等级的冷热点格

局分布，全国高校体育场地面积“东热西冷”的格局显著，高校体育场地面积冷热点等级沿标准差椭圆短轴自东向西方向依次为热点区、次热点区、不显著和冷点区的梯度递减式分布，且在标准椭圆长轴由中心向两侧呈现热点区、次热点区、不显著的扩散分布。其中，高校体育场地面积的热点区呈现聚集分布的状态，在99%的置信度下分布在我国东部地区的江苏省、上海市高校，中部地区的河南省、湖北省和安徽省高校；在95%置信度下分布在我国东部地区的山东省、浙江省高校，中部地区的江西省高校和西部地区的陕西省高校；在90%置信度下分布在东部地区的北京市、天津市、河北省和福建省高校和中部地区的山西省高校中。高校体育场地面积的冷点区则呈成片广布在我国东北地区、西部地区和东部与中部地区部分省份的高校，且在95%的置信度下分布在我国西部地区的西藏自治区高校中。

四、高校生均占有体育场地面积的冷热点分析

基于我国高校生均占有体育场地面积的数据，利用ArcGIS10.2空间统计工具，计算出我国高校生均占有体育场地面积的Getis-Ord Gi^*统计量，生成我国高校生均占有体育场地面积冷热点空间格局分布。我国高校生均占有体育场地面积的冷热点呈现热点区、冷点区和不显著的三个等级的分布状态，全国高校生均占有体育场地面积的冷热点“西热东冷”的格局显著，高校生均占有体育场地面积的冷热点沿标准椭圆短轴自西向东方向依次为热点区、不显著和冷点区的梯度分布。其中，高校生均占有体育场地面积的热点区呈聚集分布，在99%的置信度下分布在我国西部地区的青海省、西藏自治区和新疆维吾尔自治区高校，冷点区分布在我国中部地区的江西省高校和西部地区的贵州省高校，大部分省份高校生均占有体育场地面积的冷热点呈现不显著的分布态势。

五、高校数量的冷热点分析

基于我国各省高校数量的数据，利用ArcGIS10.2空间统计工具，计算出我国各省高校数量的Getis-Ord Gi^*统计量，生成我国各省高校数量的冷热点空间格局分布图。我国各省高校数量呈现热点区、次热点区、冷点区和不显著四个等级的冷热点格局分布，全国高校数量“东热西冷”的格局显著，高校数量冷热点等级沿标准差椭圆短轴自东向西方向依次为热点区、次热点区、不显著和冷点区的梯度递减式分布，且在标准椭圆长轴由中心向两侧呈现热点区、次热点区、不显著的扩散分布。其中，高校数量的热点区呈现聚集分布的状态，在99%的置信度下分布在我国东部地区的江苏省、上海市高校，中部地区的河南省、湖北省和安徽省高校；在95%置信度下分布在我国东部地区的北京市、天津市、河北省和山东省高校，中部地区的山西省高校和西部地区

的陕西省高校；在90%置信度下分布在东部地区的浙江省高校和中部地区的江西省高校中。高校数量的冷点区则呈成片广布在我国东北地区、西部地区和东部与中部地区部分省份的高校，且在95%的置信度下分布在我国西部地区的西藏自治区和青海省高校中。

第九节　我国普通高校体育场地冷热点分布影响因素分析

一、各省经济发展水平

经济发展水平是影响公共服务资源配置水平的决定性因素，公共服务资源配置水平也对经济发展起推动作用，两者之间相互影响①。基于《中国城市统计年鉴2013》以及2013年全国31个省（区、市）各级政府官方网站提供的数据，衡量经济发展水平对高校体育场地建设和体育场地空间冷热点分布的影响。

表8.13　我国31省（区、市）经济发展水平（GDP）的全局Moran's *I* 指数统计表

指标	*I*	*Z*	*P*	显著性水平	分布状态
各省GDP	0.040 421	0.901 407	0.367 372	—	不显著

我国各省经济发展水平（GDP）的全局莫兰指数 I 约等于0.040，大于0，远小于1，表明我国各省经济发展水平存在较低的空间正相关性。Moran's I 的计算结果可采用近似正态分布的标准化统计量Z来检验，当 $|Z|>1.96$ 时，在0.05水平上显著；$|Z|>1.64$ 时，在0.1水平上显著。我国各省经济发展水平的 Z 值约为0.90，大于0，但小于1.64，这表明各省经济发展水平（GDP）在整体上的空间正自相关性不显著。经济发展基础是一个地区体育事业发展的重要保障，尤其是体育竞技水平的提升，它对于体育事业经费的增加具有高度敏感性②，然而，从经济发展水平对高校体育场地的建设状况来看，我国各省经济发展水平对于高校体育场地建设发展的作用不显著，这是因为高校发展是促进地方经济发展的“前因”，而地方经济的发展是高校发展的“结果”，这一研究结果与学者劳昕、薛澜关于高等教育资源的空间分布及其对地区经济增长影响的研究结论相一致③。

① 任喜萍．我国城市公共服务资源配置空间格局及驱动机制［J］．当代经济管理，2018，40（10）：61-68.

② 吴黎，李细归，马丽娜，等．中国竞技体育发展的区域差异研究［J］．经济地理，2018，38（01）：52-60.

③ 劳昕，薛澜．我国高等教育资源的空间分布及其对地区经济增长的影响［J］．高等教育研究，2016，37（06）：26-33.

二、教育经费投入

教育经费投入是提高高校办学质量、促进高校发展、解决高校债务问题和影响高校未来的重要因素[①]，高校体育教育是体育产业经济发展的重要生命力[②]，而高校体育产业的发展（如：体育场地、体育人口、相关的实体产品及服务产品等）则需要经费的投入和相关政策的保障[③]。可见，教育经费投入对于高校办学质量提升、高校体育场地建设以及高校体育产业发展具有重要的影响。全国 31 个省（区、市）高校教育经费投入的莫兰指数见下表。

表 8.14　我国高校教育经费投入的全局 Moran's *I* 指数统计表

指标	*I*	*Z*	*P*	显著性水平	分布状态
教育经费投入	0.271 512	3.774 079	0.000 161	1%	聚类

从教育经费投入的全局 Moran's *I* 指数看：我国高校教育经费投入的莫兰指数约为 0.27，大于 0，教育经费投入存在显著的空间正相关性；教育经费投入的 *Z* 值约为 3.77，这进一步说明高校教育经费投入在（$P<0.1$）显著水平上呈现聚集分布，教育经费投入对于高校体育场地建设具有重要的影响。

高/低聚类（Getis-Ord General G）分析能够进一步判断高校教育经费投入在空间上是高高集聚或低低集聚状态。

表 8.15　我国 31 省（区、市）经济发展水平（GDP）的高/低聚类指数统计表

指标	*G*	*Z*	*P*	显著性水平	分布状态
教育经费投入	0.000 001	2.365 108	0.018 025	5%	高聚类

从教育经费投入的高/低聚类系数看：我国高校教育经费投入的 *Z* 值约为 2.37，大于 0，高校教育经费投入的空间在（$P<0.5$）显著水平上呈现高聚类，并以高高集聚分布为主。我国高校体育场地的莫兰指数为 0.154，*Z* 值为 2.888，高校教育经费投入的莫兰指数约为 0.272，*Z* 值约为 2.365，两者之间存在明显的正向空间自相关特性和同向性的特点，且从教育经费投入的冷热点看，高校教育经费的热点区和高校体育场地的热点区基本对应，高校教育经费投入多，则高校体育场地建设发展就好，反之亦然。可见，教育经费投入是高校体育场地建设的重要影响因素。

① 陆莹，叶青松．地方高校经费收入来源的拓展策略研究［J］．会计之友（中旬刊），2010（10）：13-16.

② 盖彦成．高校体育教育对体育产业经济的影响［J］．山西财经大学学报，2015，37（S1）：149-150.

③ 倪超，倪科．从产业扩散理论研究产业结构对经济的影响——以高校体育产业为例［J］．商业时代，2011（36）：108-109.

三、高等教育资源禀赋

高等教育资源是形成优质人力资源、促进地区经济发展和提升国家竞争力的重要因素，同时，高等教育资源是高校可持续发展的先决条件和重要竞争硬实力。地理联系率（Geographic Connection Rate，GCR）可在一定程度上反映高校发展空间分布与高校体育场地在空间上的吻合度。计算公式如下①：

$$GCR = 100 - \frac{1}{2}\sum_{i=1}^{n} |F_i - S_i|$$

公式中，F_i 表示各省高校数量占全国高校数量的比重，S_i 表示各省高校体育场地数量占全国高校体育场地数量的比重，GCR 值越大，说明高校人力资源与高校体育场地在空间上耦合关联程度越高，地理联系越密切。

我国高等教育资源与高校体育场地的 GCR 值为 99.95，这表明高等教育资源影响着高校体育场地的建设与发展，两者之间存在着较高的空间耦合关系。我国高等教育资源多分布于京津地区、沪浙苏皖地区、广深地区、湘鄂赣地区、成渝地区、晋冀鲁豫地区和陕西地区等省会城市，大学城的兴起又进一步促进了高等教育资源的聚集，并有利于发挥高校教育资源的回流和扩散效应，进而形成高校间教育资源的互补效应，这进一步促进了高校的发展，同时也带动了高校体育场地的建设发展。

四、高校在校生人数

高校在校生人数在一定程度上反映了高校的发展规模，一所高校的在校生人数规模越大，客观上对高校体育场地的需求就越大。从高校在校生人数和高校体育场地冷热点分布图可知：在校生人数的热点区、次热点区和冷点区与高校体育场地的冷热点基本对应，高校在校生人数多，高校体育场地的建设发展就好，两者之间呈现“同向性”发展的态势，这说明高校在校生人数对高校体育场地的发展具有正向推动作用。

五、高等教育政策

我国高等教育发展的不平衡是有历史原因的，经济发展的地区初始水平差异、各地区的地理环境和高校间竞争发展所产生的马太效应②，这是我国高校省域间发展不平衡的原始动因，也是造成我国高校体育场地空间分布差异的客观原因。另一方面，伴

① 鄢慧丽，王强，熊浩，等. 休闲乡村空间分布特征及影响因素分析——以中国最美休闲乡村示范点为例[J]. 干旱区资源与环境，2019，33（03）：45-50.

② 白彦锋，陈珊珊，冯阔. 我国高等教育发展不均衡的财政原因与对策分析［J］. 中央财经大学学报，2018（02）：3-11.

随我国高等教育政策方针的变化，例如：20 世纪 90 年代，我国推行的“211、985 工程”高校建设项目；21 世纪，中央实施的“双一流”高校建设方案等，国家有关高等教育办学政策的变化使得政策的“推拉力”得以充分发挥，推动着我国“211、985 工程”高校、“双一流”高校的建设和发展，同时也促进了这类高校体育场地的优先建设和发展，国家高等教育政策既是高校体育场地建设发展的推进器，也是导致我国高校体育场地空间分布差异的原因所在。此外，国家宏观发展战略亦是推进高校和高校体育场地发展的又一动因。当前，我国推行的“三大经济圈”建设（长三角经济圈、珠三角经济圈和环渤海经济圈）、粤港澳大湾区建设、海南自贸区建设以及广西北部湾经济区建设等国家经济发展战略，不仅促进了长三角、珠三角、辽东半岛和山东半岛、粤港澳、海南以及广西北部湾地区高校的发展，同时也促进和拉动了相关地区高校体育场地的建设与发展。

第九章　我国学校体育场地建设效率

第一节　指标确定与数据来源

一、研究指标

依据“六普”数据可知：财政拨款、单位自筹和体育彩票公益金这三项投入占我国学校体育场地建设总投入的90%以上。因此，本书将此三项指标作为投入指标。学校体育场地建设的产出指标包括基础设施建设类指标（包括：场地面积、建筑面积和用地面积）和公益类指标（包括：场地运营情况、承办群众性文体活动、体育培训以及体质监测等），鉴于“六普”基础数据中，一方面，用地面积的概念界定中包括了附属配套设施占地面积、道路、停车场以及绿化带等占地面积；另一方面，公益性指标中场地对外开放情况的数据零散。考虑到数据的可靠性、可得性和突出主要影响作用等因素，同时，由于场地面积可直接反映土地的用地属性和体育用地大小，建筑面积可直接反映体育场地建设中资金投入高低，因此，本书依据数据的代表性、可行性、可比性和独立性原则，在借鉴已有相关研究成果基础上，选取场地面积和建筑面积作为产出指标（见表9.1）。

表9.1　我国学校体育场地建设投入产出指标统计表

	指标名称	单位	备注
投入指标	彩票公益金	万元	衡量地方政府公益性资金对学校体育场地的投入总量
	单位自筹	万元	衡量地方政府单位资金对学校体育场地的投入总量
	财政拨款	万元	衡量地方政府财政资金对学校体育场地的投入总量

续表

	指标名称	单位	备注
产出指标	场地面积	平方米	指可供训练、比赛、健身以及体育活动的场地有效面积，还包括必要的安全区、缓冲区、无障碍区的面积
	建筑面积	平方米	体育场地用房、附属设施设备用房的面积

评价投入产出效率时，投入与产出指标间必须符合“同向性”假设，即投入越多、产出就越大，通常采用 Pearson 相关性进行检验①。本书采用 SPSS 22.0 对学校体育场地建设效率进行“同向性”检验。通过对全国 31 个省（区、市）学校体育场地建设投入与产出的 Pearson 相关性检验，结果显示：我国 31 个省（区、市）学校体育场地建设投入与产出变量之间的相关系数为正值，且在（$P<0.01$）显著水平下通过双侧检验（见表 9.2），变量之间存在显著的相关性，这表明本书所选投入和产出指标符合“同向性”假设。

表 9.2　我国学校体育场地投入与产出变量的 Pearson 相关系数统计表

	建筑面积			场地面积		
	样本量（N）	相关系数	显著性（P）	样本量（N）	相关系数	显著性（P）
财政拨款	31	0.787**	0.000	31	0.813**	0.000
单位自筹	31	0.901**	0.000	31	0.733**	0.000
彩票公益金	31	0.637**	0.000	31	0.783**	0.000

注：**表示 $P<0.01$.

二、数据来源

本书依据“六普”全国学校体育场地基础数据，提取我国 31 个省（区、市）学校体育场地投入指标（财政拨款、体育彩票公益金和单位自筹资金）和产出指标（场地面积和建筑面积）的相关数据，运用 DEA 分析法，以期整体反映我国学校体育场地建设效率。

① 郭军华，倪明，李帮义．基于三阶段 DEA 模型的农业生产效率研究［J］．数量经济技术经济研究，2010，27（12）：27-38.

第二节　我国学校体育场地建设效率的研究结果

一、学校体育场地建设的综合技术效率

我国学校体育场地建设的综合技术效率值为0.594。从整体看，我国学校体育场地建设为非DEA有效的有17个省、占总量的54.84%，弱DEA有效的有10个省、占总量的32.26%，DEA有效的有4个省、占总量的12.90%。

依据《中国卫生健康统计提要》对我国东部11个省（市）、中部8个省和西部12个省（区、市）的地区划分标准，从东部地区看，综合技术效率为非DEA有效的有9个省，占东部地区的81.82%，弱DEA有效的为0，DEA有效的有2个省，占东部地区18.18%；从中部地区看，非DEA有效的有1个省，占中部地区的12.50%，弱DEA有效的有6个省，占中部地区75%，DEA有效的有1个省，占中部地区12.50%；从西部地区看，非DEA有效的有7个省，占西部地区的58.33%，弱DEA有效的有4个省，占西部地区33.33%，DEA有效的1个省，占西部地区8.33%（详见表9.3）。

表9.3　我国学校体育场地投入产出效率值统计表

省（区、市）	综合技术效率值	纯技术效率值	规模效率	产出效率		规模效率状态
				建筑面积	场地面积	
广东	0.249	1	0.249	9.89E-01	9.82E-01	drs
浙江	0.348	0.657	0.529	9.48E-01	9.54E-01	drs
江苏	0.386	1	0.386	9.55E-01	9.71E-01	drs
山东	0.499	1	0.499	9.66E-01	9.78E-01	drs
河南	1	1	1	8.61E-01	9.35E-01	-
湖北	0.696	0.724	0.962	9.21E-01	9.41E-01	drs
广西	0.55	0.869	0.633	7.92E-01	9.26E-01	drs
四川	0.601	0.734	0.819	8.95E-01	9.34E-01	drs
江西	0.922	0.923	0.999	8.51E-01	9.28E-01	irs
河北	1	1	1	9.40E-01	9.42E-01	-
山西	0.612	0.838	0.731	8.21E-01	9.19E-01	drs
福建	0.476	0.564	0.843	9.26E-01	9.39E-01	drs

续表

省（区、市）	综合技术效率值	纯技术效率值	规模效率	产出效率		规模效率状态
				建筑面积	场地面积	
云南	0. 702	0. 702	0. 999	9. 04E-01	9. 29E-01	-
湖南	0. 746	0. 913	0. 817	8. 56E-01	9. 32E-01	drs
安徽	0. 795	0. 859	0. 926	8. 40E-01	9. 29E-01	drs
辽宁	0. 356	0. 672	0. 529	9. 29E-01	9. 50E-01	drs
重庆	0. 154	0. 338	0. 456	9. 22E-01	9. 43E-01	drs
陕西	0. 306	0. 452	0. 677	9. 18E-01	9. 32E-01	drs
上海	0. 3	0. 443	0. 677	9. 18E-01	9. 33E-01	drs
贵州	0. 197	0. 321	0. 615	9. 02E-01	9. 33E-01	drs
甘肃	0. 992	1	0. 992	6. 68E-01	8. 97E-01	irs
黑龙江	0. 32	0. 501	0. 64	8. 80E-01	9. 31E-01	drs
新疆	0. 894	1	0. 894	6. 04E-01	9. 04E-01	drs
内蒙	0. 844	1	0. 844	8. 04E-01	9. 16E-01	drs
吉林	0. 647	0. 648	0. 998	8. 53E-01	9. 15E-01	irs
北京	0. 385	0. 562	0. 684	9. 43E-01	9. 36E-01	drs
天津	0. 419	0. 424	0. 988	8. 84E-01	9. 15E-01	drs
海南	1	1	1	8. 96E-01	9. 08E-01	-
宁夏	0. 573	0. 586	0. 977	6. 65E-01	8. 95E-01	drs
青海	0. 439	0. 53	0. 828	6. 95E-01	8. 85E-01	drs
西藏	1	1	1	-5. 57E-02	8. 73E-01	-
均值	0. 594	0. 750	0. 780	-	-	-

注：drs 表示规模效益递减状态，irs 表示规模效益递增状态，-表示规模效益不变。

二、学校体育场地建设的规模效率

我国学校体育场地建设的规模效率均值为 0. 780。从整体看，学校体育场地建设规模效率为非 DEA 有效的有 13 个省，占总量的 41. 94%，弱 DEA 有效的有 14 个省，占总量的 45. 16%，DEA 有效的有 4 个省，占总量的 12. 90%，且 23 个省处于规模效益递减状态，5 个省处于规模效益不变状态，3 个省处于规模效益递增状态。

从我国东、中及西部三个区域看，东部地区规模效率为非 DEA 有效的有 7 个省，占东部地区 63.64%，弱 DEA 有效的有 2 个省，占东部地区的 18.18%，DEA 有效的有 2 个省，占东部地区 18.18%；中部地区非 DEA 有效的有 2 个省，占中部地区 25.00%，弱 DEA 有效的有 5 个省，占中部地区的 62.50%，DEA 有效的有 1 个省，占中部地区 12.50%；西部地区非 DEA 有效的有 4 个省，占西部地区 33.33%，弱 DEA 有效的有 7 个省，占西部地区的 58.33%，DEA 有效的有 1 个省，占西部地区 8.33%。

三、学校体育场地建设的纯技术效率

我国学校体育场地建设的纯技术效率均值为 0.750（详见表 9.3）。从整体看，学校体育场地建设纯技术效率为非 DEA 有效的有 16 个省，占总量的 51.61%，弱 DEA 有效的有 5 个省，占总量的 16.13%，DEA 有效的有 10 个省份，占总量的 32.26%。

从东、中及西部三个区域看，东部地区纯技术效率为非 DEA 有效的有 6 个省，占东部地区的 54.55%，弱 DEA 有效的为 0，DEA 有效的有 5 个省，占东部地区的 45.45%；中部地区非 DEA 有效的有 3 个省，占中部地区的 37.50%，弱 DEA 有效的有 4 个省，占中部地区的 50%，DEA 有效的有 1 个省，占中部地区的 12.50%；西部地区非 DEA 有效的有 7 个省，占西部地区的 58.33%，弱 DEA 有效的有 1 个省，占西部地区的 8.33%，DEA 有效的有 4 个省，占西部地区的 33.33%。

四、学校体育场地建设的松弛度

从整体看，我国学校体育场地面积松弛度均值为 78 993 476.15 米^2，目标均值为 141 676 528.95 米^2，场地面积潜在改进率均值为 116.80%；建筑面积松弛度均值为 14 795 896.24 米^2，目标均值为 22 582 710.33 米^2，建筑面积潜在改进率均值为 219.78%。

从东、中及西部三个区域看，东部地区场地面积松弛度均值为 149 674 001.90 米^2，目标均值为 242 124 901.70 米^2，场地面积潜在改进率均值为 142.84%；建筑面积松弛度均值为 25 271 694.53 米^2，目标均值为 39 653 714.26 米^2，建筑面积潜在改进率均值为 211.68%。中部地区场地面积松弛度均值为 28 560 064.80 米^2，目标均值为 91 453 733.17 米^2，场地面积潜在改进率均值为 55.24%；建筑面积松弛度均值为 8 709 777.26 米^2，目标均值为 14 281 290.99 米^2，建筑面积潜在改进率均值为 196.15%。西部地区场地面积松弛度均值为 47 825 268.45 米^2，目标均值为 83 080 717.78 米^2，场地面积的潜在改进率均值为 133.97%；建筑面积的松弛度均值为 9 250 493.79 米^2，目标均值为 12 468 569.62 米^2，建筑面积的潜在改进率均值为 242.95%（详见表 9.4）。

表 9.4　我国学校体育场地建设投入产出效率值统计表

省（区、市）	场地面积（平方米）			建筑面积（平方米）		
	目标值	松弛度	潜在改进（%）	目标值	松弛度	潜在改进（%）
广东	859 501 864.25	645 075 457.25	300.84	162 759 953.39	103 903 885.39	176.54
浙江	233 429 630.10	152 194 952.10	187.35	35 320 563.38	20 782 676.38	142.96
江苏	406 806 803.19	249 904 207.19	159.27	57 157 246.93	42 494 278.93	289.81
山东	346 481 346.70	173 628 299.70	100.45	41 928 281.45	23 853 835.45	131.98
河南	89 080 564.00	0	0.00	7 270 404.81	0	0.00
湖北	107 335 192.50	32 598 231.50	43.62	22 674 100.77	17 340 325.77	325.10
广西	101 401 178.66	45 639 368.66	81.85	14 220 579.51	10 717 616.51	305.96
四川	111 042 651.83	44 294 952.83	66.36	19 909 070.06	14 222 711.06	250.12
江西	69 561 402.89	5 420 284.89	8.45	11 081 094.92	7 063 668.92	175.83
河北	102 280 329.00	0	0.00	22 381 136.00	0	0.00
山西	76 739 834.76	29 750 835.76	63.31	12 083 480.86	8 797 663.86	267.75
福建	125 835 347.91	65 988 154.91	110.26	26 150 132.40	21 153 342.40	423.34
云南	82 279 916.29	24 557 453.29	42.54	16 786 951.46	8 741 290.46	108.65
湖南	97 710 658.47	24 807 646.47	34.03	15 635 983.79	10 565 433.79	208.37
安徽	87 154 955.71	17 840 343.71	25.74	12 899 685.52	8 970 909.52	228.34
辽宁	222 170 634.58	143 177 436.58	181.25	36 566 902.10	28 922 667.10	378.36
重庆	263 643 060.06	223 030 314.06	549.16	41 062 078.19	36 891 882.19	884.66
陕西	132 132 362.31	91 754 607.31	227.24	18 598 358.07	15 105 034.07	432.40
上海	138 460 078.81	96 903 143.81	233.18	19 865 885.75	13 569 497.75	215.51
贵州	137 445 249.75	110 328 249.75	406.86	17 153 484.54	14 739 938.54	610.72
甘肃	29 143 429.05	225 986.05	0.78	4 469 695.84	2 691 270.84	151.33
黑龙江	140 883 289.65	95 742 561.65	212.10	20 273 623.30	7 668 785.30	60.84
新疆	41 465 827.05	4 398 062.05	11.86	5 298 887.26	2 655 235.26	100.44
内蒙古	49 306 706.12	7 699 610.12	18.51	5 966 742.53	1 532 468.53	34.56
吉林	63 163 967.41	22 320 614.41	54.65	12 331 953.92	9 271 430.92	302.94
北京	123 972 379.53	76 280 747.53	159.95	17 250 259.55	10 722 054.55	164.24
天津	74 448 594.66	43 261 621.66	138.72	15 688 805.89	12 586 401.89	405.70
海南	29 986 910.00	0	0.00	1 121 689.98	0	0.00
宁夏	23 630 500.28	10 101 213.28	74.66	3 270 095.01	1 835 416.01	127.93

续表

省（区、市）	场地面积（平方米）			建筑面积（平方米）		
	目标值	松弛度	潜在改进（%）	目标值	松弛度	潜在改进（%）
青海	21 163 749.01	11 873 404.01	127.80	2 429 278.02	1 873 062.02	336.75
西藏	4 313 983.00	0	0.00	457 615.00	0	0.00
平均值	141 676 528.95	78 993 476.15	116.80	22 582 710.33	14 795 896.24	219.78

五、学校体育场地建设的投入冗余值

我国学校体育场地建设财政拨款投入冗余值由低到高依次为天津、海南、青海、广西、黑龙江、四川、山西等12个省，占学校体育场地投入总冗余的61.33%；单位自筹投入冗余值由低到高依次为重庆、湖南、吉林、新疆维吾尔自治区等17个省，占学校体育场地总冗余的12.76%；彩票公益金投入冗余值由低到高依次为天津、青海、内蒙古自治区等8个省，占学校体育场地投入总冗余的25.91%。

从东、中及西部三个区域看，东部地区4个省存在财政拨款投入冗余，占财政拨款总冗余的33.33%；6个省存在单位自筹投入冗余，占单位自筹总冗余的35.29%；4个省存在彩票公益金投入冗余，占彩票投入总冗余的50.00%。中部地区2个省存在财政拨款投入冗余，占财政拨款总冗余的16.67%；6个省存在单位自筹投入冗余，占单位自筹总冗余的35.29%；彩票公益金投入达到DEA最优值。西部地区6个省存在财政拨款投入冗余，占财政拨款总冗余的50.00%；5个省存在单位自筹投入冗余，占单位自筹总冗余的29.41%；4个省存在彩票公益金投入冗余，占彩票投入总冗余的50.00%（详见表9.5）。

表9.5 我国学校体育场地投入冗余和产出不足统计表

省（区、市）	投入冗值（万元）			产出不足值（米^2）	
	财政拨款	单位自筹	彩票公益金	场地面积	建筑面积
广东	0	335 970.726	0	645 075 457.25	103 903 885.39
浙江	0	144 162.736	0	152 194 952.10	20 782 676.38
江苏	0	105 673.844	0	249 904 207.19	42 494 278.93
山东	0	1 083 942.542	0	173 628 299.70	23 853 835.45
河南	0	34 975.971	0	0	0
湖北	0	76 087.578	0	32 598 231.50	17 340 325.77
广西	290 797.314	0	0	45 639 368.66	10 717 616.51

续表

省（区、市）	投入冗值（万元）			产出不足值（米²）	
	财政拨款	单位自筹	彩票公益金	场地面积	建筑面积
四川	562 475.907	0	0	44 294 952.83	14 222 711.06
江西	0	59 659.361	0	5 420 284.89	7 063 668.92
河北	0	0	0	0	0
山西	649 898.887	0	0	29 750 835.76	8 797 663.86
福建	0	64 337.342	0	65 988 154.91	21 153 342.40
云南	0	42 245.089	0	24 557 453.29	8 741 290.46
湖南	0	11 241.877	0	24 807 646.47	10 565 433.79
安徽	0	26 850.842	0	17 840 343.71	8 970 909.52
辽宁	0	14 268.766	0	143 177 436.58	28 922 667.10
重庆	0	9 026.943	0	223 030 314.06	36 891 882.19
陕西	1 313 207.879	0	553 421.443	91 754 607.31	15 105 034.07
上海	1 461 080.653	0	390 782.682	96 903 143.81	13 569 497.75
贵州	2 923 814.955	0	618 131.907	110 328 249.75	14 739 938.54
甘肃	0	16 251.088	0	225 986.05	2 691 270.84
黑龙江	544 573.23	0	0	95 742 561.65	7 668 785.30
新疆	0	13 177.842	0	4 398 062.05	2 655 235.26
内蒙古	1 208 837.948	0	282 723.018	7 699 610.12	1 532 468.53
吉林	0	12 699.813	0	22 320 614.41	9 271 430.92
北京	710 049.839	0	1 225 469.348	76 280 747.53	10 722 054.55
天津	66 149.831	0	45 658.212	43 261 621.66	12 586 401.89
海南	142 970.213	0	990 115.97	0	0
宁夏	0	53 644.944	0	10 101 213.28	1 835 416.01
青海	241 878.208	0	166 958.601	11 873 404.01	1 873 062.02
西藏	0	0	0	0	0
合计	10 115 734.86	2 014 217.30	4 273 261.18	2 448 797 760.53	458 672 783.41

注：0 表示非投入冗余，非 0 表示投入冗余。

六、学校体育场地建设的产出不足值

我国学校体育场地建设仅有 4 个省（河南、河北、海南和西藏）达到投入与产出的 DEA 最优值，其他各省体育场地建设的产出指标（包括：场地面积和建筑面积）均存在不同程度的产出不足值（详见表 9.5）。从东、中及西部三个区域看，东部地区场地面积产出不足均值为 149 674 001.90 米^2，建筑面积产出不足均值为25 271 694.53 米^2；中部地区场地面积产出不足均值为 28 560 064.80 米^2，建筑面积产出不足均值为 8 709 777.26 米^2；西部地区场地面积产出不足均值为 47 825 268.45 米^2，建筑面积产出不足均值为 9 250 493.79 米^2。

第三节　我国学校体育场地建设效率的研究结果分析

一、综合技术效率分析

全国层面上，我国学校体育场地建设的综合技术效率均值为 0.594，4 个省达到 DEA 有效，达到 DEA 最优值的样本占比较低，学校体育场地建设整体呈现高资源投入、低产出效率的建设状态，这说明我国学校体育场地建设的资源投入规模与产出效率之间不匹配，场地建设的技术和管理水平不高。地区层面上，学校体育场地建设综合技术效率呈现中部高于西部、西部高于东部地区的态势，东部地区体育场地建设综合技术效率相对较低，这为未来如何提高我国学校体育场地建设效率提供了正确的调整方向。

二、规模效率分析

全国层面上，由于各省学校体育场地建设的管理能力、管理水平和投入资源的配置能力存在较大差异，这导致学校体育场地建设出现两极化现象，如：部分省份（江西、吉林等）场地建设的管理水平和能力较强，因受限于较小的投入资源配置规模，场地建设呈现规模效益递增状态；相反地，部分省份（广东、山东等）场地建设的管理水平和能力较低，难以应对当前场地建设的投入规模，进而呈现规模效益递减状态。我国学校体育场地建设处于规模效益递减状态的占总量 74.19%，场地建设的投入资源规模与其对应的技术和管理水平之间不匹配，这是制约其建设效率提升的主要原因。

地区层面上，学校体育场地建设的规模效率呈现显著省域差异。63.64%的东部地区、25.00%的中部地区和 33.33%的西部地区场地建设规模效率低于全国均值水平，且处于非 DEA 有效状态。湖北、四川、福建、安徽、重庆、陕西、上海、贵州、黑龙江、北京、天津、宁夏和青海的体育场地建设呈现“高规模效率、低纯技术效率”的状态，表明这 13 个省（区、市）场地建设效率低主要源于技术无效；广东、江苏、山东、新疆、内蒙古、浙江、广西、山西、湖南和辽宁则呈现“低规模效率、高纯技术效率”的状态，说明这 10 个省（区）场地建设效率低是规模无效所致。可见，学校体育场地建设投入决策单元的投入规模、场地建设相应的技术与管理水平以及管理能力直接影响其建设效率。因此，提高规模效率和纯技术效率是提高我国学校体育场地建设效率的务实之举。

三、纯技术效率分析

全国层面上，我国学校体育场地建设的纯技术效率均值为 0.750，且纯技术效率均值小于规模效率均值 0.780，这说明学校体育场地建设的技术和管理水平低是造成其综合技术效率偏低的主要因素。因此，在未来学校体育场地建设中，一方面应通过技术改进以提高场地建设的技术水平；另一方面，场地管理应从注重投入资源管理向注重投入资源和产出效率管理两者并重的方向转变。地区层面上，在剔除规模效率后，我国东、中、西部地区学校体育场地建设的管理和技术水平存在较大差异，场地建设纯技术效率呈现中部高于东部、东部高于西部地区的状态。可见，如何提高西部地区场地建设的纯技术效率，已成为整体提高我国学校体育场地建设效率的根本着力点。

四、聚类分析

聚类分析是采用一个独立工具以获得数据分布状况，并将具有相似特点的数据聚在一起，它是衡量不同数据源间相似性的一种探索性分析方法，一般用距离和相似系数来度量。本书采用聚类分析法，进一步分析我国学校体育场地建设的纯技术效率和规模效率分布状态，以便了解场地建设的综合技术效率情况（纯技术效率与规模效率之积等于综合技术效率），进而为提高其建设效率提供决策参考。以 0.70 为临界点，将学校体育场地建设的纯技术效率和规模效率采用距离度量法（两类不同数据分别与均值间的距离作为类间距离）进行聚类，得出我国学校体育场地建设效率的 4 种类型。第一种“双高型”：纯技术效率和规模效率均大于 0.70，全国有 10 个省（区），包括湖北、四川、江西、山西、云南、湖南、安徽、甘肃、新疆和内蒙古，占总量的 32.26%，说明这 10 个省（区）学校体育场地建设的规模效率和纯技术效率相对较高。第二种“高低型”：纯技术效率在 0.70 以上而规模效率在 0.70 以下，全国有 4 个省（区），包括广东、江苏、山东和广西，占总量的 12.90%，表明这 4 个省（区）学校体育场地建设效率低是由于规模效率偏低，这提示在未来体育场地建设中应注重提高规模效率，进而提高其建设效率。第三种“低高型”：纯技术效率在 0.70 以下而规模效率在 0.70 以上，全国有 4 个省（区、市），包括吉林、天津、宁夏和青海，占总量的

12.90%，表明这4个省（区、市）体育场地建设效率低是由于纯技术效率偏低导致，这提示在未来体育场地建设中应加强场地建设管理水平、管理能力和技术水平，进而提高其建设效率。第四种“双低型”：纯技术效率和规模效率均在0.70以下，全国有9个省（市），包括浙江、福建、辽宁、重庆、陕西、上海、贵州、黑龙江和北京，占总量的29.03%，表明这9个省（市）学校体育场地建设效率低是由于规模效率和纯技术效率低综合作用，这提示在今后学校体育场地建设中，一方面要提高场地建设投入资源的配置效率；另一方面，要提高场地建设的管理和技术水平，进而提高其建设效率。

五、投入角度分析

（一）投入资金结构不合理

我国学校体育场地建设投入指标存在省域间不同程度的投入冗余，这表明场地建设投入资金的结构不合理。究其原因，一是政府财政投入的省域差异性。数据显示：2003年全国财政性教育经费投入为3 850.6亿元[①]，2013年则增至24 488.22亿元[②]。虽然，国家财政性教育经费快速增加，且在学校体育场地建设中财政拨款占比较大，但是，各地方政府财政支出在一定时期内还受到政府目标、政府职能状况、政府财政资源总量、政府调控资源能力等多因素的综合影响[③]。由于各地方政府财政投入的偏好不同，这导致在学校体育场地建设中政府财政投入存在省域差异性。

二是单位自筹资金投入的省域差异。我国省域经济发展的不平衡客观存在，这种不平衡导致各省单位自筹资金的省域差异，最终导致在学校体育场地建设资金投入上的省域性差异。同时，我国普遍存在各省地方体育财政投入效率低的现实问题[④]。可见，地方政府财政投入和单位自筹资金的省域差异，加之，各省地方体育财政投入的低效率，这导致在学校体育场地建设投入资金上的结构不合理。三是体育彩票公益金投入的省域性差异。数据显示：2016年，国家体育总局本级使用彩票公益金263 000万元，其中，88.08%经费用于实施群众体育工作，全国体育传统项目学校、青少年俱乐部管理、青少年体育活动营地等培训工作支出720万元[⑤]。可见，体育彩票公益金投入教育系统经费仅占总额的0.27%，这是体育彩票公益金在学校体育场地建设中经费

① 中国统计年鉴2004［EB/OL］. http：//www. stats. gov. cn/tjsj/ndsj/yb2004-c/indexch. htm.

② 中国统计年鉴2014［EB/OL］. http：//www. stats. gov. cn/tjsj/ndsj/2014/indexch. htm.

③ 张凤彪. 湖南省全民健身公共支出现状研究［J］. 体育科学，2012，32（04）：11-19.

④ 邵伟钰. 基于DEA模型的群众体育财政投入绩效分析［J］. 体育科学，2014，34（09）：11-16.

⑤ 国家体育总局2016年度本级体育彩票公益金使用情况公告［EB/OL］. http：//www. lottery. gov. cn/gyjzygg/20170630/56828. html.

投入不足的直接原因。同时，各省体育彩票公益金收入和可支配收入间存在显著差异。2016 年，云南省体育彩票收入为 750 144 万元，分配省体育局 32 540. 1 万元，安排项目支出 29 827 万元，用于学校体育的经费为 800 万元；黑龙江省体育彩票收入 53. 84 亿元，分配到省体育局 35 209. 87 万元，地市和县体育局 40 666. 95 万元，安排项目支出 36 425. 06 万元，用于其他体育项目（包括学校体育）支出 806 万元；甘肃省体育彩票收入 259 020. 51 万元，分配省体育局 20 750 万元，地市和县体育局 14 700 万元，安排项目支出 30 620 万元，用于教育资金支出 1 442 万元[①]。综上，各省体育彩票公益金投入教育系统的总量不足，加之体育彩票收入与可支配收入的省域差异，这导致彩票公益金投入学校体育场地建设存在省域性差异。

此外，资金越充裕，可能越会给资金配置带来负面效应（如：资金浪费等），进而导致资金供给效率降低[②]。经济发达地区与体育场地建设资金投入低效率的“倒置”现象发生，可能的原因是经济发达地区在体育场地建设资金投入方面的约束压力小，这反而易滋生资金浪费，从而导致资金的配置和使用效率低下，这亦是我国部分东、中部地区学校体育场地建设投入资金结构不合理不可忽视的一个因素。

（二）财政经费投入管理水平不高

规模效率反映场地建设财政投入规模的合理性，纯技术效率则反映场地建设的技术水平和财政管理水平的高低。全国层面看，我国学校体育场地建设纯技术效率均值为 0. 758，DEA 有效占总量的 32. 26%，非 DEA 有效占总量的 51. 61%；地区层面上看，54. 54%的东部地区、37. 50%的中部地区和 58. 33%的西部地区场地建设纯技术效率值低于全国均值水平，这说明我国学校体育场地建设财政经费投入管理水平有待进一步提高。可能的原因：一是我国省域间体育财政支出存在较大差异，2010—2013 年，我国各省体育财政支出在绝对数量上存在显著差异，东部地区体育财政支出总量约为中部地区的 3. 8—4. 3 倍，且各省之间差异悬殊[③]；二是体育财政经费来源种类相对偏少，我国体育财政经费来源主要包括预算内的国家和地方拨款、体育产业经营收入、体育彩票发行公益金收入和一些相应税收。而在西方国家除了有国内相应的体育财政经费种类外，还有比赛彩票、体育振兴基金、体育消费收入、民间团体资助等[④]；三是我国体育消费经济发展缓慢，这在一定程度上制约我国体育财政经费种类多样化的发展；

---

① 新华网．各省体彩发布 2016 公益金筹集分配及使用情况［EB/OL］．http：//www. xinhuanet. com/caipiao/2017-07/24/c_ 1121367885. htm.

② 王菁，龚三乐，张宏．广东省体育公共产品供给效率评估 ——基于 DEA-Tobit 模型分析［J］．体育学刊，2016，23（06）：53-59.

③ 卢志成．我国区域体育财政支出公平性分析［J］．首都体育学院学报，2015，27（04）：311-315.

④ 毕红星．体育财政公共属性及政策选择［J］．体育文化导刊，2009（10）：85-87.

四是现有体育财政管理制度的制约，我国中央和地方体育财力和支出责任不匹配，体育税收的建设工作尚不健全①。合理划分中央与地方财政的事权和支出责任，这是提高政府财政管理水平和管理效率的前提与保障，但是，我国体育财政管理政策建设不完善、财政管理体制和政策体系不健全、中央与地方体育财力和支出责任不匹配等，这制约着学校体育场地建设财政投入管理水平的提高。

（三）投入冗余分析

全国层面上，在学校体育场地建设的三项投入指标中，财政拨款占财政拨款投入总冗余的 37.5%，单位自筹占单位自筹投入总冗余的 53.13%，彩票公益金占彩票公益金投入总冗余的 25%，这表明我国学校体育场地建设存在投入资源闲置或利用率较低的问题。地区层面上，湖北、四川、福建、安徽、重庆、陕西、上海、贵州、黑龙江、北京、天津、宁夏和青海的场地建设呈现"低高型"建设状态，说明这 13 个省（区、市）学校体育场地建设是由于技术无效性引起投入冗余；广东、江苏、山东、新疆、内蒙古、浙江、广西、山西、湖南和辽宁的场地建设呈现"高低型"建设状态，说明这 10 个省（区）学校体育场地建设是由于规模无效性导致投入冗余。因此，在未来学校体育场地建设中，对于因技术或规模无效产生的投入冗余应进行区别对待，分别通过技术水平改进和管理能力改善等举措，以降低场地建设的投入冗余值，进而提高其建设效率。

六、产出角度分析

从前文所述的产出不足值看，我国学校体育场地建设只有 4 个省达到 DEA 有效，可见，学校体育场地建设的产出效率不高。从反映学校体育场地产出效率的因素看，建筑面积变化可以从体育场地建设的空间分布特征来衡量，有学者研究结果显示，我国学校体育场地发展比重、场地空间集聚程度与所在地区的经济发展水平呈负相关，经济发展越落后的省域，学校体育场地建设中场地面积所占比重越大、场地空间集聚程度越小②。而场地面积变化可以从土地的用地属性、体育用地的开发利用情况来进行判断，"六普"调研显示：一方面，在新建、改建（或扩建）的学校体育场地中，体育用地兼顾了土地的集约化和立体化开发利用，而在老城区学校、"旧"学校和重点学校，由于土地资源有限，体育用地未兼顾土地的立体化开发利用；另一方面，部分已建成的学校体育场地被占用、改用或弃用的情况亦存在，因体育场地属性发生变化而

① 余守文，王经纬. 中、美两国体育产业财税政策比较研究［J］. 体育科学，2017，37（10）：80-89.

② 魏德祥，王健. 我国学校体育场地动态发展的特征分析——基于全国体育场地"五普、六普"的数据挖掘视角［J］. 体育科学，2017，37（02）：16-27.

未统计在内。可见，学校体育场地建设中体育用地集约化利用、立体化开发不足，这导致我国学校体育场地建设效率不高。

七、其他因素分析

（一）区域间体育资源配置不合理性

首先，我国学校体育场地建设投入资源配置存在区域性差异。沿海与内陆、城市与农村、重点与普通、公办与民办学校之间资源配置具有非均衡性①，这种非均衡导致体育场地建设资源区域间配置的不合理；其次，我国东、中及西部地区各地方政府对学校体育场地建设和发展的重视程度存在差异，而社会力量参与场地建设的积极性不高，这导致学校体育场地建设资源配置的不合理。例如：体育场地资源配置在不同系统、不同单位、不同区域间存在不合理，市场的导向作用尚未有效发挥②。再次，学校体育场地建设还存在重投入轻产出、重建设数量轻建设质量、重资源分配轻资源利用、重建设规划轻建设效率等问题。最后，在学校体育场地建设资源配置中，政府职能依旧存在错位、失位、越位和缺位等现象。诸上因素综合叠加，进一步加剧了学校体育场地建设供需间的矛盾，升级了场地建设资源合理配置的难题，进而制约着学校体育场地建设效率。

（二）体育用地开发利用的局限性

支撑城市蔓延与土地平面利用，秉承二维思维的土地管理理论和技术已相当成熟，基于这种理论和技术形成的土地二维平面延展理论，它强调以地表为基面，基于地表开展土地开发③。这种二维思维理论在学校体育场地建设中的具体表现是：注重土地地表资源的开发，场地建设突出体育场地数量和室外体育场地面积的增量，而土地在垂直方向上的立体化开发利用（尤其是地上、地下空间的分单元开发和多功能利用）却被忽视或轻视。我国学校室外体育场地面积远远大于室内体育场地面积，室内体育场地面积占当地体育场地总面积的比例不超过 8%④，这有力地佐证了学校体育场地建设中土地开发利用局限性这一事实。同时，体育场地发展的已有空间格局在逐渐消退，2003—2013 年间，我国体育场地人均场地面积增长率呈现北部低于南部、东部低于中西部，体育场地发展空间格局的东部热点消失，伴随东部次热区域范围的缩小，原有

---

① 孔庆波. 我国学校体育场地资源的失衡现状与非均衡发展研究 [J]. 西安体育学院学报，2013，30（02）：137-140.

② 寇健忠. 体育场地资源配置的均衡性研究 [J]. 北京体育大学学报，2017，40（04）：14-20.

③ 郭仁忠，罗平，罗婷文. 土地管理三维思维与土地空间资源认知 [J]. 地理研究，2018，37（04）：649-658.

④ 曹可强，徐文强. 我国体育场地建设现状与发展对策 [J]. 上海体育学院学报，2017，41（04）：6-12.

的"东、西两端增长较快"的空间格局已不明显①。当前，二维平面延展理论对土地立体化开发利用造成了在认识和操作层面的局限性，这种局限性直接影响学校体育场地建设类型的多样化发展，进而影响其建设效率。

第四节 我国学校体育场地建设的建议

一、采用差异化财政经费投入政策

我国学校体育场地建设效率存在显著的省域性差异。因此，建议采用差异化财政投入政策以提高学校体育场地建设效率。国家层面上，在财政经费投入方面，对地方财政实力雄厚且场地建设处于规模效益递增状态的东部地区，应采用"劫富济贫"的财政投入政策，依据其投入冗余值，国家减少财政经费投入，适度向中西部地区倾斜；在体育彩票公益金投入方面，对部分体育彩票公益金投入冗余值较大且场地建设处于规模效益递减状态的西部地区，采用"劫贫济富"的体育彩票公益金投入政策，适度向东部和中部地区转移。在国家层面上，通过宏观调整场地建设经费投入的结构和比例，从而使我国学校体育场地建设的资金投入整体趋于科学和合理。

省域层面上，各省应采取不同的财政投入政策："DEA 有效"的省份，应继续保持现有的投入结构、投入方式、投入比例、投入规模和投入水平；"双高型"省份，应进一步优化投入的结构和比例，着力提高投入资金的管理和技术水平；"高低型"省份，加大投入规模，提高规模效益是关键；"低高型"省份，保持投入规模，提高纯技术效率是根本着力点；"双低型"省份，既要提高规模效率又要提高纯技术效率，两方面同时发力是有效举措。同时，各省应积极培育本地区的体育消费经济，加快发展地方性体育基金，拓宽地方体育财政投入来源，进而拓展体育场地建设的资金投入结构；出台相关优惠政策，激励非政府资本、民间资本和社会资本投入学校体育场地建设的积极性。通过优化资金投入结构、拓宽资金投入来源渠道和加大资金投入的管理能力，以提高我国学校体育场地建设效率。

二、合理配置区域间场地建设投入资源

在学校体育场地建设投入资源配置上，建议政府秉承"公平、平等"理念，并结

---

① 魏德祥，雷福民，雷雯. 中国省域体育场地发展水平的空间特征及其格局演化：1995—2013 [J]. 天津体育学院学报，2017，32 (04)：284-290.

合我国东、中及西部地区经济发展水平、人口数量、学校招生规模、体育用地情况等因素，对体育场地建设资源（如：资金投入类型、资金投入结构、场地建设规模、土地使用属性等）进行“公平、平等和合理”的规划和统筹，从而使地区间、城乡间体育场地建设资源在配置和规模上趋于科学和合理。同时，迎合国家重点推进“一带一路”建设、京津冀协同发展、长江经济带发展的三大发展战略，在我国的东、中部地区，学校体育场地建设应丰富场地建设类型，拓展场地建设种类，提高场地建设品质，进而提高其产出效率；在西部地区，学校体育场地建设要结合地方群众健身对场地的实际需求，重点突出和加强学校与社会体育场地资源的共享共建，统筹规划学校体育教学与便民、利民和为民的体育场地建设，提高场地建设与学校体育发展及当地居民健身需求的契合度。通过合理配置场地建设资源，科学规划我国东、中及西部地区学校体育场地建设的类型、规模和数量，进而提高其建设效率。

三、注重体育用地的三维立体化开发

2014 年，国务院印发的《关于加快发展体育产业促进体育消费的若干意见》中明确提出，到 2025 年人均体育场地面积达 2 平方米的发展目标①。土地资源的本质属性之一是空间性，具有三维空间特质。在“竖向发展、集约发展和立体化发展”的城市发展趋势下，土地资源在我国城市化进程中尤显稀缺，土地资源有效利用尤显重要。因此，为了实现人均 2 平方米体育场地面积的建设目标，合理开发土地、突出土地资源利用效率，这对于提高学校体育场地建设效率尤显必要。建议：在建设思路上，学校体育场地建设应以三维立体化思维理论为指导，摒弃传统二维平面延展思维理论的束缚；在具体操作上，学校体育场地建设在充分利用地表资源基础上，应注重土地地下和地上空间资源的综合开发，突出体育用地的三维立体化开发，强调体育用地开发利用的多元化和立体化，这既可消解城市化进程中因土地资源稀缺导致“建场无地”的窘境，又可解决学校体育场地建设增量不足、类型单一的现实问题，还可优化学校体育场地的布局和空间结构，进而提高学校体育场地建设效率。

四、加强重点项目体育场地建设工作

当前，在国家大力推进校园足球、冰雪项目建设的背景下，学校体育无疑是普及、提高冰雪和足球运动项目的主战场。因此，在教育系统进行冰雪运动场地、足球场地建设尤显必要和紧迫。建议：一是根据《关于加快发展青少年校园足球的实施意见》

① 国务院关于加快发展体育产业促进体育消费的若干意见［EB/OL］. http：//www.gov.cn/zhengce/content/2014-10/20/content_ 9152.htm.

《中国足球中长期发展规划（2016—2050 年）》等文件要求，重点加强校园足球运动场地建设工作。二是科学规划校园足球场地的建设类型。在全面分析全国现有足球场地布局的基础上，根据足球运动人口、足球传统、足球文化、社会环境、体育用地和设施条件等①，合理布局我国学校足球运动场地的建设数量和建设类型。三是为实现 3 亿人参与冰雪运动的目标，进一步加强学校冰雪场地建设工作。2016 年，国家体育总局等多部门联合印发《全国冰雪场地设施建设规划（2016—2022 年）》中明确指出，统筹规划建设、加快滑冰场地建设、推动滑雪场地建设、鼓励冰雪乐园建设等 4 项主要任务，并对全国冰雪项目场地建设提出明确的指标要求②。同时，伴随我国"南展西扩东进"战略的实施，应进一步加强学校冰雪场地的拓展建设工作。四是在加强学校冰雪和足球场地建设工作的基础上，根据我国东、中、西部地区的地域、经济和气候特点，结合地方群众的体育健身诉求，加强学校体育场地类型的多样化建设。

---

① 曹可强，徐文强. 我国体育场地建设现状与发展对策［J］. 上海体育学院学报，2017，41（04）：6-12.

② 关于印发《全国冰雪场地设施建设规划（2016—2022 年）》的通知［EB/OL］. http：//www.ndrc.gov.cn/fzgggz/fzgh/ghwb/gjjgh/201706/t20170607_ 850187.htm.

结　语

我国学校体育场地建设现状是本书的逻辑起点和研究基础，本书利用全国体育场地“五普、六普”数据，运用探索性空间数据分析（ESDA）方法，从全国普通高校和市域中小学两个视角，探索分析了自“五普”以来我国学校体育场地建设发展的空间特征。研究结果显示：

从普通高校体育场地发展看，全国校均体育场地数为 1.43 个，体育场地占高校校园面积比的平均值为 2.81%，生均占有体育场地面积的平均值为 1.92 平方米，高校体育场地数量和场地面积（绝对量）发展比较缓慢，与《普通高等学校体育场馆设施、器材配备目录》通知之规定：“普通高校室外场地设施面积人均 4.7 平方米，室内场地面积人均 0.3 平方米”的要求还存在一定的差距；高校体育场地分布与我国人口密度分布的格局相似，胡焕庸线东南部占全国 36%的国土上分布着我国高校 94.10%的体育场地，高校体育场地中心与我国的经济发展中心和人口中心基本吻合，但偏离于我国的几何中心；体育场地在省域间呈聚集分布、在省域内呈不均衡分布状态，且体育场地核密度高值区呈“多中心”聚集分布、中值区呈带状分布、较低值区和低值区成片广布；高校体育场地标准椭圆长轴为“西南–东北”方向，短轴为“东南–西北”方向，体育场地在长轴方向上发展趋势明显；高校体育场地冷热点等级沿标准差椭圆短轴自东向西方向依次为热点区、次热点区、冷点区和不显著的梯度递减式分布，且沿标准椭圆长轴由中心向南北两侧呈现热点区、次热点区和不显著的格局分布。

从市域中小学体育场地建设发展看，学校体育场地的建设数量、建设质量、发展水平、发展比重以及对外开放程度有所改善和提高；我国市域中小学体育场地发展与我国人口和经济发展的中心趋势明显，体育场地平均中心、人口中心和经济发展中心“三中心”地理空间坐标基本吻合；学校体育场地空间分布形成一条距胡焕庸人口线以东偏移 701 公里的体育场地分界线，场地数量在分界线东半壁占比 63.79%，且整体呈现东南地区密集分布、西北地区稀疏分布的格局；学校体育场地以低值聚集–随机分布为主，并形成了高高聚集和低低聚集的两极分布，体育场地标准差椭圆长轴“东北-西南”方向为高值聚集区，短轴“西北-东南”方向为低值聚集区；学校体育场地冷热点等级沿标准差椭圆短轴自东向西依次呈现热点区、次冷点区、次热点区和冷点区的梯度分布，且“东热西冷”的空间格局显著。

体育场地建设效率是指在一定的生产技术条件下，体育场地建设资源的总投入与有效总产出之间的比值，它是体育场地建设投入资源有效配置、运行状态和经营管理水平的综合体现。本书认为：在样本期内（“六普”期间），学校体育场地建设的综合技术效率均值为0.594，纯技术效率均值为0.750，规模效率均值为0.780，较之DEA最优值1，我国学校体育场地的建设效率不高；以非DEA有效为标准，从综合技术效率看，学校体育场地建设效率呈现东部高于西部、西部高于中部地区的态势，场地建设投入决策单元的整体效率水平不高；从纯技术效率看，体育场地建设效率呈现西部高于东部、东部高于中部地区的态势，场地建设投入要素的管理和技术水平有较大提升空间；从规模效率看，体育场地建设效率呈现与综合技术效率同样的态势，且全国有23个省（区、市）场地建设处于规模效益递减状态，场地建设投入资源的配置效率不高。分析表明我国学校体育场地建设效率较低的原因主要在于场地建设投入资金的结构不合理、区域间体育资源配置的不合理、体育用地开发利用的“二维平面延展”局限性、冰雪和足球项目体育场地在学校的建设不足等。在上述研究基础上提出如下建议：在财政经费投入上采用差异化的财政投入政策，在区域性资源配置上合理配置区域间学校体育场地建设资源，在土地资源开发利用上注重学校体育用地的“三维立体化”开发利用，在学校体育场地建设上加强冰雪和足球运动场地的建设工作等举措，以提高我国学校体育场地的建设效率。

从“六普”学校体育场地普查数据和课题组的调查来看，目前我国学校体育场地存在场地数量严重不足、达标率较低、类型单一和质量较差等诸多问题，制约学校体育场地发展的主要因素是地方政府对学校体育场地发展投入不足、学校体育场地发展空间受限等多个因素，在国内学者提出体育场地建设发展受地方经济和人口因素影响的基础上，本书进一步指出，我国市域学校体育场地冷热点格局分布是一个地区的海拔高度、学校在校生人数、教育经费投入以及政策因素等多因素综合作用的结果。其中，海拔高度是影响学校体育场地冷热点分布的一个必要非线性客观限制因素，政策因素是一个必要的弹性影响因素，在校生人数是一个必要非线性客观条件因素，而教育经费投入则是一个必要且充分的刚性影响因素。同时，经济学理论中的循环累积因果理论和核心-边缘理论亦在一定程度上解释了我国市域学校体育场地冷热点格局分布的成因。

《国务院关于实施健康中国行动的意见》（以下简称《意见》）的颁布实施为学校

体育场地的规划建设提供了“路线图”，《健康中国行动（2019—2030年）》的颁布则为学校体育场地建设提供了“行动指南”，依据《意见》提出的“努力打造百姓身边健身组织和15分钟健身圈”[①] 的场地建设任务要求，遵照《健康中国行动（2019—2030年）》中有关中小学体育场地建设的目标要求，本书进一步指出：

一是，在我国学校体育场地空间分布的稀疏冷点区和次冷点区，建议采用“两手抓”工作。具体而言，一手抓好学校体育场地的设计规划工作。将“实现公共体育设施的均等化布局”作为学校体育场地规划设计的根本指导思想，以努力打造“15分钟健身圈”为学校体育场地规划设计的基本要求，兼顾海拔高度对体育场地建设的客观影响，并贴合当地人口密度和经济发展水平，采取“因海拔高度、人口密度、地方经济水平而制宜”的政策，将学校体育场地与全民健身体育场地进行科学统筹、合理规划、量力建设（地方财力和学校对体育场地经费投入力度）；另一手抓好学校体育场地的建设工作。进一步加大学校体育场地的建设力度，以实现稀疏冷点区、次冷点区学校体育场地、全民健身体育场地与居民居住空间的渐趋均衡和协调配置。通过两手齐抓，努力打造“15分钟健身圈”，尽快实现“城乡学校体育场地设施开放率分别超过70%和90%，城乡人均体育场地面积分别达到1.9平方米及以上和2.3平方米及以上”的学校体育场地建设目标要求，以促进我国学校体育场地的建设发展。

二是，在我国学校体育场地空间分布的中值区，建议地方政府采用资金手段与政策手段的“双向调节”手段，加强学校体育场地的建设工作。具体做法是：在中小学体育场地中值区与次热点区的交汇地区，建议学校、政府、社区等多部门联合，共同协商，出台学校体育场地管理、运营及养护的相关支持与保障政策，通过政策手段进一步提高学校体育场地的使用效率和对外开放程度，充分发挥学校体育场地对全民健身体育场地的重要补充作用；而在中小学体育场地空间分布的中值区与次冷点区的交汇地区，应结合体育场地所在本地区经济发展水平和人口发展规模，将学校体育场地建设与全民健身体育场地建设进行统筹规划，通过资金手段加大对体育场地建设的经费投入力度，进一步加强学校体育场地的建设工作，进而缓解该区域学校体育场地发展与地方经济发展、人口增长的空间配置不均衡问题。

三是，在我国学校体育场地空间分布的热点区和次热点区，建议应充分发挥学校体育场地在贯彻落实“两行动”中的重要物质保障和支撑作用（“两行动”即：全民健身行动和“健康中国”行动），主要发挥政策手段的调节作用，进一步完善或出台学校体育场地对外开放的地方性支持或保障政策，积极引导和充分利用已有的、良好的

---

① 国务院关于实施健康中国行动的意见［EB/OL］. http：//www.gov.cn/zhengce/content/2019-07/15/content_5409492.htm.

学校体育场地资源条件，促进“互联网+学校体育场地”“互联网+运动健康”的发展，创新学校体育场地的服务模式，形成聚集热点区、次热点区域内学校体育场地管理科学、使用高效、可持续发展的新局面。

在我国学校体育场地建设发展模式上，研究建议可采用“校营校治、高度自治模式”“校建官助、民营民治模式”“官办官营、政府帮扶模式”三种选择方案。

学校体育场地“校营校治、高度自治”模式。我国在体育场地的物质条件、养护资金和体育人力资源等方面资金充裕，完全具备独立规划、建设、管理和运营条件的学校，均可采用“校营校治、高度自治”的学校体育场地建设发展模式。该模式的运行是学校根据自身体育场地的条件和优势，充分利用学校自身的体育资源，制定适合本校体育场地建设发展和运营管理的特色方案和实施细则，以实现体育场地的可持续发展。政府的行为是对学校体育场地的建设、运营和管理等方面进行目标制定、制度保障和实效性监督。该模式的特点是学校自身体育场地资源丰富，在体育场地建设发展和运营管理中，强调政府的宏观调控，体现学校的自主管理，突出学校的高度自治，是一种“校营校治、自主运营、自负盈亏”的运作思路。

学校体育场地“校建官助、民营民治”模式。当前我国在体育场地物质条件方面相对充裕，而在体育场地运营管理的人力资源和场地养护资金方面存在不足的学校可采用此模式。该模式的运行是学校仅提供体育场地，而体育场地的运营、管理和养护由学校与周边的街道（镇）、社区或行政村等相关的体育组织（或体育俱乐部）签订租约关系，根据体育场地所提供的体育服务、当地群众体育需求，由承租单位制定切实可行的运营管理方案。政府的行为主要是在体育场地管理人员培训和场地养护资金方面予以助力和保障。在体育场地管理人员培训方面，政府应大力扶持和发展社会体育组织，加大对学校周边街道（镇）、社区或行政村社会体育指导员培训和发展的工作力度；在体育场地养护资金方面，按照“社区所需、群众所求、自己所能和政府购买”的原则，实行“政府补一点、学校出一点、市民纳一点”的“三点”政策。该模式的实现可从两方面着手，一是根据学校体育场地对外开放和提供体育服务的实际情况，采用政府购买体育服务的形式进行资金补助；二是建立彩票公益金奖励制度（如：北京模式），对体育场地对外开放的学校给予奖励，通过“以奖代补”的形式提供资金支持。该模式的特点是体育场地管理主体是街道（镇）、社区或行政村的体育组织（或俱乐部），学校和体育场地管理者以契约形式履行各自的权力、义务和职责，是一种“校建官助、民营民治”的运作思路。

学校体育场地“官办官营、政府帮扶”模式。我国大部分农村、西部地区、贫困地区以及边远落后的山区，在体育人力资源、体育场地条件和场地养护资金等方面均匮乏的学校可采用此模式。由于学校在体育场地的物质条件、人力资源和运营资金等方面均存在不足，因此，该模式的运行是在政府主导和帮扶下对学校体育场地进行建设和管理，它强调通过政府宏观调控和政策干预使该模式中各要素得到优化配置，进而实现对学校体育场地的有效管理。在该模式中，政府的行为突出在学校体育场地规划建设与运营管理中的帮扶作用，在体育场地建设投入、管理人员培训和场地养护经费投入上均进行扶持。该模式的特点是学校自身体育资源匮乏，体育场地建设、管理和养护的主体是政府，是一种突出“官办官营”、体现政府“扶上马、送一程”的运作思路。

以上三类学校体育场地建设管理模式是基于实现我国现有学校体育资源的共享理念，是学校体育资源实现帕累托最优改进的可行性选择模式。通过采用不同的“建设发展”模式，以最大限度地盘活或开发现有闲置的学校体育场地设施，它既促进了学校体育资源的集约化利用，又拓宽了全民健身的体育空间，还增进了居民和学生的福祉。因此，我国学校体育场地的建设发展应该结合学校所在地区经济发展水平和学校的体育资源实际，科学地采用分类建设和发展，并选择适合自身体育场地建设发展的模式进行建设，进而实现学校体育场地的可持续发展，为全民健身提供必要的体育场地支持，助力健康中国建设。

参考文献

一、著作类

[1] 毛泽东. 毛泽东选集（第4卷）[M]. 北京：人民出版社，1991.

[2] 邓小平. 邓小平文选（第3卷）[M]. 北京：人民出版社，1993.

[3] 刘青. 政府体育事业职能界定 [M]. 成都：电子科技大学出版社，2004.

[4] 徐永昌等编写. 体育史 [M]. 北京：高等教育出版社，1987.

[5] 崔乐泉，杨向东主编，傅砚农，曹守和，赵玉梅，苏肖晴著. 中国体育思想史（现代卷）[M]. 北京：首都师范大学出版社，2008.

[6] 国家体委政策研究室主编. 体育运动文件选编（1949—1981）[M]. 北京：人民体育出社，1982.

[7] 崔乐泉主编，傅砚农著. 中国体育通史 第五卷 1949—1979 年 [M]. 北京：人民体育出版社，2008.

[8] 沈莹. 托管的理论与实务 [M]. 北京：经济科学出版社，2000.

[9] 沈体雁，冯等田，孙铁山. 空间计量经济学 [M]. 北京：北京大学出版社，2010.

[10] 魏权龄. 评价相对有效性的 DEA 方法 运筹学的新领域 [M]. 北京：中国人民大学出版社，1988.

[11] 魏权龄. 数据包络分析 [M]. 北京：科学出版社，2004.

[12] 马占新，马生昀，包斯琴高娃. 数据包络分析及其应用案例 [M]. 北京：科学出版社，2013.

二、期刊类

[1] 李骁天，王凯珍，毛振明. 城市社区与学校体育设施资源共享研究的回顾与展望——中外对比 [J]. 天津体育学院学报，2009，24（06）：504-509.

[2] 梁慧超，金浩，沈红丽，等. 学校体育设施对外开放影响因素研究［J］. 南京体育学院学报（社会科学版），2009，23（05）：97-100.

[3] 许贵福. 我国城市学校体育场地开放现状与发展对策研究［J］. 体育与科学，2011，32（06）：110-114.

[4] 辛双双，陈林会. 学校体育场馆向社会开放的现状及对策研究［J］. 西安体育学院学报，2007（06）：37-39.

[5] 刘勇，刘鸣鸣，石岩. 我国学校体育场馆服务于社会的长效机制研究［J］. 天津体育学院学报，2010，25（01）：22-25.

[6] 方东胜，陆亨伯，章昱涵，等. 学校体育场馆开放的“慈溪模式”研究［J］. 体育文化导刊，2014（07）：114-117.

[7] 王健，陈元欣. 我国学校体育场地设施现状、制约因素与发展对策［J］. 上海体育学院学报，2015，39（02）：86-89.

[8] 陈元欣，王健. 我国公共体育场（馆）发展中存在的问题、未来趋势、域外经验与发展对策研究［J］. 体育科学，2013，33（10）：3-13.

[9] 靳诚，陆玉麒. 基于县域单元的江苏省经济空间格局演化［J］. 地理学报，2009，64（06）：713-724.

[10] 王海江，苗长虹，茹乐峰，等. 我国省域经济联系的空间格局及其变化［J］. 经济地理，2012，32（07）：18-23.

[11] 张金桥，王健，王涛. 部分发达国家的学校体育发展方式及启示［J］. 武汉体育学院学报，2015，49（10）：5-20.

[12] 魏本好，席玉宝. 学校体育场地对外开放的现状分析［J］. 成都体育学院学报，2010，36（01）：83-86.

[13] 魏德样，魏胜敏，雷雯. 建国以来省域竞技体育实力的空间集聚演变——基于ESDA方法分析［J］. 成都体育学院学报，2015，41（05）：77-81.

[14] 许闽峰，顾美蓉，李树怡，等. 对北京、天津、上海学校体育场地开放情况的调查研究［J］. 体育科学，1999（04）：72-76.

[15] 杨小明，田雨普. 不同区域城乡群众体育统筹发展的比较研究［J］. 武汉体育学院学报，2013，47（08）：11-15.

[16] 余运江，孙斌栋，孙旭. 基于ESDA的城市外来人口社会融合水平空间差异研究——以上海为例［J］. 人文地理，2014，29（02）：123-128.

[17] 毛振明，刘天彪，臧留红. 论“新校园足球”的顶层设计［J］. 武汉体育学院学报，2015，49（03）：58-62.

[18] 徐忠，许良，唐云虹. 我国学校体育场地器材现状与发展对策研究——以重庆市

中小学为例［J］．成都体育学院学报，2009，35（02）：81-84.
［19］席玉宝．全国学校体育场地建设现状统计分析［J］．西安体育学院学报，2013，30（06）：671-676.
［20］张永保，席玉宝．我国学校体育场地对外开放和经营［J］．武汉体育学院学报，2007（04）：79-83.
［21］许贵福．我国城市学校体育场地开放现状与发展对策研究［J］．体育与科学，2011，32（06）：110-114.
［22］张晓健，程丽平，王润，等．我国学校体育场地对外开放政策分析［J］．体育文化导刊，2013（05）：89-92.
［23］王菁．发达国家学校体育场地设施管理现状及对我国的启示［J］．西安体育学院学报，2012，29（01）：43-46.
［24］孟国荣．试论农村中小学生体育权利的缺失与维护［J］．教学与管理，2010（06）：33-34.
［25］孔庆波．我国学校体育场地资源的失衡现状与非均衡发展研究［J］．西安体育学院学报，2013，30（02）：137-140.
［26］李艳茹．西北地区农村中小学体育设施环境及优化研究［J］．西安体育学院学报，2013，30（06）：660-664.
［27］高国生，宋证远．对我国大众体育设施建设的现状和对策的研究［J］．江苏工业学院学报（社会科学版），2006（04）：40-42.
［28］孟祥军，李金龙，孟明亮，等．山西省学校体育场馆使用现状的调查研究［J］．体育科技．2011，32（02）：89-91.
［29］王占坤．发达国家公共体育服务体系建设经验及对我国的启示［J］．体育科学，2017，37（05）：32-47.
［30］林显鹏，刘云发．国外社区体育中心的建设与经营管理研究——兼论我国体育场馆建设与发展思路［J］．体育科学，2005，25（12）：12-16.
［31］宋忠良，陈更亮，贺新家．体育强国背景下我国体育场地建设发展趋势——基于两次全国体育场地普查数据的比较［J］．河南师范大学学报（自然科学版），2016，44（03）：178-183.
［32］曹可强，徐文强．我国体育场地建设现状与发展对策［J］．上海体育学院学报，2017，41（04）：6-12.
［33］房晓伟，姚远．我国教育系统排球场地研究［J］．体育文化导刊，2017（10）：111-114
［34］姚远，张环宇．我国篮球场地社会开放现状与对策研究［J］．体育文化导刊，

2017（01）：133-138.
［35］高飞，屈丽蕊，张艳华，等. 我国高等院校足球场地设施供给问题及对策［J］. 体育文化导刊，2018（05）：113-118.
［36］屈丽蕊，高飞. 我国中小学校园足球场地器材管理研究［J］. 体育文化导刊，2014（08）：123-126.
［37］孙长明. 我国冰雪运动场地发展影响因素分析及对策［J］. 体育文化导刊，2018（05）：84-88.
［38］许弘，仇军. 我国基础教育阶段学校体育工作开展情况与趋势分析［J］. 成都体育学院学报，2014，40（02）：80-83.
［39］龚正伟，肖焕禹，盖洋. 美国体育政策的演进［J］. 上海体育学院学报，2014，38（01）：18-24.
［40］刘昕，刘静，胡月英，等. 现行中小学体育场馆面向社会开放的模式及其相关政策法规综述［J］. 西安体育学院学报，2011，28（05）：530-533.
［41］侯海波. 德国大众体育发展现状及成功经验探析［J］. 山东体育科技，2014，36（03）：95-99.
［42］刘波. 德国体育体制研究对进一步完善我国体育体制的启示［J］. 北京体育大学学报，2011，34（11）：5-9.
［43］刘波. 德国体育政策的演进及启示［J］. 上海体育学院学报，2014，38（01）：1-7.
［44］王海源. 德国学校体育的社会化与生活化分析及其启示［J］. 南京体育学院学报（社会科学版），2007，21（03）：57-60.
［45］钱伟良. 日美社区体育中心建设的比较研究——兼谈对我国社区体育中心建设的启示［J］. 成都体育学院学报，2010，36（02）：37-39.
［46］范威. 日本《体育基本计划》研究——大众体育篇［J］. 山东体育科技，2014，36（02）：114-118.
［47］李琳琳. 新加坡大众体育参与研究［J］. 山东体育学院学报，2013，29（05）：17-22.
［48］刘同众，戴宏贵. 日、美社区体育建设与管理的探究与启示［J］. 西安体育学院学报，2013，30（04）：397-401.
［49］陈君子，周勇，刘大均，等. 中国宗教建筑遗产空间分布特征及影响因素研究［J］. 干旱区资源与环境，2018，32（05）：84-90.
［50］张珣，钟耳顺，张小虎等. 2004—2008 年北京城区商业网点空间分布与集聚特征［J］. 地理科学进展，2013，32（08）：1207-1215.

[51] 潘竟虎. 中国国家森林公园空间可达性测度［J］. 长江流域资源与环境，2013，22（09）：1180-1187.

[52] 寇健忠. 体育场地资源配置的均衡性研究［J］. 北京体育大学学报，2017，40（04）：14-20.

[53] 朱焱，于文谦，陈冬梅. 基于基尼系数的我国体育场地资源配置均衡性研究［J］. 天津体育学院学报，2018，33（01）：14-19.

[54] 雷雯，魏德样. 县域体育场地发展空间特征及其影响因子研究——基于 ESDA-GWR 方法［J］. 福建师范大学学报（自然科学版），2017，33（01）：99-108.

[55] 傅伯杰，刘焱序. 系统认知土地资源的理论与方法［J］. 科学通报，2019，64（21）：2172-2179.

[56] 牟柳，董小玉，田广. 体育用地对体育产业发展的影响研究［J］. 西南大学学报（社会科学版），2019，45（03）：54-61.

[57] 赵克，黄文仁，骆映，等. 规制失灵：城市居住社区体育用地法规正当性缺失与补救［J］. 体育科学，2012，32（03）：10-16.

[58] 蔡云楠，谷春军. 全民健身战略下公共体育设施规划思考［J］. 规划师，2015，31（07）：5-10.

[59] 魏德样，王建. 我国学校体育场地动态发展的特征分析——基于全国体育场地"五普、六普"的数据挖掘视角［J］. 体育科学，2017，37（02）：16-27.

[60] 张凤彪，王松. 基于 DEA 的体育场地建设效率评价研究——以辽宁省为例［J］. 沈阳体育学院学报，2017，36（02）：32-40.

[61] 魏德样，黄彩华，雷福民，等. 基于县域单元的福建省体育场地发展空间特征及其演化［J］. 体育科学，2016，36（01）：38-48.

[62] 张文鹏，王健. 新中国成立以来学校体育政策的演进：基于政策文本的研究［J］. 体育科学，2015，35（02）：14-23.

[63] 何平香，张玲. 我国民族地区学校体育政策发展研究［J］. 体育学刊，2018，25（03）：51-55.

[64] 孙成林，王健，高嵩. 新中国学校体育设施政策发展研究［J］. 北京体育大学学报，2014，37（05）：36-43.

[65] 潘凌云，王健，樊莲香. 我国学校体育政策执行的逻辑辨识与推进策略——基于"观念·利益·制度"的分析框架［J］. 体育科学，2017，37（03）：3-12.

[66] 何劲鹏，杨伟群. 我国学校体育政策执行"不良心态"本质透析与制度性化解［J］. 北京体育大学学报，2018，41（02）：88-93.

[67] 闫士展，孙庆祝，马德森."学校体育设施对外开放"政策绩效评价指标体系构

建与实证研究［J］. 北京体育大学学报，2014，37（04）：21-26.
［68］谭建湘，周良君，陈华. 国内公共体育场馆运营管理研究述评［J］. 体育学刊，2013，20（05）：43-48.
［69］曾建明，刘跃峰. 公平与效率：我国体育场地资源配置问题研究［J］. 沈阳体育学院学报，2012，31（03）：23-28.
［70］李震，郭敏. 基于DEA的大型体育场（馆）免费低收费对外开放效率研究［J］. 体育科学，2017，37（08）：90-97.
［71］郭军华，倪明，李帮义. 基于三阶段DEA模型的农业生产效率研究［J］. 数量经济技术经济研究，2010，27（12）：27-38.
［72］李健英，慕羊. 基于DEA方法的我国上市企业创新绩效研究［J］. 科学学与科学技术管理，2015，36（02）：111-121.
［73］胡宗义，鲁耀纯，刘春霞. 我国城市基础设施建设投融资绩效评价——基于三阶段DEA模型的实证分析［J］. 华东经济管理，2014，28（01）：85-91.
［74］杨倩茹，胡志强. 基于DEA模型的我国农村义务教育资源配置效率研究［J］. 现代教育管理，2016（11）：15-21.
［75］邵桂波. 基于三阶段DEA模型的我国商贸流通业效率测度［J］. 商业经济研究，2018（13）：30-32.
［76］张凤彪. 湖南省全民健身公共支出现状研究［J］. 体育科学，2012，32（04）：11-19.
［77］邵伟钰. 基于DEA模型的群众体育财政投入绩效分析［J］. 体育科学，2014，34（09）：11-16.
［78］王菁，龚三乐，张宏. 广东省体育公共产品供给效率评估——基于DEA-Tobit模型分析［J］. 体育学刊，2016，23（03）：53-59.
［79］卢志成. 我国区域体育财政支出公平性分析［J］. 首都体育学院学报，2015，27（04）：311-315.
［80］毕红星. 体育财政公共属性及政策选择［J］. 体育文化导刊，2009（10）：85-87.
［81］余守文，王经纬. 中、美两国体育产业财税政策比较研究［J］. 体育科学，2017，37（10）：80-89.
［82］郭仁忠，罗平，罗婷文. 土地管理三维思维与土地空间资源认知［J］. 地理研究，2018，37（04）：649-658.
［83］曹可强，徐文强. 我国体育场地建设现状与发展对策［J］. 上海体育学院学报，2017，41（04）：6-12.
［84］魏德样，雷福民，雷雯. 中国省域体育场地发展水平的空间特征及其格局演化：

1995—2013 [J]. 天津体育学院学报, 2017, 32 (04): 284-290.
[85] 赵毅, 郑俊, 张建召. 新型城镇化背景下县域基本公共服务设施规划方法 [J]. 规划师, 2015, 31 (03): 22-28.
[86] 肖辉. 北京体育设施布局演进与城市发展 [J]. 体育文化导刊, 2015 (10): 136-140.
[87] 张峰筠, 肖毅, 吴殷. 城市社区公共体育设施场地的空间布局——以上海市杨浦区为例 [J]. 上海体育学院学报, 2014, 38 (01): 80-83.
[88] 田学礼, 赵修涵. 城市社区公共体育设施空间居民满意度调查研究——以广州市为例 [J]. 广州体育学院学报, 2018, 38 (04): 14-18.
[89] 袁音, 任莲香, 任国林. 公共体育服务资源空间布局指标体系的构建——以兰州新区为例 [J]. 甘肃社会科学, 2014 (04): 229-232.
[90] 许月云, 陈霞明. 区域体育场地建设现状与发展路径: 以泉州市为例 [J]. 首都体育学院学报, 2016, 28 (02): 114-121.
[91] 崔瑞华, 王泽宇. 辽宁省城市公共体育设施空间分布特征与形成机制 [J]. 资源开发与市场, 2013, 29 (04): 355-359.
[92] 杨剑, 郭正茂, 季浏. 中国城市体育空间研究述评与展望 [J]. 天津体育学院学报, 2016, 31 (06): 461-467.
[93] 曾建明. 城市大型体育场馆区域布局及其规划应对方略——以上海、广州、武汉、乌鲁木齐市为例 [J]. 热带地理, 2018, 38 (04): 516-524.
[94] 孙成林. 我国学校体育场地建设的问题与模式选择 [J]. 体育文化导刊, 2018 (09): 90-94.
[95] 于琛, 胡德勇, 曹诗颂, 等. 近 30 年北京市 ISP-LST 空间特征及其变化 [J]. 地理研究, 2019, 38 (09): 2346-2356.
[96] 任喜萍. 我国城市公共服务资源配置空间格局及驱动机制 [J]. 当代经济管理, 2018, 40 (10): 61—68.
[97] 刘浩, 马琳, 李国平. 京津冀地区经济发展冷热点格局演化及其影响因素 [J]. 地理研究, 2017, 36 (01): 97-108.
[98] 吴俊杰, 李鹏. 中国人口发展与转变经济发展方式耦合分析的实证研究——基于 2007—2015 年省域数据 [J]. 理论月刊, 2018 (10): 119-130.
[99] 高向东. 中国人口发展趋势对未来经济有何影响 [J]. 人民论坛, 2018 (10): 93-95.
[100] 王登峰. 学校体育场馆向社会开放的理念与策略 [J]. 上海体育学院学报, 2017, 41 (06): 1-3.

三、硕博论文类

[1] 徐凯旋. 建国以来党的教育方针演变述论 [D]. 湖南师范大学, 2008.
[2] 方春妮. 我国教育系统体育场地现状及发展对策研究 [D]. 华中师范大学, 2006.
[3] 李取惠. 云南省教育系统体育场地情况及利用研究 [D]. 云南师范大学, 2015.
[4] 李纪霞. 全国青少年校园足球活动发展战略研究 [D]. 上海体育学院, 2012.
[5] 王英峰. 英国体育管理组织体系研究 [D]. 北京体育大学, 2010.

四、报纸网络类

[1] 人民网. 权威发布: 党的十九大报告全文 [EB/OL]. http: //sh. people. com. cn/n2/2018/0313/c134768-31338145. html.
[2] 国务院. 关于加快发展体育产业促进体育消费的若干意见 [EB/OL]. http: //www. gov. cn/xinwen/2014-10-20/content_ 2, 767, 791. htm.
[3] 国家体育总局. 第六次全国体育场地普查数据公报 [EB/OL]. http: //www. sport. gov. cn/n16/n1077/n1467/n3895927/n4119307/7, 153, 937. html.
[4] 中华人民共和国中央人民政府. 23 部门关于印发《群众冬季运动推广普及计划(2016—2020 年)》的通知 [EB/OL]. http: //www. gov. cn/xinwen/2016-11/05/content_ 5, 128, 878. htm.
[5] 国务院关于印发国家基本公共服务体系"十二五"规划的通知 [EB/OL]. http: //www. gov. cn/zwgk/2012-07/20/content_ 2, 187, 242. htm.
[6] 中共十八大报告《坚定不移沿着中国特色社会主义道路前进 为全面建成小康社会而奋斗》[EB/OL]. http: //www. xj. xinhuanet. com/2012-11/19/c_ 113,722, 546. htm.
[7] 中共中央十八届三中全会《中共中央关于全面深化改革若干重大问题的决定》[EB/OL]. http: //www. gkstk. com/article/60, 784, 783. html.
[8] 国务院关于促进健康服务业发展的若干意见 [EB/OL]. http: //www. gov. cn/zwgk/2013-10/14/content_ 2, 506, 399. htm.
[9] 关于加快推进健康与养老服务工程建设的通知 [EB/OL]. http: //www. mca. gov. cn/article/zwgk/fvfg/shflhshsw/2014-09/20, 140900701503. shtml.
[10] 国务院关于加快发展体育产业促进体育消费的若干意见 [EB/OL]. http: //www. gov. cn/zhengce/content/2014-10/20/content_ 9152. htm.
[11] "健康中国 2030"规划纲要 [EB/OL]. https: //baike. so. com/doc/24468687-25312554. html
[12] 人民网. 权威发布: 党的十九大报告全文 [EB/OL].http: //sh. people. com. cn/

n2/2018/0313/ c134768-31338145. html.
[13] 中国四大经济区域［EB/OL］. https：//baike. so. com/doc/3057744-3223145. html.
[14] 国务院关于印发全民健身计划（2016—2020 年）的通知［EB/OL］. https：//baike. so. com/doc/24430160-25，263，855. html.
[15] 健康中国行动（2019—2030 年）［EB/OL］. http：//www. gov. cn/xinwen/2019-07/15/content_ 5，409，694. htm.
[16] ArcGIS 核密度分析原理［EB/OL］. https：//blog. csdn. net/ScapeD/article/details/82820074.
[17] 国务院关于实施健康中国行动的意见［EB/OL］. http：//www. gov. cn/zhengce/content/2019-07/15/content_ 5，409，492. htm.
[18] 聚类分析［EB/OL］. https：//baike. so. com/doc/4551628-4，762，184. html.
[19] 中国统计年鉴 2004［EB/OL］. http：//www. stats. gov. cn/tjsj/ndsj/yb2004-c/indexch. html.
[20] 中国统计年鉴 2014［EB/OL］. http：//www. stats. gov. cn/tjsj/ndsj/2014/indexch. html.
[21] 国家体育总局 2016 年度本级体育彩票公益金使用情况公告［EB/OL］. http：//www. lottery. gov. cn/gyjzygg/20170630/56，828. html.
[22] 新华网．各省体彩发布 2016 公益金筹集分配及使用情况［EB/OL］. http：//www. xinhuanet. com/caipiao/2017-07/24/c_ 1，121，367，885. html.
[23] 国务院办公厅关于印发中国足球改革发展总体方案的通知［EB/OL］. http：//www. gov. cn/zhengce/content/2015-03/16/content_ 9，537. html
[24] 中华人民共和国教育部．教育部等 6 部门关于加快发展青少年校园足球的实施意见［EB/OL］. http：//www. moe. gov. cn/srcsite/A17/moe_ 938/s3273/201508/t20150811_ 199，309. html.
[25] 第六次全国体育场地普查数据公报［EB/OL］. http：//www. sport. gov. cn/n16/n1077/n1467/n3895927/n4119307/7，153，937. html.
[26] 国家体育总局. 全国冰雪场地设施建设规划（2016—2022 年）［EB/OL］. http：//www. ndrc. gov. cn/fzgggz/fzgh/ghwb/gjjgh/201706/t20170 607_ 850，187. html.
[27] 国务院办公厅．国务院办公厅关于印发体育强国建设纲要的通知［EB/OL］. http：//www. gov. cn/zhengce/content/2019-09/02/content_ 5，426，485. htm.
[28] Building for Everyone：A Universal Design Approach［EB/OL］. http：//universaldesign. ie/What-is-Universal-Design.

[29] Sport as a Tool for Development and Peace 2003 [EB/OL]. https://www.un.org/sport2005/resources/task-force.

[30] The Economic and Social Value of Sport and Recreation to New Zealand 2011 [EB/OL]. https://www.srknowledge.org.nz/wpcontent/uploads/2011/11/Economic-nad-social-Value-22w-FINAL-logo.

[31] Sport is Good for Youth [EB/OL]. https://researchspace.auckland.ac.nz.

[32] Artificial Grass For Sport [EB/OL]. https://sport.vic.gov.au/sites/default/files/documents/201704/Artificial%20Grass%20For%20Sport%20Guide%20%28pdf%2C%202317kb%29.

[33] The School Sport Environment 2013 [EB/OL]. http://www.sportnz.org.nz/assets/Uploads/attachments/managing-sport/youngpeople/RSSS-Section-One.

[34] National Facilities Strategy for Indoor Sports 2014 [EB/OL]. https://www.srknowledge.org.nz/research-completed/national-indoorfacilities-strategy.

[35] Sport and Active Recreation in the Lives of NZ Adults 2015 [EB/OL]. https://www.srknowledge.org.nz/wpcontent/uploads/2015/03/Active-NZ-Survey.

[36] Planning Your Athletic Facility [EB/OL]. https://www.wengercorp.com/Construct/docs/Athletic%20Planning%20Guide%20by%20Wenger%20GearBoss.

五、外文类

[1] Winnifrith T, Barret C. The Philosophy of Leisure [M]. London: Macmillan press, 1989.

[2] European Commission, EU Physical Activity Guidelines-Recommended Policy Actions in Support of Health-Enhancing Physical Activity [M]. Brussels, 2008.

[3] Infrastructure and Capital Investment 2012—2016: Medium Term Exchequer Framework [M]. Department of Public Expenditure and Reform, 2011.

[4] Schwarz, Stacey A. Hall, Simon Shibli. Sport Facility Operations Management: A Global Perspective [M]. Butterworth-Heinemann, 2010.

[5] Gil Fried. Managing Sport Facilities [M]. Human Kinetics, 2009.

[6] Meyer, C. kenenty, noe, and lance J. Managing Public Service Organization [M]. Millennium HRM Press, 2006.

[7] Gerhard Waschler. Zusammenarbeit von Schule und Sportverein in sport padagogischer Perspective [M]. Sportforum, 1996.

[8] Sport for Development & Peace [D]. Proceedings of the Zanzibar Regional Ministerial

Roundtable, United Republic of Tanzania. 2008.

[9] Standards and guidelines for school facilities [D]. Alberta Infrastructure and Transportation. 2007.

[10] Re-allocation of Funds for Sport and Recreation Facilities to Sport and Recreation South Africa [D]. Sport and Recreation Facilities Programme, 2013.

[11] Stadium Development Trend. Stadium & Arena Consultancy [D]. 20th ANNIVERSARY EDITION.

[12] Sports Dimensions Guide For Playing Areas: Sport and recreation facilities [D]. Department of Sport and Recreation. 2016.

[13] National Sports Facilities Strategy 2012—2016 [D]. Department of Transport, Tourism & Sport . Draft September. 2012.

[14] Developing the Right sports hall [D] Sport England. 2012.

[15] Vaga Associates. Coaching Scotland Research Report no. 103 [D] Sportscotland, 2006.

[16] Suzi Macpherson. SPICe Briefing Community Sport [D] Scottish Parliament Information Centre (SPICe) Briefings. 2012.

[17] Richard Battle, Adam Bull, Martyn Hawkins. The untouchables Football Money League [D]. Sports Business Group February. 2011.

[18] Wayne Stuart, Rachel Thorpe. The planning process from a local government perspective: The new sports facility for the City of Swan [J]. Australasian Parks and Leisure-Winter, 2013.

[19] Christopher R. Lamberth. Trends in Stadium Design: A Whole New Game [J]. Informe Design Implications, 2005 (4).

[20] Charnes A, Cooper W W, Rhodes E. Measuring the efficiency of decision making units [J]. European Journal of Operational Research, 1978 (6).

[21] Banker R. D., A. Charnel, W. W. Cooper. Some models for estimating technical and scale in efficiencies in data envelopment analysis [J]. Management Science, 1984, 30 (9).

[22] Stephen Parke, Michael Bodman. Planning for sport without people: Armstrong Creek Sports Development Plan [J]. Australasian Parks and Leisure-Autumn, 2013.

[23] Craig Guillot. The all-purpose everything-you-want-in-one-place sports stadium [J]. American Planning Association, 2013 (7).

[24] Bob Fatovic. Won't You Be My Neighbor? [J]. Athletic Business September 2015

Planningp & Design, 2015.

[25] Tim Griffith. Architects' Group Recognizes Green School Projects [J]. Americanschool & University Asumag. com june, 2010 (6).

[26] Tsitskari, Efi. Measuring Spectator's Expectations of Service Quality Provided in Basketball Stadiums in Greece [J]. International Journal of Sport Management Jan, 2010 (11): 1.

[27] Thomas Robyn, Davies Annette. Theorizing the Micro-politics of Resistance: New Public Managementand Managerial Identities in the UK Public Service [J]. Organization Studies, 2005, 26 (5).

[28] Williams, Christine et al. Public parks: A service perspective from the northwest of England [J]. Managing Leisure, 2007, 12 (1).

[29] Anselin L. Local Indicators of Spatial Association: LISA [J]. Geographical Analysis, 1995 (27).

[30] Getis A, Ord J K. The analysis of spatial association by the use of distance statistics [J]. Geographical Analysis, 1992 (24).

[31] Recommended Policies for Public School Facilities [J]. BEST Collaborative, 2005 (5).